乡村振兴战略背景下乡村
旅游高质量发展研究

郭创乐 著

中国原子能出版社
China Atomic Energy Press

图书在版编目（CIP）数据

乡村振兴战略背景下乡村旅游高质量发展研究 / 郭创乐著 . —— 北京：中国原子能出版社，2020.10
ISBN 978-7-5221-0927-5

Ⅰ . ①乡… Ⅱ . ①郭… Ⅲ . ①乡村旅游 – 旅游业发展 – 研究 – 中国 Ⅳ . ① F592.3

中国版本图书馆 CIP 数据核字 (2020) 第 197644 号

内容简介

本书是乡村旅游方面的著作。首先对乡村振兴战略进行了简要的阐述，这是乡村旅游的一个重要战略背景。然后对中国乡村旅游的发展演进以及其存在的问题进行了分析。其后又从乡土文化旅游资源的开发、新时代乡村旅游形象的定位和设计、新时代乡村旅游产品的开发与营销、乡村旅游的可持续发展等几个方面对乡村旅游的高质量发展进行了全面阐述。本书可供乡村振兴研究者、乡村旅游规划设计人员、乡村旅游开发与管理人员以及高校旅游相关专业的师生阅读参考。

乡村振兴战略背景下乡村旅游高质量发展研究

出版发行	中国原子能出版社（北京市海淀区阜成路 43 号　100048）
策划编辑	高树超
责任编辑	高树超
装帧设计	河北优盛文化传播有限公司
责任校对	冯莲凤
责任印制	潘玉玲
印　　刷	定州启航印刷有限公司
开　　本	710 mm×1000 mm　1/16
印　　张	14
字　　数	250 千字
版　　次	2020 年 10 月第 1 版　　2020 年 10 月第 1 次印刷
书　　号	ISBN 978-7-5221-0927-5
定　　价	54.00 元

发行电话：010-68452845

前 言

| Preface |

乡村振兴战略是习近平于 2017 年 10 月 18 日在党的十九大报告中提出的战略。农业、农村、农民问题是关系国计民生的根本性问题，实施乡村振兴战略，必须始终把解决好"三农"问题作为全党工作的重中之重。2018年 2 月 4 日，2018 年中央一号文件，即《中共中央国务院关于实施乡村振兴战略的意见》公布。2018 年 3 月 5 日，李克强在作政府工作报告时说，大力实施乡村振兴战略。美丽中国的起点和基础是美丽乡村。乡村振兴战略提出要建设生态宜居的美丽乡村，更加突出了新时代重视生态文明建设与人民日益增长的美好生活需要的内在联系。

中国特色社会主义进入新时代，我国社会主要矛盾已经转化为人民日益增长的美好生活需要和不平衡不充分的发展之间的矛盾。需要清醒地看到，当前，我国最大的发展不平衡，是城乡发展不平衡；最大的发展不充分，是农村发展不充分。广大农村地区不同程度地存在着基础设施薄弱、产业发展不足、农民收入水平较低等问题。因此，必须实施乡村振兴战略，按照产业兴旺、生态宜居、乡风文明、治理有效、生活富裕的总要求，建立健全城乡融合发展体制机制和政策体系。近年来，党中央、国务院对实施乡村振兴战略进行了全面部署。其中，无论是分类推进乡村发展，还是培育新产业新业态，无论是发挥自然资源多重效益，还是弘扬中华优秀传统文化，都离不开旅游业的助力。正如习近平所指出的，"依托丰富的红色文化资源和绿色生态资源发展乡村旅游，搞活了农村经济，是振兴乡村的好做法"。实践证明，促进乡村旅游发展可以作为推动乡村振兴的重要抓手，通过资源整合等有效方式，带动农村经济社会发展。

乡村旅游作为实现乡村振兴的途径之一，对乡村的发展、农民的富裕非常重要。乡村旅游是现代旅游文化中的一项新事物，它却以极快的速度，迅速在各国发展起来。特别是在欧美的一些发达国家，乡村旅游已具有相当的规模，并且已走上规范发展的轨道，显示出极强的生命力和越来越大的发展潜力。2012—2018 年，我国休闲农业与乡村旅游人数不断增加，从 2012 年的 7.2 亿人次增至 2017 年的 28 亿人次，年均复合增长率高达 31.2%，增长十分迅速。据测算，2018 年全国休闲农业和乡村旅游接待人次超 30 亿，休闲农业成为城市居民休闲、旅游和旅居的重要目的地，成为乡村产业的新亮点。到 2019 年上半年，全国乡村旅游总人次已经超过 15 亿次，同比增加 10.2%。我国的乡村旅游是在国内外市场需求的促动下，在发达国家的影响下，在我国特殊的旅游扶贫政策的指导下应运而生的。目前，国际和国内的学者都积极地从不同侧面对乡村旅游进行不断研究，希望通过深入研究来促进乡村振兴。

本书以现阶段我国乡村旅游高质量发展研究现状为出发点，较为深入地分析了乡村振兴战略背景下乡村旅游高质量发展规划与研究、经营模式创新、资源建构、发展路径等相关问题。最后，本书对我国乡村旅游业的未来发展问题做了研究。由于笔者时间与精力有限，书中难免存在不足之处，敬请各位读者与同行予以批评指正。

目 录
| Contents |

第一章　概　述

国家统计局 2020 年 1 月 17 日发布数据显示，中国城镇化率继续提高。2019 年年末，城镇常住人口 84 843 万人，比上年末增加 1 706 万人；乡村常住人口 55 162 万人，减少 1 239 万人；城镇人口占总人口比重（城镇化率）为 60.6%，比上年末提高 1.02 个百分点。随着城市规模与城市数量的增长，城市的人口和比重也在较快增长；相对于农村来说，城市经济发展速度很快，城市居民收入大大高于农村居民。但在城市经济快速发展的同时，乡村地区并没有得到同步发展，甚至在某种程度上说，城市的发展是以乡村的凋敝为前提的。因此，近年来"三农问题"成为学术界和社会有识之士关注的焦点。北京大学著名经济学者林毅夫、陈剑波认为，由于"农村长期发展和农村的制度转型受到严重抑制，造成了农村在非农产业发展、劳动力流动、农村财政和金融等方面面临激烈的矛盾冲突，接连数年出现农产品价格下跌、农民收入下降等问题，造成人口最多的乡村部门对于经济增长和制度转型的参与程度日渐降低"。

但是，从另外一个角度来说，乡村经济发展的落后，反而能够保留较多原生的自然和人文环境，旅游开发的资源比城市更加丰富。加上农村地广人稀，旅游开发的用地条件优良。因此，乡村往往成为旅游开发的主要承载区。而城市的经济发展速度快，人口聚集密度大，人均收入高，使城市成为主要的旅游客源地，乡村则成为旅游的主要目的地，旅游开发在城乡之间搭起了一座桥梁，成为促进乡村变化的发动机。

国家"十一五"期间的主要任务之一是社会主义新农村建设，为响应这一政策，国家旅游局将"十一五"的第一年就定为"中国乡村游"主题旅游年，2007 年又被确定为"和谐城乡游"主题年。2015 年中央一号文件提出，要积极开发农业多种功能,挖掘乡村生态休闲、旅游观光、文化教育价值。世界旅游组织的出版物《2020年旅游业远景:全球预测与市场解剖》中估计,到2020年,国际游客中约有3%左右的人是出于乡村旅游动机而旅游的,不算国内游客,约有2 100万乡村旅游者。我国乡村旅游的年增长率为6%,高于世界旅游增长率几个百分点。

有政策的宏观指导,有市场的需求,乡村旅游对我国的社会、经济、环境与文化的影响将愈加重要。

第一节 相关概念

什么是乡村旅游?人们对其所指含义有一定的概念,毕竟其指出了乡村这一地域特征,与城市旅游必然不同,但是对其准确指向并不明晰。一方面理解过宽,把地处乡村的旅游均认为是乡村旅游;另一方面理解过窄,主要把农家乐活动理解为乡村旅游。我国乡村旅游已呈现出异彩纷呈的新特点,仅从一个视角出发是不能全面理解乡村旅游的。事实上,对乡村旅游的概念认知,既要与国内外国情背景相结合,又要与旅游业发展的时代特征相结合。

一、乡村旅游的概念

乡村旅游概念的界定是构建乡村旅游经营与管理的理论基石。但由于乡村概念的复杂性与广博性,导致乡村旅游在理解上的多元化。此外,国内旅游还没有形成独特的语言系统,缺乏自己特殊的研究方法和理论范式。关于乡村旅游的概念,国内外学者莫衷一是。在这里,我们分别从国外与国内两个角度对乡村旅游进行阐释。

(一)国外学者对乡村旅游的定义

1900年,Gilbert和Tung对西班牙的农场、牧场开发乡村旅游情况进行了研究,之后将乡村旅游定义为:乡村旅游就是农场主或农户为旅游者提供餐饮、住宿等基本条件,旅游者可在其经营范围内的农场、牧场等具有农村典型特征的自然环境中进行各种娱乐、休闲和度假等活动的一种旅游形式。

Bramwell和Lane(1994)侧重于研究游客的活动方式,他们认为,乡村旅游是一个涉及几个层面的旅游活动。其中,体现传统文化的民俗活动是其中的重头戏。他们提出了一个较为全面的乡村旅游概念，并描述了乡村旅游的 5 个核心特性。

（1）地处乡村。

（2）旅游活动是乡村的，活动内容与传统乡村的生产、生活及乡村自然紧密相连。

（3）小规模化。

（4）旅游活动受当地乡村社区控制。

（5）乡村地域的复杂性决定了乡村旅游类型的多样性。

这虽与中国当今发生的乡村旅游发展形势与现状有较大差异，但为我们更好地理解乡村旅游的内涵及未来乡村旅游可持续发展方向提供了思想借鉴。Lane 还进一步阐述了乡村旅游、农业旅游及农场旅游的关系，他认为后两者是乡村旅游的重要组成形式之一。

欧洲联盟和世界经济合作与发展组织于 1994 年将乡村旅游（Rural tourism）定义为发生在乡村的旅游活动。其中，"乡村性（Rurality）是乡村旅游整体推销的核心和独特卖点"。因此，乡村旅游应该是发生于乡村地区，建立在乡村世界的特殊面貌、经营规模小、空间开阔和可持续发展的基础之上的旅游类型。[①] 即旅游者在乡村（通常是偏远地区的传统乡村）及其附近逗留、学习、体验乡村生活模式的活动。

尼尔森（Nilsson，2002）认为乡村旅游是替代旅游（Alternative tourism）的一种，是一种基于什么是城市与什么是乡村之间的思想观念上的生活风格。

（二）国内学者对乡村旅游的定义

国内学者从 20 世纪 90 年代就开始关注乡村旅游。

杜江以吸引物作为重点展开研究后认为，农业、农村、农事和传统民俗是乡村旅游的主要吸引物，通过吸引物将参观考察、娱乐购物、吃住度假等一系列活动融为一体，这种旅游形式可称为乡村旅游。

肖佑兴则从各个不同的视角对乡村旅游的概念进行了分析，他认为乡村旅游是指依托农村特定的空间分布格局，把乡村特有的自然田园风光、民间特色建筑、农事生产模式和乡风民俗文化等作为对象，最大化地利用城市与乡村的差异性来规划设计旅游线路并组合成旅游产品，将观光、游览、娱

---

① 何景明，李立华. 关于"乡村旅游"概念的探讨 [J]. 西南师范大学学报（人文社会科学版），2002，28（5）:125-128.

乐、休闲、度假和购物融为一体的一种旅游形式。

乌恩从吸引物的角度对传统农村发展乡村旅游进行研究后得出结论：乡村旅游的发生地必须是传统的农村地区，旅游的主要吸引物集中在农村自然环境、当地特色物产和传统典型的生产生活方式，但同时要排除大量资金和科技投入，需要专门建设接待、服务等基础附属设施的一种旅游形式。他还认为"乡村旅游"应该属于"农业旅游"的范畴。

贺小荣认为，所谓乡村旅游就是指以乡村地域上发生的一切可吸引旅游者的旅游资源为凭借，以满足观光、休闲、度假、学习、购物、娱乐等各种旅游需求为目的的旅游消费行为，以及其引起的各种现象和关系的总和。

戴斌等以时空和环境为要素对乡村旅游展开研究，他们认为乡村旅游是指旅游者以农村特定的时空和环境为依托，以农村的自然景观格局和特色人文环境为主要活动对象，将吃、住、行、游、购、娱融合在一起的一种旅游形式。

蒙睿等归纳了国内外乡村旅游概念界定的 30 多种提法后，对乡村旅游必须具备的 6 个本质特征进行了阐述。

（1）乡村旅游是一个处于不断变化之中的时空概念。

（2）乡村旅游作为一个组合体系，融合了观光、体验、休闲、度假等一般性的旅游活动。

（3）乡土性是乡村旅游的本质属性，囊括了农业的生产方式和农、林、牧、渔各具特色的文化。

（4）乡村生态环境是开展乡村旅游的核心吸引物。

（5）城市居民成为乡村旅游的主要客源。

（6）社区参与也是乡村旅游的特性之一，乡村旅游的开展必须要为当地居民创造经济效益。

李洪波认为，乡村旅游是指以乡村特色旅游资源为基础，以乡村聚落空间为主要限定范围，以休闲作为旅游者主要目的的旅游活动。

韩宾娜等将乡村旅游定义为发生在乡村地区以乡村景观为主要吸引物，将城市居民作为主要目标市场，达到满足旅游者体验乡村特色目的的旅游体验活动。

随着旅游需求结构的升级，我国乡村旅游概念也在不断丰富和延展。王素洁（2011）认为乡村旅游有广义与狭义之分，前者是指发生在乡村地区，以乡村性、体现社会主义新农村特点的乡村风貌和乡村文化为核心吸引要素的旅游活动；后者则是发生在乡村地域，以真实的乡村资源和环境为依托，以真实的乡村性为核心吸引物的旅游活动。

尤海涛等（2012）认为乡村旅游核心吸引力是由乡村性和乡村性决定的乡村意象构成，乡村性包括乡村景观和乡村文化，乡村意象包括乡村景观意象和乡村文化意象，是人们对乡村的精神印象。

夏学英和刘兴双（2014）定义乡村旅游是发生在乡村地区的旅游活动，其目的是欣赏、体验乡村风光、风情、风物和新农村建设中取得的成就。

杜丽和向萍认为乡村旅游是以乡野农村的风光和活动为吸引物，以都市居民为目标市场，以满足旅游者娱乐、求知和回归自然等方面需求为目的的一种旅游方式。

马波认为乡村旅游是以乡村社区为活动场所，以乡村独特的生产形态、生活风情和田园风光为对象系统的一种旅游类型。

王兵认为乡村旅游是以农业文化景观、农业生态环境、农事活动及传统的民俗为资源，融观赏、考察、学习、参与、娱乐、购物、度假为一体的旅游活动。

从以上定义来看，乡村旅游的内涵都不全面。由于乡村旅游是一种复杂的、多侧面的旅游活动，因而远不只是在乡村地区进行的旅游活动那么简单。而 Gilbert 和 Tung 的定义与农业旅游的概念相混淆，他们把乡村旅游的对象局限于农场、牧场。乡村旅游资源的范围较广，不仅限于农业旅游资源。它不仅包括乡野风光的自然资源，还包括乡村建筑、乡村聚落、乡村民俗、乡村文化、乡村饮食、乡村服饰、农业景观和农事活动等人文资源，即不但包括乡村景观的有形的旅游资源，而且包括乡村社会文化的无形的旅游资源。因此，杜丽和向萍的定义只是指出了乡村旅游资源的有形的一面，未包含无形的一面；而马波和王兵的定义则没有将乡村的人文景观旅游资源包含进去。

上述专家、学者从各自研究的领域出发，对乡村旅游进行了多元化论述，可归纳为以下 4 个方面。

（1）其客源多为城市居民。

（2）旅游活动依托于特定的时空环境，以农村特有的自然景观和特色人文景观为主要吸引物。

（3）城市居民为了舒缓压力、愉悦身心、了解农村等目的而进行的专项旅游活动。

（4）乡村旅游活动形式多样，并不仅限于农业观光，而是一种集观光、游览、娱乐、休闲、度假和购物于一体的旅游形式。

综上所述,笔者认为乡村旅游的概念应该是指以乡村地区为活动场所,由农民从事旅游服务工作且以乡村的自然属性(包括自然环境、田园景观、生产经营形态、民俗文化风情、农耕文化、农舍村落等)作为旅游吸引物,吸引城市居民到乡村进行的以休闲、度假、观光、娱乐、研学等为目的的专项旅游活动。

二、乡村旅游与其他相近概念的关系

由于学术界对乡村旅游的研究时间相对较短,学术界及官方都提出过不少与乡村旅游相近的概念,这些概念至今尚未统一。为厘清这些概念间的关系,我们在此对它们进行简单的分析。

(一)农家乐与乡村旅游

"农家乐"就是在农村环境中,以吃农家饭、住农家屋、干农家活、享农家乐为特征的一种旅游形式。很显然,农家乐旅游符合乡村旅游的条件,农家乐属于乡村旅游的范畴,但乡村旅游并不等于农家乐。首先,从旅游活动的空间来说,虽然农家乐的活动空间属于乡村,但其重点在"农家",而乡村旅游的空间在整个"乡村",因此乡村旅游的范围更大、更广。其次,从旅游的开发及经营主体来看,农家乐是以单家单户为主来开展的,而乡村旅游则可能是以整个乡村(村寨)来组织开发与经营的。从这个意义上来讲,农家乐是一种乡村旅游,并且是乡村旅游的初级形式,而乡村旅游正是农家乐的进一步发展和提升。

(二)观光农业与乡村旅游

观光就是观看游览的意思,观光农业是以农业为基础,把旅游与农业结合在一起的一种现代农业,它的形式和类型很多。观光农业在国外及我国台湾地区发展得较好。根据目前的发展状况,其中规模较大的形式主要有以下几种。

(1)观光农园:在城市近郊或风景区附近开辟特色果园、菜园、茶园、花圃等让游客入内摘果、拔菜、赏花、采茶,享受田园乐趣。这是国外观光农业最普遍的一种形式。

(2)农业公园:即按照公园的经营思路,把农业生产场所、农产品消费场所和休闲旅游场所结合为一体。

（3）教育农园：这是兼顾农业生产与科普教育功能的农业经营形态。

（4）观光农场：在传统农场的基础上，把农场打造为集观赏、采集、教育、体验等于一体的农业与旅游业的复合体。

由此可以看出，一部分观光农业也可以视为乡村旅游业，如在乡村开发的观光农园、教育农园及观光农场等。但另一些观光农业并不属于乡村旅游业的范畴，如在城市附近应用纯粹的现代农业技术开发建设的现代农业观光农园，虽然有旅游的功能，但由于其不在乡村，也不具有乡村文化的元素，因此不能称之为乡村旅游。

（三）农业旅游与乡村旅游

农业旅游是指旅游者在乡村及其附近村、镇逗留，进行与农业生产、农村风俗、农民生活方式有关的学习、体验、休闲活动，即农业旅游是与"三农"（农业、农村、农民）紧密相连的活动，是在农业产业基础上的延伸。农业旅游与观光农业很相似，都是以农业为基础，把旅游与农业结合起来的一种旅游形式。乡村旅游是相对城市而言的，是以乡村为背景，以农村自然风光、人文遗迹、民俗风情、农业生产、农民生活及农村环境为旅游吸引物，以城市居民为目标市场，满足旅游者的休闲、度假、体验、观光、娱乐等需求的旅游活动，包括古镇和寺庙等。在乡村开展的具有乡村性的农业旅游可以视为乡村旅游，而不在乡村地区开展的一些展示现代农业技术的农业旅游则不能称其为乡村旅游。比如，在现代农业科技园区以参观、考察、学习现代无土栽培、现代转基因农业、现代喷灌等技术为主要目的的旅游是农业旅游，但显然不属于乡村旅游。乡村旅游是农业旅游的一部分。

（四）农村旅游与乡村旅游

一般人把乡村等同于农村，实际上农村与乡村是有一定差别的，农村是从事农业的人居住的一个居住点，而乡村里面居住着各种各样的人，并不一定以农民为主。虽然就目前我们国家的实际来看，乡村与农村的差异并不十分突出，但二者的差异在国外尤其突出。乡村涵盖了农村，比农村的范围广。因此，乡村旅游也就涵盖了农村旅游，而农村旅游可以归属于乡村旅游。

（五）民俗旅游与乡村旅游

所谓民俗就是一种依然存在的民间传统文化，是民间世代传承下来的一种文化。民俗旅游就是以这种依然存在的传统文化为主要旅游吸引物的旅游活动。这种民间传统文化不仅存在于乡村，同样存在于城市，如北京城的老北京民俗、丽江城的纳西民俗。因此，民俗旅游不等同于乡村旅游。民俗旅游可以分为城市民俗旅游和乡村民俗旅游，其中乡村民俗旅游就属于乡村旅游的范畴。因此，民俗旅游与乡村旅游有交叉，但不等同。

一般认为，乡村旅游与其他旅游相比，具有以下几个特征。

（1）农民的参与性。没有农民作为服务主体参与的旅游活动，就不叫乡村旅游，而应该叫景点旅游。景点旅游的服务主体主要是专业人士或者运营主体的专职员工。

（2）产业的支撑性。乡村旅游需要产业支撑，没有产业支撑的乡村旅游不具有持续性和生命力。乡村旅游是"产业＋旅游"，而不是"旅游＋产业"。

（3）时空的开放性。乡村旅游景区与其他景点旅游景区的区别是没有边界性，是一个时间和空间上开放的系统。而在传统景点旅游过程中，游客的活动范围具有明显的时空边界。游客只能在规定的时间和一定的边界内游玩，离开景点的时空边界，旅游活动就停止了。

（4）要素的乡土性。即旅游六要素（食、住、行、游、购、娱）和新六要素（闲、情、奇、商、养、学）都与农民、农业和农村息息相关，这些要素的物质不能从外界输入，而是主要在乡村旅游范围内实现。

（5）效益的综合性。乡村旅游的效益具有多方面，经济效益、社会效益和生态效益缺一不可。经济效益体现在农民增收，社会效益体现在继承与保护传统文化、扶贫救困和促进社会公平，生态效益体现在生态环境保护和美丽乡村建设等方面。

综上所述，这些概念与乡村旅游有相交叉的内涵。有些则完全可以被乡村旅游概念所涵盖，如农家乐、农村旅游。为了研究的规范和认识的统一，笔者主张今后将农家乐及农村旅游等属于乡村旅游范畴的概念均统一为乡村旅游。

第二节 乡村振兴与乡村旅游的关系及战略背景

党的十九大报告明确提出实施乡村振兴战略,具有重大的历史性、理论性和实践性意义,成为理论界和实践界都较为关注的话题。从历史角度看,它是在新的起点上总结过去,谋划未来,深入推进城乡发展一体化,提出了乡村发展的新要求、新蓝图。从理论角度看,它是深化改革开放,实施市场经济体制,系统解决市场失灵问题的重要抓手。从实践角度看,它是呼应老百姓新期待,以人民为中心,把农业产业搞好,把农村保护建设好,把农民发展进步服务好,提高人的社会流动性,扎实解决农业现代化发展、社会主义新农村建设和农民发展进步遇到的现实问题的重要内容。

乡村旅游是乡村振兴的重要动力。党的十九大后,中共中央、国务院出台了《关于实施乡村振兴战略的意见》,其中3次提到乡村旅游发展:一是在产业兴旺部分提出"实施休闲农业和乡村旅游精品工程";二是大力发展乡村旅游是实施乡村振兴战略的重要抓手;三是发展乡村旅游,有利于实现产业兴旺,有利于打造生态宜居空间,有助于实现乡村的乡风文明,有助于形成治理有效格局,有利于实现村民生活富裕。乡村旅游对乡村振兴能够发挥自己的独特优势,做出应有而特殊的贡献。乡村旅游业的发展与乡村振兴战略密不可分,两者处在相互影响的动态发展之中,它们是一种既相互促进又相互制约的关系。乡村旅游业的发展不仅能够使自身经济功能得到提升,同时能对乡村其他功能起到推动作用。随着乡村振兴战略的实施,其他各个功能对乡村旅游业的发展既是一种加强,又是一种基础和条件。

一、乡村旅游是乡村振兴事业的重要组成部分

国家乡村振兴战略规划中对乡村旅游做出了明确的安排,乡村旅游是乡村振兴事业的重要组成部分。乡村振兴战略的提出为乡村旅游发展提供了前所未有的机遇,为乡村旅游的发展指明了前进的道路。

《乡村振兴战略规划(2018—2022)》"第五篇"中提出:"实施休闲农业和乡村旅游精品工程,发展乡村共享经济等新业态,推动科技、人文等元素融入农业""顺应城乡居民消费拓展升级趋势,结合各地资源禀赋,深入发掘农业农村的生态涵养、休闲观光、文化体验、健康养老等多种功能和多重价

值"。"第六篇"中提出："大力发展生态旅游、生态种养等产业,打造乡村生态产业链"。"第七篇"中提出："推动文化、旅游与其他产业深度融合、创新发展"。其中包括"实施农耕文化传承保护工程,深入挖掘农耕文化中蕴含的优秀思想观念、人文精神、道德规范,充分发挥其在凝聚人心、教化群众、淳化民风中的重要作用。划定乡村建设的历史文化保护线,保护好文物古迹、传统村落、民族村寨、传统建筑、农业遗迹、灌溉工程遗产。传承传统建筑文化,使历史记忆、地域特色、民族特点融入乡村建设与维护""以形神兼备为导向,保护乡村原有建筑风貌和村落格局,把民族民间文化元素融入乡村建设,深挖历史古韵,弘扬人文之美,重塑诗意闲适的人文环境和田绿草青的居住环境,重现原生田园风光和原本乡情乡愁""建设一批特色鲜明、优势突出的农耕文化产业展示区,打造一批特色文化产业乡镇、文化产业特色村和文化产业群。大力推动农村地区实施传统工艺振兴计划,培育形成具有民族和地域特色的传统工艺产品,促进传统工艺提高品质、形成品牌、带动就业。积极开发传统节日文化用品和武术、戏曲、舞龙、舞狮、锣鼓等民间艺术、民俗表演项目,促进文化资源与现代消费需求有效对接"。

二、乡村旅游提供乡村振兴新动能

乡村振兴战略作为党和国家的战略决策,具有战略性、全局性、长期性的特点,乡村旅游发展必须服务于乡村振兴战略的总要求。乡村旅游是乡村振兴的重要动力。大力发展乡村旅游是实施乡村振兴战略的重要抓手。发展乡村旅游,有利于实现产业兴旺,有利于打造生态宜居空间,有助于实现乡村的乡风文明,有助于形成治理有效格局,有利于实现村民生活富裕。乡村旅游对乡村振兴能够发挥自己的独特优势,做出应有而特殊的贡献。

乡村旅游是文旅产业的一个重要分支,是推动乡村经济繁荣的新型产业手段,能够在乡村振兴战略中发挥新引擎作用。

第一,发展乡村旅游能有效激活农村产业。乡村振兴,产业兴旺是基础和关键。旅游业作为我国国民经济的战略性支柱产业,是乡村产业振兴的重要产业选择。旅游业作为扶贫产业、综合产业、美丽产业、幸福产业,能为乡村产业振兴发挥引擎作用。乡村旅游为农村产业转型发展提供了新的方向,能够挖掘农业产业的附加价值,促进融合发展,丰富并激活农村产业潜力,延伸产业链,实现农业现代化。发展乡村旅游和休闲农业,可以盘活农村土地,是提高农村土地资源利用效率和产出附加价值的最佳途径之一。

第二，发展乡村旅游能增加农民收入，促进农民在家门口就业，让农民通过参与乡村旅游产业而脱贫致富。发展乡村旅游不仅能加速农民减贫脱贫，还能帮助其实现小康生活梦想，这既是我国乡村振兴战略的出发点，又是落脚点。

第三，发展乡村旅游能够吸引农民工返乡创业、城市创客下乡创业、游客来乡村旅游，进一步凝聚农村人气，为乡村振兴发展汇聚急需的人力资源。

第四，发展乡村旅游能更好地传承乡土文化，改善农村教育落后状况。乡村旅游发展传承乡村农耕、村俗、服饰、餐饮、宗祠、建筑、民约等物质和非物质乡土文化，不断促进我国乡村地区的繁荣昌盛。

第五，发展乡村旅游对打造生态宜居乡村也是重要的推手。"绿水青山就是金山银山。"乡村旅游需要以良好生态环境为前提。如果没有良好的自然生态，如果环境都是污水横流、空气污染，那么乡村就找不到那一片诗情画意，找不到那一片田园风光。同时，发展乡村旅游、乡村全域旅游化更能提升乡村生态品质，同时对于营造生态宜居环境，将乡村建设成现代版的"富春山居图"，发挥美容师的作用。

三、乡村旅游与三产融合

党的十九大报告中首次提出实施乡村振兴战略，这是我国新时期"三农"工作的指南针。"乡村振兴"不仅是一个单纯的经济议题，它已经超越了产业发展和经济范畴，涵盖了经济、社会、生态、文化多个领域，要求我们必须走出固有的乡村发展思路，真正从乡村本位出发，转变思想，探索出一条乡村崛起的可持续路径。通过乡村旅游与三产融合的方式，能够推进农业供给侧结构性改革，推动绿色发展为导向的乡村振兴真正落地实现。

（一）乡村旅游与第一产业的融合

搞休闲农业就是为了延长农业的产业链，就是为了实现农业、农村、农民价值的再创造。通过产业链的延伸、价值的再创造，把以前不值钱的变得值钱了。2015 年的一号文件也提出：推进农村一、二、三产业的融合发展。增加农民收入，必须延长农业产业链、提高农业附加值；积极开发农业多种功能，挖掘乡村生态休闲、旅游观光、文化教育价值；加大对乡村旅游休闲基础设施建设的投入，增强线上线下营销能力，提高管理水平和服务质量；激活农村要素资源，增加农民财产性收入。

1.挖掘卖点

浙江安吉是中国美丽乡村建设的发源地，也是休闲农业和乡村旅游做得较好的地方之一。其以前的主产业就是烧石灰，由于安吉是黄浦江的源头，为了保证上海人的饮水安全开始做产业转型。当地政府以安吉是黄浦江的源头为卖点，通过规划设计、宣传推广把上海人拉到安吉来休闲旅游。现在不仅上海人喜欢去，全国各地的人们都喜欢到这个地方来休闲、放松、旅游，这进一步带动了安吉休闲农业和乡村旅游的发展。

北京房山举办了拔萝卜亲子活动，通过挖掘胡萝卜作为体验式旅游产品的价值，在带动当地餐饮、加工等产业消费力和影响力的同时，使其他农民看到种植业的多元化优势，从而提高整个房山种植业的发展水平。

2.保留农村符号

有的人来到农村放松、休闲，是为了寻找他内心认定的那种乡村、乡味。曾经有个西藏人来北京玩儿了一圈，人们问他玩儿得好不好？他说很失望，很后悔。为什么呢？因为天安门不会放光芒。在他的思想认识里，天安门是有光芒的，但是在天安门广场，他却没看到会放光芒的天安门，所以很后悔、很失望。很显然他来北京只是寻找内心认定的那个北京，所以我们在发展休闲农业的时候要保留农村的符号，不能一味地追求现代化，要在保留农村符号的同时，融入现代化的元素，这样人们不仅可以找到内心认定的乡村、乡味，还会产生更大的吸引力，从而吸引更多的回头客。

3.满足都市人的多重需求

都市农业的特性是城乡互动、三产融合、功能多样、跨界开放。休闲农业、乡村旅游的兴起与发展是都市化进程中"三农"价值的再造，也是农业内部的推力。传统农业经营困难，农民需要增收，农业结构需要调整，农村需要现代化，要求农业必须从一产延伸到二产、三产，要求农业资源要跳脱传统的只生产粮食的用途，强调环境、知识、健康、美学、文化的价值，实现三产融合发展。

4.都市人对于食品安全的需求

可以让市民亲身走进农村，贴近农民，乃至亲自参与到农业生产中去。一方面向农民直接传达自己的关切，另一方面也是最好的监督，形成最佳的信任关系。

5.绿色农业的需求

绿色农业不仅是为了满足人们的胃，还要照顾肺、眼、脑的需求。

6.城里人亲近乡土的需求

归去来兮！田园将芜胡不归？现代都市生活的快节奏，应让城里人有更大的兴趣去走进农村、贴近农民。

7.亲子教育的需求

大自然是孩子最好的课堂与老师。现在的父母教育理念不断进步，更愿意把孩子放在农场里去接受大自然的教育。在农村对小孩进行感恩教育，如让小孩去喂鸡，当给鸡食物吃的时候，鸡为了感激人类，会一直跟着，借此来教育小孩要学会感恩。

（二）乡村旅游与第二产业的融合

休闲农业还要与第二产业进行融合，第二产业就是农产品的深加工和旧房子的改造。

1.农产品的深加工

农产品的深加工解决的是客户的需求。曾有旅游专家讲过一个后备厢的故事：我看一个地方的乡村旅游发展得好不好、生态农业做得成不成功，标准就是看游客的车的后备厢是不是装满了当地的土特产。用什么东西来装满他的后备厢呢？应季的农产品只能满足一时，别的时间怎么办呢？要满足游客旅游中"购"的需求，必须要有一些深加工的东西，要把农产品变成礼品，通过深加工来提高农产品的附加值。

2.农村的传统手工业

现在农村有很多传统手工业，可以尝试让它为我所用。比如，可以把特色民俗产品、油画、竹筐等手艺教给游客，也可以做好卖给游客。又如，做采摘农庄的，可以给游客发自己编好的竹筐，这样游客拿着也有感觉，能更好地提高自身的参与感。从另一个层面来讲，还能带动当地农民的就业，增加当地农民的收入。

3.乡村建筑业

现在旅游市场的趋势是景区的长途游是下降的，出境游和郊区游是急剧上升的。随着低碳概念的深入人心和乡村旅游本身所蕴含的生态诉求，生态建筑、新能源建筑在休闲农业中占有越来越重要的分量。很多投资商会寻找一些破落的村庄进行改造，保持外部形态，只进行内部改造，建设成乡村酒店，营造度假的轻松氛围。

有的时候，游客来度假不仅是吃一顿饭、睡一宿觉，而是在享受生活的美好。现在基本没有人愿意去农村忆苦思甜，到农村去只是体验一下。在农村进行建筑改造，要抓住城市人来农村的心理需求，既要保存乡土特色，又要具备现代化设施与功能的建筑。

有相当多的市民愿意为更加舒适的休闲度假环境支付更多的费用。传统的农家院应在满足游客最基本的安全、卫生需求的基础上，提升硬件设施，在满足其更高层次的需求（如对舒适度的需求、对浪漫情调的需求等）方面多下功夫。

（三）乡村旅游与第三产业的融合

1. 信息互联网产业

20 世纪 90 年代，人们看摇滚明星挥舞的是双手；进入信息化时代，再看到明星，人们挥舞的是手机。每个人都是一个自媒体。游客来到园区消费，同时在进行传播。游客游玩拍完照片肯定是要发到微博、朋友圈等社交媒体分享给其他人看的，而你只需要花几百元钱开通 WiFi 就行，这本身就是对自身文化的一种宣传，而且是免费的。

2. 文化创意产业

农村遍地都是资源，要通过一些创意活动吸引游客前来。农村蕴含着丰富的民俗文化与农业产业文化。这些丰富的"原材料"必须经过文化创意产业的加工，才能发挥其应有的价值。游客购买纪念品大多数是要送人的，如果没有包装，肯定无法有一定的吸引力；如果提前做好包装，那么肯定会受欢迎；如果是有创意的包装，还会吸引更多的游客前来。

3. 休闲体验活动

休闲农业的东西并不一定要花很多钱。比如，田妈妈农乐园崇尚的就是生产简单的快乐。轻资产，重创意，从一片荒芜开始，通过组织不同的活动，吸引游客参与其中。因为多留一分钟就会增加更多的收入，而组织的相关活动都有足够的角色的代入感。园区的设计也很有针对性，能被大人、小孩所接受，大家玩得都很高兴。比如，有一个成本仅 1 000 元的水滑梯，如果在市场购买成套的设备需要花费十几万，但是庄主通过一些创意的改造，不但可大大降低成本，还可在冬季可以把场地另作他用。

4. 公共管理和社会组织

乡村旅游的发展，不可能也不应该排斥城市资本进入。在城市资本大量涌入的情况下保障农民的利益，必须要依靠公共管理与社会组织的健全与发展，促使农民联合起来，促进乡村旅游的社区参与度。从实践上讲，主要就是建设和强化农民专业合作组织与行业协会组织。

以前的一家、一户、一园，通过规模化、集群化，发展为现在的一沟一谷、一片一带、一个甚至几个乡镇。特色明显，资源互补，利益联结紧密，能更好地满足游客多元化的需求。

5.养老产业

随着城乡统筹各项改革的进一步深化，尤其是农村集体建设用地流转政策的进一步明晰，农村地区的养老、休闲房地产开发将会迎来新的高潮。

农村拥有最宜居的资源——自然资源、社会资源、文化资源，这是任何地方都无法比拟的。

（1）自然资源

环境资源：没有空气污染、水污染、噪声污染的环境。

自然资源：肥沃的土壤、良好的气候、地形地貌、动植物、湿地、生物栖息地。

（2）社会资源

经济活动资源：城乡交流活动、特殊作物生产、特产生产。

共同体活动资源：生活共同体活动、农业共同体活动、氏族活动、乡村文化活动、乡村游戏、乡村管理、宣传活动。

（3）文化资源

历史资源、文化节庆、历史遗迹、宗教信仰、传统建筑、村落象征物、著名人物、风水地理、民间传说等。

（4）风景资源

农村风景、河川风景、山林风景、民居风景。

从乡村振兴发展层面看，推动一、二、三产业融合发展，有助于进一步推动农业产业化、专业化发展，让农村更加美丽，农民生活更加富足。一、二、三产业融合发展是乡村振兴战略的主要抓手，要通过打造农业新产业、新业态、新模式来延伸农业产业链，进而实现农业、农产品加工业、农村服务业的融合。未来，乡村旅游与三产融合的方式将成为乡村振兴战略的重要抓手。

乡村旅游把旅游和"三农"相结合，以旅促农，为解决"三农"问题提供了有效途径，为我国广大乡村地区的发展注入了新的活力。实施乡村振兴战略为乡村地区的全面发展指明了方向。乡村旅游开发和乡村振兴战略的最终目标一致。无论是实施乡村振兴战略还是进行乡村旅游开发，对乡村地区的建设和可持续发展都具有积极意义。

第三节　乡村旅游的产生与国内外发展历程

现代乡村旅游是随着现代人逃避工业城市的污染和快节奏生活方式而发展起来的。铁路等交通设施的发展改善了乡村的通达性，促进了乡村旅游的发展，使欧洲阿尔卑斯山区和美国、加拿大落基山区成为世界上早期的乡村旅游地区。早期的乡村旅游具有比较明显的贵族化特点，普及性不强。旅游者的数量和规模还处在初级发展阶段。1980年以来，随着人们对生态环境关注程度的提高，世界范围的"绿色运动"推动了乡村旅游的发展，使其成为发达国家现代旅游者可持续旅游行为的重要选择。进入1990年，在世界旅游组织和其他国际组织的大力推动下，乡村旅游作为生态旅游的一个重要组成部分，开始向发展中国家推广。在许多国家，乡村旅游被认为是一种阻止农业衰退和增加农村收入的有效手段。

一、乡村旅游的产生

"乡村旅游"出现在西方发达国家并不是一种新的旅游形式。它最早起源于19世纪中期的欧洲。1865年，意大利"农业与旅游全国协会"的成立标志着乡村旅游的诞生[①]。但是，其大规模的开展是在20世纪80年代以后。乡村旅游可以说是现代旅游的一项新事物，然而它却以极快的速度发展起来，特别是在一些发达国家，乡村旅游已具有相当的规模，并且已走上规范发展的轨道，展示出相当强的生命力和越来越大的发展潜力[②]。而我国乡村旅游出现的比较晚，萌芽于20世纪50年代。

二、国外乡村旅游的发展

国外乡村旅游起源于19世纪的欧洲，此时欧洲大陆各国的贵族就已经开始有定期到乡村休闲度假的习惯。1855年，一位名叫欧贝尔的法国参议员带领一群贵族到巴黎郊外的农村度假，向当地人学习制作鹅肝酱馅饼、伐

[①]　贺小荣. 我国乡村旅游的起源、现状及其发展趋势探讨 [J]. 北京第二外国语学院学报, 2001（1）:90-94.

[②]　王兵. 从中外乡村旅游的现状对比看我国乡村旅游的未来 [J]. 旅游学刊, 1999（2）:38-42, 79.

木种树、清理灌木丛、挖池塘淤泥、欣赏游鸟、学习养蜜蜂，与当地农民同吃同住，此后乡村旅游在欧洲悄然兴起。这一时期，英国和德国的贵族也有到乡村农场、农庄旅游的习惯。1865 年，意大利"农业与全国协会"的成立标志着乡村旅游的诞生。起始阶段的乡村旅游只是上流社会贵族的休闲娱乐活动，普通民众很少参与。

国外乡村旅游分为 3 个发展阶段，即 19 世纪中叶到 20 世纪 60 年代的初期发展阶段，20 世纪 60 年代至 80 年代的快速发展阶段和 20 世纪 80 年代至今的规范发展阶段。

19 世纪中叶至 20 世纪初，乡村旅游在欧洲各国得到进一步发展，从 20 世纪 30 年代开始由欧洲扩展到美洲和亚洲。20 世纪 60 年代至 80 年代是乡村旅游的快速发展阶段。

20 世纪 80 年代后，在欧美的一些发达国家，乡村旅游已具有相当规模，并已走上规范发展的道路，国外乡村旅游进入规范发展阶段。

在亚洲，乡村旅游近几年也快速发展。自 20 世纪 80 年代起，新加坡政府设立了十大高新科技农业开发区。在这些农业园区内，建有 50 个兼具旅游特点和提供鲜活农产品服务的农业旅游生态走廊，有水栽培菜园、花卉园、热作园、鳄鱼场、海洋养殖场等供市民观光，还相应地建有一些娱乐场所。

1984 年，韩国政府开始把发展农业旅游作为振兴农村经济、提高农民收入的一项计划进行推进。发展初期，旅游农场是其主要的产品类型。1998 年后，农业旅游产品数量和形式开始丰富起来。到 1997 年，韩国有 382 座旅游农场，每座农场平均土地面积为 0.025 平方千米，投资价值为 69 万美元。

随着工业革命和城市化的发展，西方社会出现了人口拥挤、交通堵塞、竞争压力大、人际关系复杂化等问题，城市人群生活质量受到影响，人们迫切地想短暂性离开都市，释放身心压力，乡村旅游应运而生，目前已经进入成熟阶段，成为国民生活中不可缺少的旅游产品。目前，国外乡村旅游呈现出以下发展趋势。

第一，政策的推动效应和针对性越来越显著。

乡村旅游兴起之时，政府全力支持，通过税收政策、财政政策乃至立法手段，使产业很快有了起色。进入发展阶段以后，政策推动的做法依旧保持不变。比如，英国为了保护乡村环境，在国家机构中将"农业、渔业及食品部"改名为"环境、食品和农村事务部"，加强了对农村环境事务的管理应对；拨巨资助推农村发展，使乡村基础设施改善。又如，西班牙为了确保本地人参与，对外来资本投资房地产有一定限制；为了确保乡村感，对接待酒店环境和风格等有明确要求；对旺季期间非法经营者严加处罚；要求相关人员必须出去学习，参加培训，提高技能。这些措施极大地提升了乡村旅游质量。

第二，保持乡村特性的自觉意识行为越来越强。

大多数城市居民选择乡村进行目的地旅游，根本原因在于当地有吸引人的自然景观和原真性较强的乡村人文传统。国外乡村旅游都很重视对这些资源的保护。一方面，坚决反对环境污染，避免将城市化工业化中出现的负面效应复制到乡村，力求山清水秀；另一方面，政府部门通过法规等途径对乡村旅游发展质量加以管理，通过非遗申报、文化旅游等途径，积极利用乡村文化。例如，法国、西班牙等国就开展乡村旅游规划，明确在产业发展过程中不可破坏传统景观和建筑，使其继续传承，以吸引更多游客，同时获得可持续发展。

第三，体验化、自助化、多样化特征日益增强。

体验性：20世纪70年代起步之初，大多数国家的乡村旅游产品类别不多，内涵有限，主要是美景观光，后对乡村文化、乡村历史与人文活动的开发增多，游客参与度增加，增强了旅游的体验性，乡村旅游的美誉度提升。

自助化：起步之初，旅游者多跟随旅行社出游，出游范围、游憩空间、休闲时间等均有很大制约，后伴随产业发展、市场规模扩大，以及旅游者成熟度增强，旅游者选择度增加，越来越多的旅游者喜欢选择自助旅游，自主选择目的地，自由选择消费项目，自己决定出游时间。

多样化：在观光的同时，为了满足旅游者的多元动机，经营者推出多样产品，如康体、休闲、节会、采摘、美食、度假等活动；新的景区景点不断增多，传统型旅游景点开始转型升级。

第四，乡村旅游助推农村发展的新功能得到重视。

英国、日本等国家出现乡村旅游的原因，是国家出现了大面积的乡村衰败，农民面临着增加收入和提高生活质量的问题，而乡村旅游的出现也确实增加了农民收入，改善了基础设施，取得预期效果。目前，西方社会出现新的问题，即逆城市化出现，到乡村居住、生活的富裕群体增多，对乡村建设提出了更高的要求，因此乡村旅游助推乡村建设的功能凸显，国家与社会希望通过发展旅游产业来解决这些社会问题。

第五，客源市场跨区域化、国际化特征开始凸显。

起步阶段，乡村旅游者主要来自附近的城市，客源市场半径有限。后期随着汽车普及、高速公路建设力度加大、网络信息的改善以及城市居民周末休息时间的增长、乡村旅游质量的提升，旅游者不再局限于周边城市，远距离游客也慕名前来，有的知名乡村旅游地还吸引了国外游客前来，国际化发展水平大幅提升。

三、国内乡村旅游的发展

我国乡村旅游的发展是由供给与需求两方面因素共同推动的结果。从供给的角度来看，主要是农村产业结构调整的需要；从市场需求的角度来看，主要是城市化进程加快的结果。

我国有关乡村旅游起源的记载最早始于 20 世纪 50 年代。20 世纪 70 年代初，在北京近郊四季青人民公社、山西昔阳县大寨大队出现了乡村旅游性质的政治性旅游活动。但由于时代本身的限制，这种半政治、半旅游的乡村旅游活动不可能有广泛的群众基础，只能说是极"左"时代中的一种畸形产物。20 世纪 80 年代初，在深圳举办了荔枝节，在贵州郎德上寨举办了民族风情旅游活动。1987 年，《成都日报》报道了成都郫县（现郫都区）友爱村的"徐家大院"徐纪元接待了首批来成都市游客的乡村旅游，并把这种乡村旅游形式以"农家乐"来命名，标志着我国现代意义上的乡村旅游的真正开端。随后，在国家旅游局（现文化和旅游部）推出"98 华夏城乡游"（旨在推动乡村旅游发展）和"99 生态旅游年"（旨在保护生态环境，实现可持续利用）后，全国各地纷纷抓住机遇，掀起了一股乡村旅游开发的热浪，出现了以森林公园、度假区（村）、野营地、观光购物农园、休闲农场、农业公园、教育农园、农村留学、民俗文化村、乡村俱乐部等多种开发形式的乡村旅游。

我国乡村旅游分为 4 个发展阶段，即 20 世纪 80 年代至 1994 年的初期发展阶段，1995 年至 2001 年的政府推动快速发展阶段，2002 年年底至 2009 年的规范发展阶段和 2010 年至今资本推动的高速发展阶段。

（一）初期发展阶段（1980—1994 年）

20 世纪 80 年代至 1997 年，在发达地区的城市周边开始出现了城市居民的自发近距离出游，但这个阶段的乡村旅游基本上处于被动满足旅游者的自发发展阶段。1986 年，成都"徐家大院"的诞生标志着"农家乐"旅游模式拉开了乡村旅游的序幕。1989 年 4 月，"中国农民旅游协会"正是更名为"中国乡村旅游协会"。这个时期的乡村旅游基本上是吃简单的农家饭、住农家屋、摘农家果的阶段，政府尚没有从宏观层面进行推进。因经济发展所带来的旅游意识复苏，成为推动这一时期乡村旅游发展的重要基础。

（二）政府推动逐步发展阶段（1995—2001 年）

1995 年 5 月 1 日起实行双休日，1999 年又将春节、"五一""十一"调整为 7 天长假。1998 年，"中国华夏城乡游"旅游主题与"现代城乡，多彩生活"宣传口号吸引了大批旅游者涌入乡村。随后，"99 生态旅游年"等举措极大地刺激了乡村旅游的发展。这个时期主要是政府为了应对亚洲金融危机扩大内需采取的应对策略，也在实质上使乡村旅游获得了更多政策层面的保障与推进。2000 年国务院 46 号文件明确了"黄金周"的概念。自此，乡村假日旅游逐步发展起来。

（三）规范发展阶段（2002—2009 年）

2002 年，我国颁布了《全国农业旅游示范点、全国工业旅游示范点检查标准（试行）》，标志着我国乡村旅游开始走向规范化、高质化。以 2005 年 10 月第十六届五中全会全面建设社会主义新农村、2006 年中央一号文件及 2007 年中国国家旅游局（现文化和旅游部）和农业农村部联合发布了《关于大力推进全国乡村旅游发展的通知》，以推动乡村旅游发展为标志，各地乡村旅游在继续快速发展的基础上，开始着手解决乡村旅游发展过程中出现的问题，各地先后出台了乡村旅游的星级评定标准，部分乡村也开始注重乡村旅游景区的规划，乡村旅游至此进入了规范发展阶段。

（四）资本推动的高速发展阶段（2010 年至今）

2011 年公布首批 40 家全国休闲农业与乡村旅游星级企业（园区），标志着我国休闲农业与乡村旅游业进入了快速发展、规范提升的新阶段。2013 年中央"一号"文件鼓励土地流转政策的正式出台，使金融资本开始进入土地的流转环节，圈地进军现代农业和投资其他形式的乡村旅游景区建设。2017 年初步统计全国农家乐数量达到了 220 家，全国休闲农业和乡村旅游示范县（市）共 388 个、中国美丽休闲乡村 560 个。乡村旅游开始与其他产业高度融合，互联网、移动终端等高科技也开始渗透乡村旅游中，乡村旅游出现了多样化的新业态。

第四节 国内外乡村旅游高质量发展研究现状

在许多国家，发展乡村旅游被认为是一种阻止农业衰退和增加农村收入的有效手段。目前，乡村旅游在发达国家已经成为重要的旅游方式，在世界各地发展非常迅速，并且已形成新的创新产业。比如，意大利、美国、澳大利亚、法国、德国、荷兰、日本等国的观光休闲农业、牧场和都市农业园，都由过去单一的观光型农业园发展成为集观光、休闲、度假、教育和体验于一身的观光农业园、农业区、农业带，形成了多元化、多功能和多层次的规模经营格局，其规模与效益也在同步增长。这些国家都认为乡村旅游业是农村地区经济发展和经济多样化的推动力。乡村旅游对当地经济的贡献和意义得到了充分证明。Harpley 认为，《国际可持续旅游研究》于 1994 年发行专刊第一次尝试构建一系列理论框架将乡村旅游作为可持续旅游活动中的特殊旅游活动进行系统研究，是学术界有关乡村旅游学术研究的开端。当前，世界各地都在大力发展乡村旅游，学术界对乡村旅游的研究也不断深入。

一、国外乡村旅游发展研究现状

（一）国外乡村旅游的主要形式

1.休闲观光式

当人们在纷繁嘈杂的城市里生活久了，就想到乡间去走一走，呼吸一下那里的新鲜空气，体会一下"返璞归真，回归自然"的感受。韩国的"观光农园"就是针对韩国占 87% 的城市人口的这种心态。它一般是几户农民联合发展的一种比较简朴的，集食宿、劳动和文体于一身的休闲设施，供城市居民放松愉悦心情。在这里，城市人既可以轻轻松松地观赏乡村的山水野景，享受大自然的宁静，又可以参加农民的一些生产活动，如收获瓜果和蔬菜等，从中体会劳动和收获的喜悦。此外，还可以学习农家制作面包、奶酪、果酱、葡萄酒的手艺。通过感受农家的生活，使自己的身心得到休息和调整。由于管理比较得当，"观光农园"发展势头良好，形式也愈来愈趋于多样化。

2.参与务农式

各国对此的处理方式不同。在美国西部专门用于旅游的牧场上，旅游者放牧可以拿到牛仔通常的工资，以资助自己的旅游费用。其他国家多是无报酬的劳动。

日本的务农旅游是其中的杰出代表，每年都要举办两次，即以春天的插秧和秋天的收割为中心。组织旅游者到农村去与农民一起劳动，体验农民生活。日本水果之乡青森县的川世牧场有一所国际青少年旅游组织的招待所，到那里的旅游者在指导人员的带领下，或去草场放牧，或去奶棚挤奶，还可以去果园采摘水果。

3.新趋势

有两个东欧国家的乡村旅游很有特色。一是在波兰，乡村旅游与生态旅游紧密结合，其开展的活动内容与其他国家一样，然而参与接待的农户均是生态农业专业户，一切活动在特定的生态农业旅游区内进行。到1996年年底，波兰全国已有由450家生态农业专业户组成的总面积超过40平方千米的生态农业旅游区。二是20世纪30年代就曾闻名于世的匈牙利乡村旅游。它将乡村旅游与文化旅游紧密结合起来，使游人在领略风景如画的田园风光中还体味着几千年历史淀积下来的民族文化。这样高质量的旅游开发对国际旅游市场的影响极大，使客流方向与流量自20世纪90年代初开始，由欧洲的西部向东部转移。波兰与匈牙利的乡村旅游模式为世界各国树立了一个典范，指明了农村地域环境中旅游业可持续发展的方向。

（二）国外乡村旅游发展的主要特征

第一，国外乡村旅游已属于稳定性很强的重要旅游方式之一。

第二，其最稳定的客源市场主体是30～40岁的中年人，带有子女，家庭收入和受教育水平均较高。

第三，在发达国家，乡村旅游是一种较高层次的旅游行为。他们选择乡村度假，不是因为其收费低廉，而是在寻找曾经失落了的净化空间和尚存的淳厚的传统文化氛围。他们参与农业劳动追求的是精神享受而不是物质享受。

（三）国外乡村旅游研究现状

自 19 世纪 70 年代以来，乡村旅游在发达国家农村地区发展迅速，对推动经济不景气的农村地区的发展起到了非常重要的作用。国外对乡村旅游的研究从最初的基本概念及乡村旅游的发展策略、影响和制约因素等基础研究，逐渐转向研究居民对乡村旅游发展的态度、乡村旅游发展的动力机制和乡村旅游与可持续发展之间的关系等深层次的研究主题。

国外众多学者认为，乡村旅游发展没有绝对正确的策略，而是看所提出的策略是否与当地的具体情况相符合。换句话说，不同背景条件的地区应该采取不同的乡村旅游发展策略。Hummel Brunner（1994）等在研究奥地利乡村旅游的发展策略时，对 3 种不同的乡村背景提出了 3 种不同的发展策略。Embacher（2003）在研究奥地利旅游发达目的地的农业旅游策略时，对市场营销策略、投资策略、组织实施策略、培训策略等分别进行了阐述。众多学者强调，在乡村旅游发展策略的研究过程中，要特别注重保护乡村旅游的自然和文化传统，即要保护乡村的"乡村性"特征。

影响和制约乡村旅游发展的因素一直是国外学者关注的热点（Vilasurya，2016）。Kontogeorgopoulos（2005）通过对泰国的实地研究和乡村旅游发展经验的总结，提出外来户在乡村旅游产业中如果处于主导地位将有利于地方旅游的发展。Leemvis（2000）的研究结果却显示了政府参与乡村旅游并不能带动乡村旅游目的地的发展，政府和政府控股的旅游企业是破坏乡村旅游资源的主体。Tosun（1998，2000，2002）通过对发展中国家实施社区参与旅游发展的若干限制性因素，如实施操作、组织结构、文化方面等，进行了较为全面地分析，对社区参与方式在发展中国家的有效性和可行性产生了质疑。其研究发现，经济利益、社会文化利益、社区利益、旅游者利益、环境可持续性、社区参与、技术和政治等要素会影响乡村旅游的发展。Park（2012）等以调查问卷的方式从韩国 38 个乡村的 380 名居民中获取数据并进行数据分析，结果表明，政府在实施政策方案、鼓励当地居民进行合作的同时，鼓励参与程度不高的乡村旅游商户进行合作，不仅可以提高乡村旅游社区的社会资本，还可以提高对乡村旅游社区中产生冲突矛盾的管理效果。Miller（2001）对美国乡村旅游发展的实证研究显示，旅游者满意、环境可持续、雇佣当地人、经济溢出、生态环境状况等因素影响美国乡村旅游的发展。以韩国乡村旅游为例，采用实证研究的方法将影响韩国乡村旅游发展的 17 个要素划分为经济影响、社会文化影响、环境影响、管理影响 4 个维度来进行解析。

在乡村旅游发展中，发达国家非常重视社区居民对发展旅游态度的研究，认为当地人对发展乡村旅游的态度影响着旅游者的感受，在某种程度上能够影响乡村旅游的发展。而在一些发展中国家，当地居民没有享受到发展旅游带来的利益，反而要承受由此带来的环境破坏、生活受到干扰、价值观念冲突等不利影响，从而对发展旅游有抵触情绪。Ahn（2002）在对社区居民态度的研究中，将当地人的态度与旅游者的感受进行了定性与定量的相关分析，从而使研究达到一定深度。而 Tosull（2000）认为，在许多发展中国家，当地参与旅游发展需要对当地政治、法制、管理和经济结构做全面的变革。

发展乡村旅游从需求角度看是旅游市场回归田园，从供给角度看是农村经济寻求突破。Greffe（1994）认为，固定工作时间制及双休日的实施、收入增加、交通基础设施的改善、各种旅游形式和种类日趋丰富、人均寿命延长等是乡村旅游得以发展的重要原因。Fleischer（2000）认为，乡村旅游的发展主要是客源地的城市性与目的地的乡村性的差异化形成的。而 Evans（2008）认为，农民追求经济利益是乡村旅游发展的原动力。

从总体来看，乡村旅游对乡村可持续发展的作用在不断深化，乡村旅游的发展从一开始就与振兴乡村经济密不可分。Slee（2007）等人的研究也表明，乡村旅游对推动当地经济发展的确起到了重要作用。Fleischer 和 Tchetchik（2005）等以以色列典型的乡村旅游形式——提供住宿和早餐的农庄旅游为例，认为乡村旅游规模很小，旅游季节短，带来的收益较低，对地方经济的影响不大。Oppermann（1996）和 Hjalager（1996）也得出过类似的结论。但总的看来，大多数学者都认同乡村旅游对当地经济发展和经济转型具有一定的促进作用。Christ AiCken（2010）将公平和公正、社区参与管理和分享权利，以及可持续发展的观点称为"新旅游"发展观。

二、国内乡村旅游发展研究现状

（一）我国乡村旅游的发展现状

我国各地的乡村旅游开发主要以观光农业和休闲农业为主，目前正向以观光、考察、学习、参与、康体、休闲、度假、娱乐等为一体的综合型方向发展。

目前，我国的乡村旅游在国内市场上表现出对旅游景区、农业生产的收获活动和传统节庆活动的极大依托性。国内游客参加频率和重游率最高的乡村旅游项目是以"住农家屋、吃农家饭、干农家活、享农家乐"为内容的民俗旅游，以收获各种农产品为主要内容的采摘旅游，以春节、端午、重阳等民间传统的节庆活动为内容的乡俗节庆旅游。其中，秋季采摘旅游是目前这三项活动中参加人数最多的，也是参加者的年龄、性别、职业的构成面最广的。这是观光、参与性均很强的活动。我国开展的采摘旅游不只是为体味收获果实的感受，同时享有所收获的果实（一般含在门票收入中的均有数量的限制）。据观察，有相当数量的游客在采摘中对果实的数量和质量的在乎程度远超过参与收获过程的心理感受。因此，在各采摘点（特别是果园）均堆放着被旅游者摘下又弃之的水果。由此可以看出，国内旅游者对物质满足的需求多胜于对精神满足的追求。

（二）我国乡村旅游的主要特征

1.我国乡村旅游目的地主要分布在大城市的近郊

观光农业主要分布在我国东部经济发达的大城市周围，而我国西部由于很少受城市化的冲击，当地旅游资源持有神秘性的特点，主要以发展民俗、传统民居、传统农业观光为主。

2.参加乡村旅游的国内游客绝大多数是为调剂都市生活而出游

我国乡村旅游多为近地旅游，以城市近郊区为活动范围；出游的时间也较短，多为1～3天；能承受的价格多为人均50～100元/天，主要是冲着物美价廉而来。

3.在实际的活动开展中效果并不理想

民俗旅游基本上就提供家庭接待服务，乡情民俗的意味并不浓厚。这些农家旅社都分布在景区周围，为周末来郊外游玩的市民提供食宿服务，干农家活、享农家乐的内容开展得不多，甚至没有。

4.我国乡村旅游目前的开发还处于起步阶段

多数地区缺乏对乡村旅游的总体规划，政策尚未配套。在开发经营中缺少对生态环境的建设和对传统文化的恢复和保护的意识，甚至出现了边开发边破坏的现象。另外，缺乏商品意识，尤其是对具有本地特色的产品开发不够。

（三）国内乡村旅游研究现状

随着人民生活水平的提升以及旅游需求的跨越式发展，国内乡村旅游的发展已经成为学者和企业家关注的焦点。国内关于乡村旅游的研究主要集中在乡村旅游的发展对策、乡村旅游的发展模式、乡村旅游规划与开发、乡村旅游土地利用模式等方面。

乡村旅游的发展策略是国内外乡村旅游研究的重要议题。何景明（2003）认为，在发展策略上要变"给予游客们想要的"为"生产我们能出售的"，妥善处理发展与保护的矛盾，是乡村旅游可持续发展策略的重要内容。李德明（2005）等认为，对于不同资源类型的乡村旅游，其发展模式及对策也不完全相同，提出了与农村经济持续发展相应的对策。郭焕成等（2010）认为，发展乡村旅游可以合理开发城市边缘区景观生态资源，发展城郊生态旅游，实现城市和乡村优势互补与协调发展。

乡村旅游开发模式研究的实践性、客观性较强，吸引了众多学者。袁箐等（2015）认为国内乡村旅游开发模式研究的主要内容有两个方面，一是基于不同考察视角的研究，侧重于不同立足点下的宏观乡村旅游开发模式研究；二是模式类别研究，侧重于对多种开发模式的微观探索。钟晓鹏（2011）通过对合肥市包河区、肥西三十岗乡等一系列乡村旅游地在开发中采取的模式和方案的研究，对各开发模式的优势与劣势做出具体评价，并总结出以合肥市为中心的周边农村开发乡村旅游的模式与升级方案，并对潜在的合肥市乡村旅游品牌创建提出相应看法。周文奕（2011）以绵阳市安县双泉村为例，探索当地低碳乡村旅游的发展模式，构建低碳乡村旅游产业链、低碳乡村社区和低碳旅游保障为主题的低碳乡村旅游开发模式。余青和吴必虎（2001）就快速发展的旅游业与民族文化保护之间的矛盾，提出了基于民族文化传承和可持续发展开发乡村旅游的乡村生态博物馆模式。郑群明和钟林生（2004）阐释了参与式旅游的定义，并结合定义因地制宜地创建了5种参与式乡村旅游的开发模式："公司＋农户"模式、"政府＋公司＋农村旅游协会＋旅行社"模式、股份制模式、"农户＋农户"模式、个体农庄模式，力图通过这几种模式调整农村产业结构与农业生产，对当地文化实施保护，最终实现可持续发展。国内学者从不同角度研究乡村旅游的开发模式，并且基于不同客观条件的规律总结出适合当地发展的乡村旅游开发模式，实现乡村旅游发展的可持续。

国内关于乡村旅游规划与开发的研究多以某一具体案例作为研究对象。

范春（2009）等借鉴景观生态学理论的基础，指出乡村旅游空间要素的斑、廊、基、缘空间规划思想，但对社会经济与自然系统如何对空间格局产生影响有待进一步研究。熊金银（2010）以西昌市为例，采取"人、事、时、地、物"5个要素规划设计适合当地发展的体验式乡村旅游活动。覃永晖（2010）等以城市规划理论中的门槛分析法分析了环洞庭湖区乡村旅游发展的软硬门槛限制，提出了相应的开发对策。

在中国，旅游用地问题是一个不可忽视的影响乡村旅游业发展的因素。吴冠岑等（2013）表示，从土地利用角度来看，旅游用地的开发中既含有城市建设用地的特征，又含有农业用地的特征，是一种复合型的土地利用类型。除了旅游设施用地具有纯化的用地特征，大部分旅游用地属于"与旅游相关的用地"。沈刚（2007）从生态系统的新视角对乡村旅游空间地域性进行了探讨，认为乡村旅游和半自然生态系统在空间地域上是重合的，旅游用地的生态分区可以包括旅游用地发展利用区、适度利用区、生态控制区、生态保护区等四个区。吴冠岑等（2013）认为，在农村集体土地上开展旅游活动主要有两种途径：一是办理农地转用和征用手续，改变土地所有权性质；二是土地流转。土地流转可以在不改变土地所有权性质的前提下，将土地功能向多元化方向拓展，提高土地使用效率，解放农村剩余劳动力，并提高农民收入。席建超等（2014）从土地利用和空间形态变迁两个维度分析了旅游业诱导下旅游地乡村聚落的空间演变规律，研究发现乡村聚落土地利用模式演变呈现出"核心—边缘"的差异，距离核心景区越近的村落，土地集约利用程度越高，旅游功能愈加完善，村落风貌格局变化愈大。黄华等（2009）指出乡村旅游资源开发中针对农家乐模式可以采用土地置换方式，森林生态旅游可以采用土地委托代理方式，生态农业旅游可以采取土地出租或转包方式。另外，土地入股方式适宜多种乡村旅游开发模式。

三、国内外乡村旅游研究比较

乡村旅游研究往往受相关学科理论及自身旅游发展程度的影响，也是随着乡村旅游活动的发展而逐步深入的。因此，国内外乡村旅游的研究也存在许多不同。

第一，就其研究领域和层次来看，国外的研究领域及内容比国内宽泛得多。

由于国外的乡村旅游活动起步较早，因而其研究领域较宽、研究内容较广、研究更深入。而国内的研究内容相对狭窄一些，主要关注的仍是乡村旅游自身概念、内涵、特质及开发模式和方向的研究。

第二，就其研究方法来看，何景明教授对国外乡村旅游的研究方法总结为"主要是运用社会学和旅游学研究的方法，以访谈法、问卷调查法、统计法、图表法、比较法和综合法等为主"。相比之下，国内的研究方法比较单一，研究方法仍主要依赖传统的逻辑分析、推理等定性研究。

第三，就其研究理念来看，国内偏重于"物"的研究，国外更偏重于"人"的研究。

国外关注旅游对整个社区社会经济和环境的影响，重视乡村旅游与社区社会、经济、生态环境可持续发展的关系研究，重视乡村旅游发展中女性问题的研究，重视当地居民对发展旅游态度的研究，强调当地人应参与旅游管理，分享权利和旅游带来的利益，即提倡公平、公正和可持续发展的"新旅游观"。国内更关注乡村旅游开发带来的经济利益及对当地经济发展的影响研究。

第五节　国内外乡村旅游发展经验及实践模式

一、国内乡村旅游发展模式简介

（一）国内乡村旅游发展的典型代表

乡村旅游目前已在全国许多省市展开，并且在发展过程中，逐渐形成了自己的发展模式，如四川成都的"农家乐"模式、北京的"民俗游"模式和贵州的"村寨游"模式。从乡村旅游开发的依托上来看，我国乡村旅游的类型主要分为两种：都市依托型和景区依托型。

1.都市依托型——以成都"农家乐"为代表

工业化和城市化进程的加快使城市环境恶化、交通拥挤、人口密集、人均绿地减少，而对自然风光的向往、对休闲概念理解的深入以及人们生活观念的转变，使以都市郊区和周边地区为目的地的短程旅游不断发展。回归自然、贴近农村生活的乡村旅游在大都市郊区和周边地区迅速发展。此类乡村旅游可以称为都市依托型，主要指在大城市周边地区发展起来的乡村旅游，其客源市场主要是都市居民，其特点是重游率高、易形成忠诚客户。

四川成都"农家乐"是都市依托型乡村旅游的代表,类似的还有北京的民俗村等,其主要特点是依托城市大市场,发展周末休闲度假旅游。特色类型包括以下几种。①农家园林型:以郫都区友爱镇农科村为代表,依托花卉、盆景、苗木等生产基地,是"农家乐"的发源地。②观光果园型:以龙泉驿的书房村为代表,以水蜜桃、枇杷、梨子为依托,发展以春观桃(梨)花、夏赏鲜果的花果观光旅游,而旅游收入已经大大超过果品收入。③景区旅舍型:以远郊区都江堰的青城后山等自然风景区为代表,在景区附近的低档次农家旅舍受到中低收入游客的欢迎。④花园客栈型:以新都农场改建的泥巴沱风景区等为代表,把农业生产组织转变成为旅游企业,在农业用地上通过绿化美化,使客栈成为园林式建筑。此外,还有养殖科普型、农事体验型、川西民居型等。

政府通过免收管理费和税费、对农户进行培训及实行"三证"管理和实行统一收费标准等方式给予扶持,同时采取星级管理、卫生环保整顿和推进规模、打造品牌等一系列措施推进了成都"农家乐"健康有序的发展。

2.景区依托型——以贵州"村寨游"为代表

景区边缘地带是我国乡村旅游开展最早的地区,景区周边农村居民依托景区游客市场,发展特色农业、饲养业、畜牧业等,开展具有观光、学习、教育等功能的乡村旅游,同时开展以家庭接待为主、突出乡村生产生活内容的民俗旅游活动。另外,一些缺乏发展第一、二产业条件的贫困地区,往往却拥有得天独厚的风景资源。此类乡村旅游可称为景区依托型,主要指在著名风景名胜区周围发展起来的乡村旅游,其客源市场相当大的部分是来自全国各地甚至海外的观光客,其特点是初游率高、重游率低,不易形成忠诚客户,是典型的观光旅游。但是值得关注的是,在某些景区依托型的乡村旅游也开始出现一定数量的重游客,其特点和都市依托型相似。

国内许多大型旅游景区周边会有许多乡村旅游活动。对贵州来说,每个村寨本身就是景点。贵州省开展的民族乡村旅游,主要是依托特色村寨及其群落开发的乡村深度体验型产品,这种旅游产品文化特性非常突出,前期主要吸引的是一批进行文化探秘的境外游客和研究学者,但随着国际乡村旅游市场的发展和国内旅游者"返璞归真,回归自然"需求的增加,这种结合了传统的文化旅游活动与村寨田园风光的乡村旅游产品表现出特有的发展潜力。在黔东南州巴拉河流域的众多民族村寨中,朗德上寨被文化部(现文化和旅游部)授予了"中国民间艺术之乡""露天民族民俗博物馆""全国重点文物保护单位"等称号，旅游者可以从建筑、饮食、服饰、节日、生产、娱乐、礼仪、道德、信仰等方面窥见苗岭山区的文化和历史。这种模式属于景区依托型，主要依托民族村寨或其他大型旅游景点来开展乡村旅游。

（二）国内乡村旅游的转型升级

一直以来，乡村旅游在增加就业、助力脱贫致富、推进乡风文明和生态文明等方面成为推动新农村建设的重要力量。但是近年来，乡村旅游出现低水平重复建设，产品存在同质、单一，恶性价格竞争加剧，利润不断下降等问题，导致乡村旅游发展动力不足，并且对新农村建设的推动效应逐步弱化。升级乡村旅游成为进一步推动新农村建设的必然选择。

乡村旅游升级的基本思路包括以下三个方面。第一，区域特色分工。推广"一村一品"，打造特色新村。打造特色是乡村旅游升级的核心。各区县实现"一区（县）一色"，民俗旅游村实现"一村一品"，民俗旅游接待户实现"一家一艺"。打造特色沟谷带是实现特色化的重要手段。一切升级的落脚点是"村"。第二，升级方向。主要是实现乡村旅游的规模升级、生态升级、文化升级与科技升级。第三，业态特征升级。业态特征逐渐从"家园"升级到"庄园"，从点到面，逐步构建乡村旅游目的地。

随着乡村旅游的不断发展，国内乡村旅游逐渐由"乡村旅游一代"升级到"乡村旅游二代"。乡村旅游升级的典型模式有：四川成都从"农家乐"到"五朵金花"；北京从"民俗户"到"新业态"；贵州从"民族村寨"到"主题线路"；浙江从"茶家乐"到"洋家乐"。

二、国外乡村旅游发展实践研究

世界经济的高速发展，城市化水平的不断提高，使有的城市公园和风景区已无法满足人们放松身心的需求。所以，到郊外乡村寻找新的旅游空间，实现回归大自然、休闲健身便顺应潮流成为人们旅游的新选择。国外乡村旅游发展较早，在欧洲可以追溯到十九世纪四五十年代。乡村旅游在发展过程中，受乡村资源、文化及政府对乡村旅游需求功能差异的影响，不同国家的乡村旅游在产品、文化、形式、政府的支持方面表现了不同的特点。

（一）国外乡村旅游发展的特征分析

1.强化社区，注重发展

若想使乡村旅游健康、持续的发展，消除政策壁垒是关键。政府通过积极的宣传和教育，让当地社区居民了解开发乡村旅游的积极作用，吸引居民主动地、积极地参与到乡村旅游开发中，根据本地的实际情况开发出适销对路的旅游产品，并通过提供服务和改善基础设施条件来支持乡村旅游的发展。

2.合理规划，有效管理

在北美乡村旅游发达的国家，上级主管部门一般把发展地区乡村旅游的权利下放到当地政府，由当地政府根据本地区的旅游资源特点，并请各方面专家进行周详的旅游规划，开发出能满足旅游者需求的旅游产品。

3.制定政策，规范市场

乡村旅游目的地所在地区政府采取一系列的措施对乡村旅游的发展进行宏观管理，如通过制定政策来规范市场，通过成立监督机构来监督乡村旅游市场，通过建立对乡村旅游的统计指标来评价其投资情况，通过给予借贷利息减免的优惠政策为乡村旅游的快速、健康和持续发展提供政策保障。例如，美国明确农场应具备的软、硬件设施；编制针对乡村旅游的政策和规划；成立"农村旅游发展基金"，对农场主进行资助；等等。

（二）国外乡村旅游发展的主要类型分析

国外乡村旅游从二十世纪六十年代开始至今已发展了半个世纪，其乡村旅游的发展已经趋于成熟并积累了成功的经验。通过对国外乡村旅游文献的搜集、分析及政府或协会官方网站报道的梳理，发现国外发达国家已形成了较为丰富的乡村旅游类型体系。其旅游旅游产品涵盖的内容丰富、涉及范围很广，主要有六种形式：动物农场型、乡村旅游购物型、乡村度假型、农产品生产基地型、花卉园艺型、乡村体验型。

（三）国外乡村旅游发展的趋势

1.注重保持乡村自然和人文环境的原真性

使乡村地区所拥有的自然和人文环境尽可能地保持原真性、原生态，是乡村旅游能进行开发并能激发旅游者前来游览的原动力。例如，在法国、日本等乡村旅游发达国家，它们在进行乡村旅游开发和规划时，非常注重对乡村原真性的景物、景观的修复和保护，尽可能保持其传统的、旧式的、古董的和原貌的景观。

2. 旅游方式朝着自助化和多样化的方向发展

越来越多的旅游者已经不再满足于一些成熟的乡村旅游目的地和乡村旅游景点，也不再满足于形式陈旧的乡村旅游项目，他们对乡村旅游产品类型、内容等方面提出了更高的要求，并开始自主开辟新的旅游景点和新的乡村旅游项目。

我国乡村旅游起步于20世纪80年代，在全面建成小康社会的目标下，发展乡村旅游已成为促进社会主义新农村建设的有效途径，且应给予高度重视。由于起步较晚，其发展过程中不可避免地遇到一些制约瓶颈，如产品同质性、产品层次低、乡村性缺失、服务质量低下、盲目开发等问题。总结和借鉴国际乡村旅游发展经验，对促进我国乡村旅游健康可持续发展具有重要借鉴意义。

第二章　乡村旅游高质量发展规划与研究

　　推动乡村旅游高质量发展是顺应经济发展趋势、响应相关政策指引、助力旅游产业升级、满足市场需求变化的必然要求，具有坚实的发展背景。

　　党的十九大报告做出"我国经济已由高速增长阶段转向高质量发展阶段"的重大历史判断，2017年、2018年连续两年的中央经济工作会议都重点强调推动高质量发展，可见高质量发展已成为我国经济社会发展的总指引，也为乡村旅游发展提供了战略指引和基本遵循。为响应这一国家战略部署，国务院及相关部门先后出台支持引导乡村旅游提质增效、转型升级的政策方案。从《关于开展休闲农业和乡村旅游升级行动的通知》（农加发〔2018〕3号）中以高质量的农业发展驱动乡村旅游提质升级、《乡村振兴战略规划（2018—2022）》中加快打造乡村旅游精品工程，到《促进乡村旅游发展提质升级行动方案（2018—2020）》（发改综合〔2018〕1465号）中补足我国乡村地区建设短板的系统性建议与措施、《关于促进乡村旅游可持续发展的指导意见》（文旅资源发〔2018〕98号）中提升乡村旅游发展质量和综合效益的全面指引，无不反映出政府层面对乡村旅游在激活农村发展活力、助力乡村振兴实现、落实高质量发展等作用的高度肯定与深切期望。因此，顺应时代发展趋势、响应相关政策扶持，探索乡村旅游高质量发展的机制与路径，更好地发挥旅游业在促进乡村经济发展、生态文明、资源整合、文化传承等方面的作用，是当前及未来亟待解决的重要议题。

　　在我国农村的现实情境中，乡村旅游正以超预期的规模和速度在全国强势发展，这为乡村地区注入了新的产业活力，同时在发展过程中显现出资源环境保护不力、乡土文化特色不明、主体要素协调不够、产业发展动力不足等一系列问题。现阶段，通过农旅融合增强乡村发展动力、优化旅游产品结构、引导生产要素均衡配置、完善旅游配套服务、全面提升产业发展质量与综合效益，已成为突破乡村旅游发展瓶颈、激活乡村产业新动能的当务之急。与此同时，新时代乡村旅游要以满足人们的美好生活需要为出发点和落脚点，保护乡村原生肌理与自然风貌，传承地区特色文化内涵与传统工艺，实现游客亲近自然、返璞归真的愿望，让城市居民"望得见山、看得见水、记得住乡愁"。因此，要紧抓质量这条生命线，对接乡村旅游产业品质化、专业化、高级化转向，迎合现代城市居民的内心诉求，引导乡村旅游走上高质量发展之路。

第一节　乡村旅游高质量发展存在的问题

近年来，发展乡村旅游在助力脱贫攻坚和实施乡村振兴战略方面发挥了重要作用，特别是以旅游业作为支柱产业的地市，乡村旅游更是发展得如火如荼。

但是在发展乡村旅游过程中，也出现了一些引人思考的问题。例如，有的村明明缺少发展乡村旅游的资源优势，依然盲目制定发展规划，着手项目实施；有的村自然资源得天独厚，发展潜力巨大，却单一发展某一旅游要素，导致旅游配套服务跟不上；更有甚者，为了发展旅游而发展旅游，直接去相邻的村子"取经"，也只是"东施效颦"，没有体现出"在哪座山唱哪首歌"的区位资源优势。

中国乡村旅游从兴起至今，从开发规模上来看，从最初的点式农家乐到片区式农场景区，再到综合性旅游乡镇，都随着国家政策、市场需求和学界对乡村旅游认识的变化而不断深化和扩大。

王云才（2001）提出"田园公园"开发模式，他认为乡村旅游开发的重点在于度假功能的完善、土地整治与乡村景观规划。曹国新（2007）认为，随着中国旅游业从传统服务业到现代服务业的转型，乡村旅游的规划模式也经历了三个阶段，即强调乡村风格的规划模式、强调活动趣味性的规划模式、强调多元综合的规划模式。基于利益相关者理论，刘德云（2008）认为，乡村旅游规划在空间上尺度较小，当地社区的根治性与参与性较强，乡村旅游规划应该以居民的参与为核心，并建立层级反馈机制来指导规划的实施。周新颜（2008）提出了"生态型体验博物馆"乡村旅游开发模式。汪秋芬（2010）认为，成都"五朵金花"和北京民俗村的规划模式已经不再适应时代需求并过于制式，指出目前国内乡村旅游产品趋同现象严重，并提出要融入创意产业的乡村旅游规划三大模式。自中央十六届五中全会提出建设社会主义新农村的任务以来，学界不少乡村旅游规划开发的研究都将视角投向如何通过乡村旅游开发来服务新农村建设，如邹统钎（2008）在借鉴国外乡村旅游发展先进经验的基础上，总结出乡村旅游推动社会主义新农村建设的六条经验，并提出乡村旅游开发的最佳模式，即政府扶持＋社区主导的产业化开发模式（CBD 模式）。

与国外相比，国内相关研究注重与市场变化和国家大政方针的紧密结合，但理论深度不够，缺乏对一般资源开发模式的梳理和总结。另外，缺乏具体操作性建议，大部分成果还无法很好地指导实际规划开发工作。

尽管乡村旅游已成为成都旅游业和农业的一个亮点，但受地域条件、科技水平、经济实力、管理机制、规划设计等方面的影响，其发展存在诸多问题。例如，一些主题公园式观光农业园的生产功能开发深度不够，吸引力不强，有的忽视了观光农业的田园化、乡土化特征，误入城市主题公园、游乐园的开发套路，生命周期大为缩短；有的因为过分强调传统农业；也有一些近似主题公园的旅游形式从根本上违背了乡村旅游的初衷，投资者到乡村大量"圈地"，把城市人度假休闲地建在环境良好的乡村社区，却极少考虑当地居民的意愿。从长远来看，村民赖以生存的土地和环境资源被占用和消耗，逐渐形成了村民收益与资源投资的严重失衡。

总结概括当前乡村旅游的现状和不足，主要有以下几点。

一、谋划多，规划少

各地都高度重视发展乡村旅游，出台了一系列发展乡村旅游的政策文件，有力地促进了乡村旅游蓬勃发展。但总体上仍处于谋划阶段，缺乏全域性、整体性、系统性和长远性的旅游规划。一些乡村旅游景点虽然搞得不错，但是没有科学、长远设计，可能"看上去很美"但"掉下去很惨"。建议高起点、高标准、超前性，科学编制乡村旅游的目标规划、项目规划、业态规划，使乡村旅游规划融入国土空间规划体系，协同共进。

乡村旅游虽然目前已初具规模，但从旅游产品规划、开发、营销、服务与管理来看，尚处于初级阶段。

第一，从旅游规划来看，大多数还没有进行旅游发展总体规划，更谈不上农家旅游的专项规划了，乡村旅游发展的盲目性很大。各地乡村旅游点众多，由于没有进行统一规划，在地域上分布较广，有些旅游点之间相距较远，组织线路的难度较大。乡村旅游项目与传统旅游景点之间缺乏有机联系，共生性差，从而降低了吸引游客的能力。

第二，从行业管理上来看，力度不够，立法管理尚不健全，大多数"农家乐协会"也形同虚设，许多开发和经营行为得不到应有的规范。无证经营的现象还存在，不重视卫生、环保的现象时有发生。部分经营者随意收费，旅游综合环境质量有待全面整治和改善。

第三，从营销上来看，除个别乡村旅游具有一定的品牌价值和形象初步树立外，其他条件较好的地区尚没有形成品牌，也没有系统的营销战略，游客多为自发前往的群体，即使营销做得较好的地区也缺乏对客源市场的深入调查和市场细分，致使大多乡村旅游点知名度不高，辐射范围小。

二、品类多，品牌少

目前的乡村旅游，有景区景点，有种植养殖，有餐饮住宿，有休闲度假，有吹拉弹唱，有吃喝玩乐，"吃、住、行、游、购、娱""商、养、学、闲、情、奇"等都具备，品类不可谓不齐全，但是真正形成品牌的不多。从当前我国旅游品牌的现状来看，一线旅游品牌几乎都是著名景区或者城市文化旅游景点，而乡村旅游品牌却较为缺乏。在乡村旅游的发展过程中，一方面，政府的主导作用过于突出，乡村旅游的发展基本依靠政府的支持和扶助。其他乡村旅游的参与主体，如旅游企业、旅行社、旅游从业人员作用和积极性发挥不足，很难为培育乡村旅游品牌做出努力。另一方面，缺乏完整的乡村旅游产业规划，使我国乡村旅游产业的公共财政投入机制不健全，影响着乡村旅游的基础设施建设，各种旅游资源难以有效地整合起来，自然就难以形成乡村旅游品牌。

像成都"农家乐"的活动内容以麻将棋牌、赏花采果为主，各个"农家乐"提供的服务几乎相同。大多农业科技观光园也只是"看温室，看果菜，看了休闲，看生态"的连锁店。这种设计类型趋同、千篇一律的活动模式，不但会使游客日久生厌，而且造成"农家乐"彼此间竞争更加，增大了市场风险，导致有些地区效益下降。

三、融入多，融合少

融入、融合是有区别的，怎样才是融合？我们可以通过广西桂林王城景区案例来说明。景区内设置了一个极具特色的科举体验区，游客可以亲身走进贡院提笔答题，考试后会宣布"状元、榜眼、探花"，并发放"圣旨"，只要支付一些费用就可以把"圣旨"带回去，很多游客欣然接受，这就叫融合。现在很多乡村都有农事体验项目，吸引游客采摘、购买瓜果蔬菜，这只是融入。但是有些地区已经开始流行吸引市民、游客到郊区"认养一片地"，闲暇时可以体验农事，忙时可以通过手机远程管理，这就是融合。

四、法律法规和政策有待完善

在法制管理上，国外在乡村旅游法律法规建设方面除制定了乡村旅游标准和规范外，还从法律的角度规定了乡村旅游的地位基本法，但我国乡村旅游方面的法律基本属于空白，没有制定乡村旅游管理法，或者专一性的法律法规，对乡村旅游的经营者缺乏一定的法律监督，同时无法保证游客的合法权益，再加上各地立法水平存在差距，造成各地乡村旅游监管能力参差不齐，一定程度上影响了我国乡村旅游的健康协调与可持续发展。

五、设施落后，服务能力弱

配套的基础设施不完备。乡村旅游地大都远离市区，乡村的道路、交通运输、住宿设施、餐饮购物、卫生、厕所、安全建设等不完善，水、电、路、邮网络等配置不健全，这些都制约着乡村旅游的进一步发展。从事乡村旅游的专业人才匮乏、服务定位不高。

六、环境条件恶化，缺乏系统整治

由于游客数量的不断增多，给乡村旅游地带来了不小的压力，乡村生态环境破坏严重，乡村旅游地整个生态链条环节负担较重。表现在绿地面积较少，无序的宿、餐、娱等建设占据过多的乡村旅游地的植被。由于乡村旅游发展起来的企业随意排放污水、污染物增多，加上生活垃圾、建筑垃圾、游客不文明的乱摘、乱踏、乱丢都造成乡村特有的清新环境质量下降。

七、综合竞争力低

国内旅游业涉及交通、娱乐、饮食、商业、文化等部门，旅游行业间分散经营，某些地方乡村旅游价格竞争现象依然严重，这严重影响了我国乡村旅游的整体形象。

八、城市工商资本过度介入，农民获益少

农民参与乡村旅游是乡村旅游的一项重要标志，只有让农民参与乡村旅游，才能从根本上增加农民收入，增加农民就业机会，很好地解决"三农"问题。乡村旅游发展中当地村民比较关注的问题是自己能否参与其中，主要体现在就业、经营及收益方面。目前，还有部分农民无法从旅游开发中获得利益，这导致一些农民参与的热情不高，甚至出现抵触情绪。乡村旅游中还存在利益分配不公，村民利益得不到充分保障等问题。有些地方的"农家乐"实际上只是城市娱乐休闲设施向农村的整体外迁，与农业、农民几乎没有关系。

九、人才匮乏，管理水平低

目前，乡村旅游的经营管理人员相对较少，对乡村旅游从业人员缺乏系统有效的培训。各个"农家乐"提供的服务几乎相同，如吃农家饭、赏花采果、农园观光、棋牌麻将、钓鱼、卡拉 OK 等。在庭院景致的设计上，也往往相互抄袭，失去了"农"味、"乡"味、"野"味。这种单一、缺乏文化内涵和包装的低层次的旅游产品，已不能适应城市居民对节假日旅游市场的多方面需求。调查显示，随着旅游产品的日趋丰富，游客有了更多的选择，部分市民已不满意"农家乐"所提供的大同小异的娱乐服务，转向环境条件较好、娱乐设施丰富的度假村。

由于经营水平的差异，在发展条件几乎相同的经营户效益差别却很大。经营者的经营水平对乡村旅游开发的成功与否起着重要作用。例如，成都书房村"农家乐"近几年整体效益下降，桃苑"农家乐"的效益却逐年上升；羊西线附近许多农户经营"农家乐"利润低下，甚至亏本，但出租给城里人经营，却取得了较好的经济效益。随着"农家乐"竞争的加剧，城市人口租地经营的比重在逐年增大，而且所经营的"农家乐"大多上规模、上档次，经营收入也较高。真正由农户经营的"农家乐"中，规模较大、效益较好的

集中于有过外出工作经历、主动外出考察和接受培训的业主。可见，各经营户的经营水平对"农家乐"的发展影响很大。

　　基于我国乡村旅游发展中存在的诸多问题，我国学者王兵认为，乡村旅游的发展必须沿着与生态旅游、文化旅游紧密结合的方向，开发高质量的乡村旅游产品，适应国际市场，带动、引导国内市场需求向高层次发展，同时需要加强对乡村旅游理论的研究。

第二节　乡村旅游高质量发展规划研究内容

一、旅游规划的相关概念

（一）旅游规划与乡村旅游规划

　　旅游规划是对未来旅游发展状况的构想和安排，是以追求最佳的经济效益、社会效益和环境效益为主要目的的。旅游规划的有无和好坏直接影响到旅游业的可持续发展，对旅游业的发展起着举足轻重的作用。旅游规划是地区旅游发展的纲领和蓝图，也是旅游发展的一项部门规划[①]。

　　乡村旅游规划是根据某一乡村地区的旅游发展规律和具体市场特点而制定目标，以及为实现这一目标而进行的各项旅游要素的统筹部署和具体安排[②]。

（二）旅游规划和旅游策划

1. 概念差异

　　规划是一个地域综合体内旅游（休闲）系统的发展目标和实现方式的整体部署过程。规划经相关政府审批后，是该区各类部门进行旅游（休闲）开发、建设的法律依据。规划要求从系统的全局和整体出发，着眼于规划对象的综合的整体优化，正确处理旅游（休闲）系统的复杂结构，从发展和立体的视角来考虑和处理问题。

---

① 黄羊山.旅游规划原理[M].南京：东南大学出版社，2004.
② 唐代剑，池静.论乡村旅游项目与游览组织[J].桂林旅游高等专科学校学报，2005（3）：31-35.

策划是依托创造性思维，整合旅游（休闲）资源，实现资源、环境、交通与市场的优化拟合，实现旅游（休闲）业发展目标的创造过程。策划强调的是通过创造性思维，找出资源与市场间的核心关系，建构可采取的最优途径，形成可实施的明确方案，并对近期的行动进行系统安排。

2. 理念差异

规划是一套法定的规范程序，是对目的地或景区长期发展的综合平衡、战略指引与保护控制，从而使其实现有序发展的目标。

策划是从创造性思维的角度出发，以资源与市场对接为目标，用独树一帜和鹤立鸡群的方法解决旅游吸引力、产品、开发过程、营销等方面的独特性与操作问题；围绕旅游（休闲）吸引力、商业感召力、游憩方式、营销方式、商业模式等问题的解决，旅游策划必须具有创新性、可操作性。

3. 任务差异

规划的基本任务是通过确定发展目标，提高吸引力，综合平衡游历体系、支持体系和保障体系的关系，拓展旅游内容的广度与深度，优化旅游（休闲）产品的结构，保护旅游（休闲）赖以发展的生态环境，保证旅游（休闲）地获得良好的效益，并促进地方社会经济的发展。

策划的基本任务则是针对明确而具体的目标，通过各种创造性思维和操作性安排，形成游憩方式、产品内容、主题品牌、商业模式，从而形成独特的旅游产品，或全面提升和延续老旅游产品的生命力，或建构有效的营销促销方案，并促使旅游（休闲）地在近期内获得良好的经济效益和社会效益。

二、乡村旅游规划的基本内容体系

乡村旅游规划的内容体系是整个乡村旅游规划体系的核心组成部分，是指在乡村旅游规划基础性分析的前提下，在法律法规，政府政策，技术、人才、财政的支持下，对乡村旅游规划区进行详细的旅游产业发展规划和旅游开发建设规划。

在产业发展规划方面，具体需要做的工作包括制定乡村旅游发展战略、确定乡村旅游发展目标、明确乡村旅游发展空间布局、确定乡村旅游优先发展项目。

在开发建设规划方面，主要包括物质规划（硬环境建设）和非物质规划

（软环境建设）两方面内容。物质规划包括乡村旅游专项规划、特色旅游项目规划、优先开发项目规划和旅游分区规划四部分，而乡村旅游专项规划是重中之重，其具体内容包括旅游产品规划、旅游商品规划、旅游主题景点规划与设计、旅游服务设施规划、旅游基础设施规划、旅游活动策划、旅游资源与环境保护规划；非物质规划包括乡村景观意象与旅游形象规划、旅游市场营销规划、旅游经营与管理体制规划、旅游信息服务规划、旅游人才培养规划、旅游投融资规划等。

另外，乡村旅游规划的内容体系还包括支持保障方面的建设内容，如乡村旅游规划区的基础设施建设、服务配套设施建设，乡村旅游发展中人力资源方面的保障，乡村旅游发展政策与财政方面的支持，相关的法律法规建设和行业标准的制定，乡村旅游规划区治安环境的改善，以及当地居民的思想意识和文化水平的提高等。

三、乡村旅游规划的过程

乡村旅游规划作为旅游规划的一种特殊类型，必须遵循旅游规划的一般原则与技术路线。目前，国内外还没有专门针对乡村旅游规划的技术路线。根据旅游规划的一般性要求，结合乡村旅游规划的实际需要，我国乡村旅游规划的过程一般分为五个阶段。

第一阶段：规划准备和启动。

主要工作包括规划范围，规划期限，规划指导思想，确定规划的参与者，组织规划工作组，设计公众参与的工作框架，建立规划过程的协调保障机制，等等。

第二阶段：调查与分析。

主要工作包括以下几点：乡村旅游地基本情况、场地分析等；乡村旅游资源普查与资源综合评价；客源市场分析与规模预测；乡村旅游发展竞争分析、SWOT分析等。

第三阶段：战略方向研判。

通过分析乡村旅游发展的背景、现状、纹络、地脉及客观形象，横向、纵向分析，诊断其发展中存在的问题，确定乡村旅游发展的总体思路（包括乡村旅游形象策划、发展方向与布局、开发策划等）和规划目标。

第四阶段：制定规划。

构建乡村旅游规划内容体系的核心，依据发展乡村旅游的总体思路，提出乡村旅游发展的具体措施，包括乡村旅游产品策划与开发、土地利用规划与环境容量、支持保障体系等。

第五阶段：组织实施与综合评价。

依据乡村旅游规划的具体内容，做好乡村旅游规划管理；根据经济、社会、环境效益情况进行综合评价，并及时做好信息反馈，以便对规划内容进行适当的补充、调整和提升。

四、旅游规划设计要体现乡村原生态元素

有故事的乡村旅游才有灵魂，才能留住乡村旅游客源。那么，乡村旅游项目设计应从哪些方面挖掘和体现"农耕文化"元素呢？

（一）土特产或农副产品的各种传统加工技艺

咸鸭、蛋板鸭、松花蛋、醋、臭豆腐、香肠、酒、酱菜、蜜饯、果脯、火腿、腊肉、茶叶、蔗糖等制作工艺都是中华民族五千年农耕文明的结晶，值得传承。

（二）手工技艺及农民艺术作品

造纸、刺绣、紫砂、泥塑、农民画、剪纸、根雕、景泰蓝、雕漆、花丝、织布、青瓷、水轮、水碓等精湛的传承技艺，包括各类民间艺术，不少仍在广泛应用。

（三）传统的农耕体验

各种作物的栽培种植、精耕细作等，包括耕种、浇水、定期施肥、除草、捕捉灭虫等农耕体验，以及插秧、堆肥、打场、传统收获及晾晒技巧、采摘果蔬、修剪果树、嫁接、栽桑养蚕、垂钓、捕捞、养殖等；农业生产工具的制作工艺及使用方法。

（四）时令和节气

大家都知道二十四节气源自农耕文明，是传统农事活动的重要依据，是宝贵的农耕文化之精髓，也是华夏民族认识、把握、运用自然规律于生产和

生活的智慧结晶，千百年来一直影响着我们的生活，并发展为具有深刻内涵的节气文化，如"二十四节气歌"。

（五）古村镇村寨民居保护

中国古村落有优美的山水环境，有数百年以上的建村历史，有丰富的人文景观，是中国传统文化中人与自然和谐相处的范本。很多古镇、古村都凝聚了很多先辈的智慧，是一笔优秀的历史文化遗产。

村中的街巷、民居、祠堂、公堂、寺庙、坊、墙、楼阁、市井、庭园等各种类型的建筑一应俱全，特别是邻里和睦、互帮互助、勤劳俭朴等传统美德更值得现代人借鉴。

（六）各种典故、人物、物种的历史、知识类展示

农业制度的演变；农业工具的演变（如水车体验）；农业科技的总结，如《天工开物》《本草纲目》等；农业物种的变迁，如番茄等外来物种的介绍；农业典故的整理，如大禹治水、神农制；农业名人的展示；等等。

农业科技的总结中也包括现代农业的应用，如有机农业、设施农业、节水农业等纷纷涌现，嫁接、扦插、组织培养、杂交育种等高科技的应用，轮作、套种、间作、地膜覆盖种植、无土栽培、立体种植、工厂化养殖等，这些都使现代农业呈现出五彩斑斓的景象。

第三节　乡村旅游发展规划建议

乡村旅游规划要考虑实现目标的能力、乡村旅游开发与政策的一致性、成本效益比、社会文化与环境效益、对其他产业的关联作用和对社会文化的消极影响等。

乡村旅游规划的重点和难点是突出特色。目前，国内乡村旅游规划还很不成熟，存在着旅游产品严重雷同的现象，真正的地域特色没有挖掘出来。乡村旅游产品规划的重点是在细分目标市场的基础上设计旅游主题，规划核心是体现地方特色。

中国地域的差异使乡村田园风光与乡村文化有很大的差异，如南方的小桥流水式的乡村景象与北方粗犷的大地风光的差异、各地民俗风情的差异

等。田园风光具有地域性、不可转移性、不易模仿性等特点，在规划中较易体现地方特色。规划的难点和重点是民俗文化旅游项目的规划和设计。虽然民俗文化有地域性，但是容易传播、转移和模仿，因此应深层次地寻求产品的差异化。

一、当前乡村旅游项目规划存在五个弊端

（一）主题雷同，历史文化元素的深度不够

复制文化成为乡村旅游建设的一阵风。我国大部分的乡村旅游或休闲农业呈现同质化的问题。例如，关于花海，除了其不同的规模，其他的可能是相同的。又如，农家娱乐的问题，这几乎是一顿简单的饭，加上象棋、纸牌、钓鱼，观光和体验几乎是一样的，不能反映一个地方的特色农业和文化。

各色的花海、各色的违法棚内"生态"餐厅、各色的农耕文化、各色的稻田艺术使乡村再一次成为千篇一律的乡村，而核心的魂、自身的特色、差异化竞争在建设过程中鲜有挖掘。没有独特产业的乡村从空心化到回归，最终依旧走向空心化。如何考虑产业、如何留住劳动力、如何升级特色、如何打造独一无二的"三生"体系，是乡村旅游建设的核心问题。

在乡村旅游建设过程中，文化是发展的核心竞争力。随着旅游消费的不断升级，越来越多的景区开始意识到文化内涵的重要性，特别注意挖掘本地古老的历史传说、名人、文物等，试图以文化的魅力来吸引游客。然而，在文化挖掘方面存在浅显、雷同的现象，使一些文化缺乏生命力，不能激发人们的兴趣。

此外，一些错误的价值观已经被充分宣传。如何以文化为载体，传递正确的价值观，提高乡村旅游的体验深度，将是乡村旅游建设的核心。

（二）缺乏旅游管理人才，忽视软环境治理

为了降低管理成本，许多乡村旅游景区招聘了一些当地人员来管理和经营。一些地方甚至是几个村干部管理风景名胜区，有的还会在村子里找到一些低收入家庭作为临时管理员来解决他们的工作问题。起点是好的，但结果往往不令人满意。旅游管理是一门非常专业的学科，必须由专业人员对此负责。

地方政府重视硬环境建设，忽视软环境管理。例如，服务质量差等常见问题存在于乡村旅游中。这将破坏风景，使乡村旅游失去其独特价值。

（三）规划太整齐划一，太高大上

整齐划一不好吗？这要分地点。现在去一些乡村，总能看到整齐划一、色彩样式相同的房子，平整笔直的路面。看起来整洁漂亮，其实与大自然不协调，与农村本味不协调。对看惯了城市整齐划一的市民来说，再来农村看同样的复制品，又有什么意义呢？

乡村旅游的落脚点是乡村，游客去农村主要是想体验乡村特色和风情，如果把乡村开发得太过豪华，太过高大上，反而失去了乡村旅游的意义。开发乡村旅游，万万不能摒弃乡村的质朴与自然。

（四）整个旅游项目与村民无关，乡村原味不够

中央一号文件明确提出，在发展田园综合体建设定位上，要确保"姓农为农"的根本宗旨不动摇。一方面，开发田园综合体的目的就是要提高农民收入，让农民得到实实在在的实惠；另一方面，只要农民当家作主，把乡村旅游项目当作自己的事业，他们才会珍惜，才有干劲，才回主动去维护景区形象。

乡村的原味不只是自然风光，更要融入乡村的生产、生活，乡村的淳朴风俗，以及乡村的社会治理方式。尤其是传统的治理方式，宗族、家族，包括今天的村民自治、村规民约等。这些原味要结合乡村的现实，形成一个原汁原味的乡村图画。

（五）片面追求建设，忽略宣传推广

随着近年来旅游消费的不断升级和国家对乡村旅游建设、旅游扶贫的重视，乡村旅游的发展步伐不断加码，乡村旅游的基础设施与配套服务日益完善，景区面貌日新月异，但是游客量未曾增加。究其原因，就在于景区对宣传推广工作的重视程度不够，许多景区尚处于"养在深闺人未识"的状态。

游客既是感性的又是理性的，需要对游客整个的消费过程深入分析与把握，解决好"游客为什么来、什么游客来、游客怎么来、游客来了干什么、怎样让游客介绍人来"五大步骤。

要发展好乡村旅游，一要"定好位"，全面整合当地资源，立足本村实际，明确本地发展乡村旅游所要达到的目标；二要"布好局"，打造精品旅游线路，找到本地旅游资源的最优配置，最大限度地释放政策、资源红利，做到既引得来游玩的人，又留得住游玩者的心；三要"造好势"，利用好信息化、数字化手段，结合时下最流行的即时社交和短视频平台，把本地乡村的美景更快更好地传播到州外、省外甚至国外。

"不谋万世者，不足谋一时。不谋全局者，不足谋一域。"发展乡村旅游既要处理好短期目标与长期目标的关系，又要立足本村、本地实际，统筹考虑，科学谋划，更要利用好乡村振兴政策，尽可能地融入"三变"改革，即把资源变资产、资金变股金、农民变股东，在实现一、二、三产业融合发展的同时，实现农业强、农村美、农民富。

二、乡村旅游高质量发展规划思路

（一）以特色论定位，协调统一发展

首先，特色定位工作的前提是注重乡村旅游规划的协调发展，这实际上是在乡村保持协调规划的同时，合理地保持乡村本身的特色，服务设施的设计不应偏离简单、自然和协调的基本原则，避免农村城市化和商业化。其次，乡村作为我国基础的行政单位，下属有不同数量的村落。为了让每一个村落都形成较有特点的发展模式，需要进一步深挖村落本身所具有的特点。

（二）政府提供平台，动员全民参与

乡村旅游的发展需要建立在政府进行政策引导的前提下。在这一过程中，大力吸引更多的资金投入旅游模式的发展过程中，可以进一步担负基础设施建设工作。此外，持续地引入有实力的民营资本或外资企业共同投入建设，也可以让乡村旅游变得更加科学合理，并且便于政府进行更加高效、科学、合理化的监督，最终为乡村旅游的发展提供更多助力。

（三）明确功能定位，构建空间蓝图

在明确功能定位的过程中，乡村旅游建设的关键是合理地运用规划手段，只有这样，才能切实理解其发展目标，并在此基础上制定出更加科学可

行的规划模式。在进行项目发展模式的规划时，还应当进一步将理念和对策落实到空间，从而进一步发挥出其资源的潜能，营造出与旅游发展相匹配的空间格局和配套体系，最终构建出别具一格的乡村旅游风景。

（四）乡村旅游规划设计配套设施与新农村建设相结合

在乡村旅游规划设计中，旅游村住宿、餐饮、停车场、农产品购物点等配套设施应与新农村基础设施和公共设施建设相结合，与文明友好的村民营造清洁卫生的旅游环境，促进乡村旅游规划设计的快速健康发展。

（五）乡村旅游规划设计要突出乡村自然景观优势

农村资源丰富且规模大，但农村产业的相似性也带来了农村旅游资源的相似性。因此，在乡村旅游规划设计中，应进行横向资源类比分析，突出区域优势，增强乡村旅游的吸引力和活力。突出优势，先要突出乡村自然景观的优势，引导游客领略独特的乡村风光和景观。

（六）乡村旅游规划设计中游客的体验参与是核心吸引力

乡村旅游规划设计的核心吸引力在于游客的体验和参与。游客从城市来到农村，在青山和绿水的映衬下获得审美体验。他们亲自在果园采摘新鲜水果，感受丰收的喜悦。乡村旅游规划应为游客提供在村村工作的机会，如采摘、捕鱼、耕作和种植，以便游客体验耕作的艰辛，同时达到健身和娱乐的目的。

第三章　乡村振兴战略背景下乡村旅游发展经营管理模式创新

第一节　乡村旅游管理体制

一、目前乡村旅游管理体制存在的问题

旅游地管理体制是指领导、组织、管理和经营旅游业的制度，其核心是如何在旅游地内部政府、企业等不同利益主体之间建立合理的分权和权责机制。乡村旅游目的地现有的管理体制为乡村旅游的发展带来了一定的益处，如调动地方财力进行乡村旅游的开发建设，能在一定程度上促进地方经济发展。但是，其中也存在较多问题。

（一）旅游行政管理部门的职能有待进一步加强

目前，乡村旅游目的地管理形式多以政府宏观决策为基础，由文化和旅游部进行行业管理，这种模式是传统计划经济管理体制在旅游业的一种延续，所以它也被称作"传统管理模式"。

从现状看，各旅游景区点由不同的政府主管部门进行管理。文化和旅游部对它们的管理往往缺乏权威性，对旅游资源的开发建设无法有效控制，部门之间各自为政的现象较为普遍，各职能部门间的协调仍有待进一步加强。由于财力等条件的限制，文化和旅游部主要着眼于行业经营管理方面，在

资源管理、旅游信息化建设、环境保护、宣传促销等方面的力量有待加强。同时，乡村旅游行政管理机构人员编制不足，不能满足繁杂的行业管理事务需要。

（二）经营模式不能很好地适应发展需要

不同乡村旅游目的地依据其地理区位、资源级别与特点、区域经济条件、政府主导力度等因素，采用了不同的经营模式，如招商引资企业经营、民营独资企业经营及村办企业经营。虽然不同的经营模式适应自身特点、反映出政府兴旅富民的愿望，具有强劲的生命力，促进了地方经济发展，但是存在着一定的缺陷。例如，外来投资占据经营利润，导致经营的非地化，忽视社区利益，与当地居民产生冲突，或者经营者不能严格按照约定对景区进行投资建设，可能会影响景区发展甚至对资源环境造成严重破坏。一些地方自办企业虽然社区居民参与性较强，但有一定的局限性，存在粗放式经营，营销观念落后，缺乏完善的奖惩、激励制度，用人范围狭窄、管理不得力、人才缺乏、吃"大锅饭"、发展后劲不足等问题。

（三）各利益主体的利益分享机制尚未理顺

乡村旅游的开发涉及政府、企业、居民等多方利益，许多乡村旅游目的地旅游发展带来的代价由整体社区承担，而从中受益的往往只是少部分人。一些景区（点）政企、事企分不开，景区管理机构与旅游景区经营企业之间关系不清，影响管理效率，现有的制度对如何公平分配利益主体各方的旅游开发责任与旅游收益不够明确，成为乡村旅游资源合理开发利用和景区可持续发展的制约因素。

尤为重要的是，居民是乡村旅游目的地管理体制中不可或缺的重要组成部分，乡村旅游的物质载体中相当一部分属于社区居民私有，同时乡村旅游开发中居民受到了旅游开发带来的环境污染加剧、物价上涨、生活气氛破坏等负面影响。乡村旅游发展给居民带来一定的就业机会和收入，但是居民主要是参与乡村旅游开发的利益分配（主要是门票收入），其他如参与乡村旅游开发决策、发展规划及制定利益分配方案等则较少。

二、对策和建议

科学的管理体制需要以资源保护为前提，在立法、规划等手段的保障下，确定管理者、经营者、社区居民等利益主体的权利与责任，共同做好乡村旅游资源的有效保护与合理开发，使之形成永久的吸引。

（一）设立利益中性的独立管理机构，发挥其协调作用

设立利益中性的独立管理机构是乡村旅游目的地管理体制改革的关键。管理机构的主要职能是完善旅游规划编制体系，建立合理、严格的乡村旅游开发制度，制定关于市场进入、退出的政策和乡村旅游分级分类管理、农户经营服务、项目开发建设、环境治理、维护产业安全等方面的质量标准，规范市场秩序，协调各方面的利益关系，引导乡村旅游的健康发展，而不是介入旅游地的经营当中。

旅游业具有综合性和跨部门的特征，除了旅游产业政策、旅游规划、旅游市场监管等"纯旅游"领域，旅游部门仍存在难以独立承担的其他工作，必须借助外力，联合政府其他部门如工商、交通、城建、文物、林业、宗教、文化、环保等部门共同完成。可组建横向协调管理机构，建立"旅游产业发展委员会"，按照"统一领导、明确职责、分清主次、相互配合"的原则开展协调工作。

（二）实行市场化经营机制，建立现代企业制度

实行政企分开，引入现代企业对乡村旅游的发展有很大的促进作用。

在资源保护的前提下加大乡村旅游市场化改革力度，放开乡村旅游的经营权，通过招商引资，鼓励引导各类企业特别是资金实力雄厚的大企业采取独资、合资、合作等形式参与乡村旅游开发和基础设施建设。但是，政府要完善招商引资政策，注意对经营者的资质进行审核，签订合同规范其行为，在招商引资的同时，树立"保护第一、合理开发"的观念，明确企业的利益和责任，加强对企业行为的规范。

可以对现有企业进行重组，通过外派职工学习、人才引进、奖惩制度改革等形式更新其管理制度和理念，必要时引进新的经营主体。

（三）成立协调机构，提高各方参与水平

社区居民要作为旅游发展的主体进入旅游规划、旅游开发等涉及旅游发展重大事宜的决策、执行体系中。为了调动居民的积极性，乡村旅游地可

将建筑保护、旅游收益与居民收入挂钩，吸取居民意见，明确利润分配的比例，必要时设立方案让居民以实物形式入股，由旅游公司、村民、乡镇依照股份进行税后利润的分成，防止因盲目参与而产生的资源破坏。鼓励农民采取集资入股或以村组集体经济组织为龙头，采取"公司＋农户"的形式，组建乡村旅游开发公司或合作社，投资开发经营部分乡村旅游景区景点。

联合共管委员会可以作为居民参与的组织形式，使居民参与到旅游规划设计、商品经营、环境检测、社会治安管理、对经营管理主体行为的监督等活动中，以公平、公正、公开、透明的原则处理好企业和居民的利益分配问题，让居民切实参与旅游利益的分享，防止非地化现象产生，调动村民对资源保护的积极性。

发挥 NGOs（非政府组织）的作用，吸引媒体、专家、游客等对乡村旅游发展的关注和技术支持。联合共管委员会的介入有助于对旅游发展的指导，对旅行社会影响的研究和监控，能为居民参与、政府管理及企业经营提供意见，促进旅游地的保护，消除旅游的消极影响，协调各利益主体之间的关系。

（四）成立旅游发展行业协会，促进自我管理

行业协会是由相关企业自愿参与和组织而成的具备法人资格的社会团体，是行业协调、监督、自律与自我保护的重要市场中介组织，是加强企业联系的纽带、沟通政府与企业的桥梁，并在处理行业内部公共关系、维护和保护行业整体利益方面起重要作用。乡村旅游发展建设中应建立和壮大行业协会，培育行业协会的自我管理能力，通过行规行约协调旅游行业中企业之间的利益矛盾，加强联合促销，维护行业形象，保证行业的健康发展。

（五）加强教育与培训，提高经营管理服务质量

通过组织培训，帮助旅游开发者和管理者树立正确的观念，把握乡村旅游产品的内涵和本质，提高产品的质量和品位。帮助从业人员转变观念，提高行政管理人员和乡村旅游从业人员素质，防止部门与个人利用职权垄断客源，强化行业自律，支持相互推荐客源，避免恶性价格竞争。注重参与者的能力建设，着手和注重培训乡村旅游的经营人才，通过广播电视、印发宣传册、召开座谈会、组织技能培训班等形式，向居民解释现有的旅游活动、旅游规划、经营理念，实施家庭旅馆业主、服务人员培训计划，进行旅游常

识、旅游概况、接待礼仪、与游客交流沟通技能技巧、实用技术如烹饪等方面的培训，加强对居民的文明经商、诚信经营教育，增强居民的文化自豪感和社区意识、主人意识。

此外，可以通过制定和倡导《旅游者文明行为规范》来实现对游客教育的目的。行为规范应该简明扼要、通俗易懂，主要内容是提醒旅游者尊重当地乡村文化和乡村旅游资源，尽量减少旅游者对乡村旅游目的地资源环境的负面影响。

第二节　乡村旅游的扶持政策

我国乡村旅游已经进入蓬勃发展时期，但是由于乡村旅游的经营活动涉及旅游业、农业、餐饮服务业、商贸业等多个行业，目前对其管理边界缺乏清晰界定，加之近年来发展速度过于迅猛，行业管理规范与地方政府的配套措施则显得较为滞后，而且政出多门，诸多政策之间缺乏协同，导致对乡村旅游的规范存在一些政策盲区，甚至政策冲突。另外，现有的行业管理条例及政府政策大多是促进旅游业本身发展的应急之举，对乡村旅游中农民有效就业问题缺乏系统思考，管理与政策应对当前新问题时的创新手段仍显不足。

特别是在乡村旅游的具体实践中，城市周边地区的开发呈现出农民一拥而上的自发无序状态，从而导致乡村旅游的发展规模小、管理弱，严重影响了乡村旅游产业的可持续发展。因此，系统梳理乡村旅游的现有行业管理思路和产业政策，并对乡村旅游的发展适时进行调控和引导，有利于促进农民工有效就业，最终实现促进农村消费、维持农村稳定的目标。

一、《关于进一步促进旅游投资和消费的若干意见》

国务院办公厅在 2015 年颁发的《关于进一步促进旅游投资和消费的若干意见》彰显对乡村旅游发展的政策支持。

（一）坚持乡村旅游个性化、特色化发展方向

立足当地资源特色和生态环境优势，突出乡村生活、生产、生态特点，深入挖掘乡村文化内涵，开发建设形式多样、特色鲜明、个性突出的乡村旅游产品，举办具有地方特色的节庆活动。注重保护民族村落、古村古镇，建

设一批具有历史、地域、民族特点的特色景观旅游村镇，让游客看得见山水，记得住乡愁，留得住乡情。

（二）完善休闲农业和乡村旅游配套设施

重点加强休闲农业和乡村旅游特色村的道路、电力、饮水、厕所、停车场、垃圾污水处理设施、信息网络等基础设施和公共服务设施建设，加强相关旅游休闲配套设施建设。

（三）开展百万乡村旅游创客行动

通过加强政策引导和专业培训，3年内引导和支持百万名返乡农民工、大学毕业生、专业技术人员等通过开展乡村旅游实现自主创业。鼓励文化界、艺术界、科技界专业人员发挥专业优势和行业影响力，在有条件的乡村创作、创业。

（四）大力推进乡村旅游扶贫

加大对乡村旅游扶贫重点村的规划指导、专业培训、宣传推广力度，组织开展乡村旅游规划扶贫公益活动，对建档立卡贫困村实施整村扶持，抓好建档立卡贫困村乡村旅游扶贫试点工作。重点村开展乡村旅游，实现每个重点村乡村旅游年经营收入达到100万元。

二、《关于深入实施农村创新创业带头人培育行动的意见》

2020年6月17日农业农村部、国家发展改革委等九部门近日出台的《关于深入实施农村创新创业带头人培育行动的意见》（以下简称《意见》）提出，扶持返乡创业农民工。

以乡情感召、政策吸引、事业凝聚，引导有资金积累、技术专长、市场信息和经营头脑的返乡农民工在农村创新创业。遴选一批创业激情旺盛的返乡农民工，加强指导服务，重点发展特色种植业、规模养殖业、加工流通业、乡村服务业、休闲旅游业、劳动密集型制造业等，吸纳更多农村劳动力就地就近就业。

《意见》还提出，鼓励入乡创业人员。营造引得进、留得住、干得好的乡村营商环境，引导大中专毕业生、退役军人、科技人员等入乡创业，应用新技术、开发新产品、开拓新市场，引入智创、文创、农创，丰富乡村产业发展类型，带动更多农民学技术、闯市场、创品牌，提升乡村产业的层次水平。发掘乡村创业能人，挖掘"田秀才""土专家""乡创客"等乡土人才，以及乡村工匠、文化能人、手工艺人等能工巧匠，支持创办家庭工场、手工作坊、乡村车间，创响"乡字号""土字号"等乡土特色产品，保护传统手工艺，发掘乡村非物质文化遗产资源，带动农民就业增收。

《意见》明确，加大财政政策支持，允许发行地方政府专项债券，支持农村创新创业园和孵化实训基地中符合条件的项目建设。加大金融政策支持，推广"互联网+返乡创业+信贷"等农村贷款融资模式。加大创业用地支持，允许在符合国土空间规划和用途管制要求、不占用永久基本农田和生态保护红线的前提下，探索创新用地方式，支持农村创新创业带头人创办乡村旅游等新产业、新业态。加大人才政策支持，将农村创新创业带头人及其所需人才纳入地方政府人才引进政策奖励和住房补贴等范围。

另外，乡村旅游产业政策与行业管理还面临着以下问题。

第一，土地政策支持方面的问题。如何避免在乡村旅游发展过程中强势资本和权力支配引发的征地冲突损害乡村旅游的社区参与，目前仍是需要各方关注并值得研究的问题。

第二，劳动保障政策方面的问题。如何在农民工劳动权益保护与乡村旅游经营者利益保护之间建立平衡，从而实现乡村旅游产业的持续发展与农民权益的真正可持续；特别需要解决的是现有的农民职业培训体系如何与乡村旅游发展所急需的人才技能实现有效对接。

第三，产业政策方面的问题。乡村旅游发展中始终需要关注如何有效限制外来经营者占据乡村旅游业中经营者主体地位的"飞地化"现象。在政策完善进程中，需要思考如何制定外来投资者与本地农户业务分工互补的政策，同时该政策要能够充分发挥外来投资者在资本、技术、理念、市场等方面的优势，延长农家乐的产业链。

上述问题属于政策制定及完善过程中需要格外关注的问题。当然，政策的实施还要有硬件支撑。新农村建设类的国家宏观政策及基础设施建设如何为乡村旅游发展提供基础支撑，从而最终为农民工长远的就业环境提供基础保障，是未来需要解决的问题。

第三节　乡村旅游发展经营模式创新

关于乡村旅游发展，国外有许多成功模式，如欧美的"度假农庄"模式、新加坡的"复合农业园区"模式、日本的"绿色旅游"模式等，都有一定的借鉴意义。由于我国具有明显不同于国外的旅游消费特色，所以我国必须探索适合中国乡村旅游发展的本土模式。

一、乡村旅游发展模式

乡村旅游是一种乡村特色与旅游业融合的产物。由于我国农村地域类型的多型性、经济发展水平的差异性和民俗风情的多样性，乡村旅游在全国各地的发展模式存在一定的差异。

许春晓分析了欠发达但旅游资源丰富的农村地区的旅游业成长的三种模式，即旅游资源主体型、旅游资源共生型和旅游资源附属型。林刚等根据区位条件、旅游特点、客源市场、旅游目的等特征将乡村旅游开发类型分为都市郊区型、景区周缘型和特色村寨型三种类型。舒伯阳将观光农业划分为早期旅游萌芽阶段的自发式、初级经营阶段的自主式和成熟经营阶段的开发式三个阶段模式及自然型和城市依托两种地域模式。李德明等分析乡村旅游发展对我国农村经济发展的意义和乡村旅游与农村经济互动持续发展基本条件的基础上，将乡村旅游开发划分为政府主导发展驱动模式、旅—农—工—贸联动发展模式、农旅模式、以股份制为基础的收益分配模式、公司＋农户的经营模式和资源环境社区参与—经济发展—管理监控持续调控模式六大模式。王云才认为，新时期替代传统旅游产品的乡村旅游新模式有主题农园与农庄发展模式、传承地方性遗产之乡村主题博物馆发展模式、乡村民俗体验与主题文化村落发展模式、乡村旅游基地化之乡村俱乐部模式、现代商务度假与企业庄园模式、农业产业化与产业庄园发展模式、区域景观整体与乡村意境梦幻体验模式。戴斌等将乡村旅游的发展模式归纳为政府推动型（含旅游扶贫型）、市场驱动型和政府干预与经济结合发展的混合成长型。郑群明等认为，在乡村旅游的多种开发模式中，注重社区和居民参与的开发模式是最佳选择，并认为参与式乡村旅游开发模式包括公司＋农户模式、政府＋公司＋农村旅游协会＋旅行社模式、股份制模式、农户＋农户模式和个体农庄模式。黎洁等从乡村旅游资源开发的投资主体和管理、游客进行乡村旅游的动机、旅游资源的特色吸引物和乡村旅游发展的过程和路径出发，将我国的乡村旅游发展模式归纳为四种类型。卢杨则认为，乡村旅游开发模式包括以个体农民为经营主体的模式、政府投资开发的公有模式、旅游企业独资模式，旅游企业与当地农民合作合股模式、当地村委会与外来投资商合股开发模式，并探讨了其运行机制，指出其运营过程中存在经营理念不成熟、运营主体缺位或越位、供应链机制不畅通等问题。

二、国外乡村旅游与休闲农场

目前，国外休闲农庄与乡村旅游呈现出综合发展的态势，集观光、娱乐、休闲、参与、知识、保健等于一体，依托乡村旅游资源，设计乡村旅游产品吸引广大游客，通过开展各种类型的旅游活动来增强乡村旅游活动的趣味性。

（一）国外的农庄类型

1. 观光体验型

观光体验型乡村旅游主要以优美的乡村绿色景观和田园风光为依托设计旅游产品吸引城市居民前往参观、购物和游玩，并让游客亲身体验农事活动。在城市近郊或风景区附近开辟特色果园、菜园、茶园、花圃等设计成为观光农园，让游客入内摘果、挖菜、赏花、采茶，参与农事活动，还可以让游客品尝地方美食、骑马、垂钓、绘画等，享受田园乐趣。

观光体验型的休闲农庄与乡村旅游主要有两大类：传统类和科技类。

（1）传统类

传统观光型乡村旅游产品容易被复制，几乎没有个性特色，主要以农事活动为卖点，很难具有垄断性竞争实力，因此需要充分利用当地独特的旅游资源优势，以塑造特色产品。澳大利亚将当地的葡萄酒产业优势与旅游业有机结合，开发出葡萄酒旅游，允许旅游者参观葡萄园、酿酒厂，游览产酒地区等，并参加制酒、品酒、健身、美食、购物等一系列娱乐活动。

（2）科技类

科技型乡村观光旅游科技含量较高，运用科技手段建立小型的农、林、牧生产基地，在收获农副产品的同时提供给游客游览的场所。新加坡将高科技农业与旅游相结合，兴建了10个农业科技公园。农业公园内应用最新科学技术管理，各种设施造型艺术化，合理安排作物种植，精心布局娱乐场所。美国西部的牧场务农旅游建有农场学校，在教授农业知识的同时，让游客对他们的农产品有了一定的认可，起到了就地宣传促销的作用。

2. 休闲度假型

休闲度假型乡村旅游是指以乡村旅游资源为载体，注重游客的参与性，以满足游客休闲娱乐、身心健康、自我发展等需求的旅游类型。休闲度假型乡村旅游与观光体验型乡村旅游的最大区别是，它主要满足旅游者的健康、娱乐、放松、享受等高层次需求，体现在产品的设计上就是休闲度假型乡村旅游以休闲度假为主题，服务内容以康体、休闲、娱乐为主，对产品的知识性、创新性等要求更多。

乡村旅游是现代都市人为了缓解工作压力，离开喧闹的城市，利用周末、节假日外出的一种较高层次的旅游形式，满足了都市人的精神需求。国外比较重视休闲娱乐型的乡村旅游形式。其中，以日本的农务旅游最为典型，每年举行两次，以春天播种和秋天收割为主要表现形式，旅游者和农民一起到田间干活，体验乡村生活，感受乡村情趣。沿海地区的乡村旅游可以到海里捕鱼、进行海带加工，这种旅游不受季节限制，更具有吸引力。

具体来说，休闲度假型乡村旅游可以分为以下两类：

（1）康体疗养类

乡村旅游的另一个吸引力就是其产品具有医疗保健功能，这是乡村旅游发展较为成熟的一个表现。很多国家十分重视开发产品的医疗保健功能，如体检、按摩、理疗等与健康相关的乡村度假项目。在满足旅游者需求的同时，获得了较好的经济效益。例如，古巴的医疗旅游、日本的温泉旅游、法国的森林旅游、西班牙的海滨旅游等都以旅游服务项目的医疗保健功能而闻名。

（2）自我提升类

自我提升型是目前乡村旅游发展的新趋势，让游客在没有压力的情况下学习新知识、熟练新技能，既轻松，又学习到了知识。同时，此过程中强调团队合作交流、自主探索钻研等。日本专门设有观鸟旅游场所，使游客可以在此关注野生鸟类生活的情趣，并有鸟类专家为游客讲解疑难问题，使游客在旅游中既观赏到了鸟类的生活，又学到了许多关于鸟类生活的知识。美国的农场、牧场旅游，爱尔兰的田园风光不但能使游客欣赏美丽的田园风光、体验乡村生活的乐趣，而且在专人授课的农场学校能够学到很多农业知识。

3. 科教文化型

科教文化型乡村旅游是以乡村民俗、乡村民族风情及传统民族文化为主题，将乡村旅游与文化旅游紧密结合的旅游类型。开展此类乡村旅游应深度挖掘乡村旅游产品的文化内涵，满足旅游者对文化的需求。匈牙利和西班牙是举办科教文化乡村旅游的典型代表。匈牙利的乡村文化旅游可以使游客在乡村野店、山歌牧笛、乡间野味中尽情地感受丰富多彩的民俗风情，欣赏充满情趣的文化艺术，体味历史淀积下来的民族文化。西班牙则特别推出文化旅游热线，如城堡游、葡萄酒之旅、美食之旅等。另外，还可以开发为考古、访历史文化遗迹的乡村旅游产品。

（二）各国的农庄策略

1. 美国农庄

美国的乡村度假旅游开始于 19 世纪 50 年代，于 1941 年开始大范围规范化发展。到 1977 年，美国有 1 800 万人前往乡村、农场观光度假，仅在美国东部就有 1 500 个观光农场，在西部还有为数较多的专门用于观光旅游的牧场。美国近 2/3 的成年人去美国农村地区旅行过，其中以休闲度假为目的的占 90%。

美国较为鲜明的农场为市民农园，采用农场与社区互助的组织形式，参与市民农园的居民与农园的农民共同分担成本、风险和赢利。农园尽最大努力为市民提供安全、新鲜、高品质且低于市场零售价格的农产品，市民为农园提供固定的销售渠道，双方互利共赢，在农产品生产与消费之间架起了一座连通的桥梁。这种市民农园在北美发展很快，极大地加强了农民和消费者的关系，增加了区域食品的有效供给，有效促进了当地农业的顺利发展。

美国农庄的营销与高科技、市民互惠互利紧密相关：大面积应用高科技生产工具，节约人力成本；采用高新技术，建立电子信息网络；重视休闲观念的培养，培养国民的休闲精神；产品策略上与消费者互利共赢。

2. 法国农庄

自 19 世纪 70 年代法国推出农业旅游后，以农场经营为主的休闲农业得到较快发展。目前，法国有 1.6 万多户农家建立了家庭旅馆，推出农庄旅游，全国 33% 的游人选择了乡村度假，乡村旅游每年接待游客 200 万，能给农民带来 700 亿法郎的收入，相当于全国旅游收入的 1/4。

法国农家乐比国内星级宾馆毫不逊色。不管外表怎样，里面都很不错，法国"农家乐"经营者的组织——法国农家乐联合会将农家乐按照周边环境、软硬件设施、房间舒适度及各项服务分为 5 个级别，并负责定期派人来检查农舍质量和卫生条件。通常，最高级别拥有私家花园、停车库，还有网球场、游泳池、桑拿及音响设备在内的休闲设施。

法国乡村旅游产品涵盖农场客栈、农产品市场、点心农场、骑马农场、教学农场、探索农场、狩猎农场、暂住农场和露营农场等九大系列。法国郊区农业旅游也出现了多种形式，包括家庭农场、教育农场、自然保护区、家庭农园等，活动类型多种多样。

有这么丰富多样的农庄，那么法国如何做营销呢？

（1）联合经营

法国农庄发展主要得益于多个非政府组织机构的联合经营。法国农会联合其他社会团体，为法国农场划出明确定位区域，连接法国各大区农场，成为法国农场强有力的促销策略。

（2）加强宣传

法国出版了专门的宣传和指导手册，大力促销乡村旅游。

（3）制订相关计划

法国推出的"农庄旅游"计划使 1.6 万户农家建立起了家庭旅馆。

（4）社区参与，实行本地化策略

法国鼓励农民参与乡村旅游开发，加强培训和引导，新兴的"绿色度假"每年可以给法国农民带来 700 亿法郎的收益，相当于全国旅游业收入的 1/4。

3. 西班牙农庄

西班牙从 20 世纪 60 年代开始大力推出乡村旅游，政府出资修建乡村旅游社区，为游客提供服务。目前，乡村旅游已经是西班牙的主要旅游形式之一。

西班牙是欧洲乡村旅游的发源地和世界上著名的旅游大国，最早将废弃的城堡改造后开展旅游活动，主要有房屋出租型、别墅出租型、山地度假型、乡村观光型等，开展徒步、骑马、滑翔、登山、漂流等多种休闲活动。85% 的乡村旅游者周末驾车前往 100 ～ 150 千米以内的农场休闲度假。

西班牙的农庄营销特别灵活且因地制宜：注重主客交流和生活方式的体验，在农舍内，游客可以与农场主人共同生活，参与体验性较强；经营形式灵活多样，在农场范围内，游客可以把整个农场租下，远离农场主人，自行料理生活上的事务，也可以在农场范围内搭帐篷露营或者利用旅行车旅行；重视文化的复兴和传统习俗的渗透，保持乡村旅游的独特魅力，开拓国际市场。

4. 意大利农庄

意大利在 1865 年就成立了农业与旅游协会，专门介绍城市居民到农村去体味乡村野趣，参与农业活动，开展骑马、钓鱼、采摘、品尝新鲜食品、欣赏田园风光等乡村旅游活动。2002年，意大利大约有1.15万家专门从事"绿色农业旅游"的经营单位，当年夏天就接待了120万人次的本国旅游者和20万人次的外国旅游者。目前，意大利专供绿色旅游者饮食起居的农庄已有6 500间。

意大利的乡村旅游主要类型有农场度假、农场观光、乡村户外运动、乡村美食旅游等。手工制作、古文化体验、乡村节日之旅、乡村美食、骑马等都是很受欢迎的项目。

意大利有农业部门做靠山，助力乡村旅游；根据资源特色，推出专题旅游线路；成立旅游协会和行业互助组织；农业部门对乡村旅游进行资助，形成合力；把政府的干预机制与市场经济整合起来发展乡村旅游。

（三）国外农庄如何吸引客源

国外的旅游业发展模式和我国大致一样，大多数情况下都是根据良好的气候和地理环境发展合适的旅游项目，使旅游发展一步步壮大，吸引更多的游客前来参观、度假。农庄得力于山水，旅游产业与自然环境是息息相关的。

与众多休闲农业产业一样，国外农庄要想吸引游客最重要的就是一个字：新。这里的"新"是指对农庄的服务项目开发创新，以吸引游客。许多人之所以选择国外旅游是因为我国千篇一律的农家乐体验项目已经不能满足人们的新鲜感了，国外农庄可以根据本国的特点抑或是地区的特点，规划出有地方特色的农家乐旅游项目，更好地吸引游客的目光。

创新是国外农庄吸引顾客的方法之一，但是良好的农庄环境确实是农庄游玩体验的基础。农庄只有拥有了干净卫生的环境，才能让顾客更加放心地选择，这是经营农庄最基本的生意之道，也是每个农庄主人的良心之道。

三、我国乡村旅游的十大发展模式及典型案例

（一）我国乡村旅游的十大发展模式

1.乡村度假休闲型

它是指地处城镇周边的乡村利用离城市近、交通便利的条件，以乡村生态景观、乡村文化和农民的生产生活为基础，以家庭为具体接待单位开展旅游

活动的发展模式。这种发展模式的特点是投资少、风险小、经营活、见效快。

发展这种模式必须注意以下几点：一是要做好规划，防止产品简单重复；二是挖掘文化内涵，提升产品的品位；三是推行行业质量标准，规范服务；四是加强对农民的培训，提升从业人员的素质。

这种发展模式的典型有四川省成都市锦江区三圣花乡、重庆市南岸区石牛片区、浙江省安吉县报福镇、云南省昆明市西山区团结镇、青海省循化县积石镇、甘肃省天水市麦积区麦积镇后川村、河南省栾川县重渡沟村、辽宁省大连市金州区石河镇东沟村、湖南省湘潭县响水乡青竹村、天津市蓟州区穿芳峪乡毛家峪村、新疆维吾尔自治区乌鲁木齐市米泉区铁厂沟天山村、陕西省汉阴县城关镇大兴村等。

2. 依托景区发展型

它是指把附近旅游景区的部分服务功能分离出来，吸引周边农民参与旅游接待和服务，为游客提供旅游商品和农副产品，从而促进农民增收致富和周边农村发展的模式。

这种发展模式必须具备以下几个条件：一是必须临近重点景区；二是游客量较大；三是周围农民具备旅游意识和服务意识。发展这种模式应注意加强配套基础设施建设，形成一定的服务功能，培养农民的旅游意识和服务意识，加强对从业农民的组织和引导。

这种发展模式的典型有湖北省秭归县周坪乡、北京市房山区十渡镇、广东省信宜市旺将村、山东省五莲县靴石村、宁夏回族自治区中卫市迎水桥镇、福建省泰宁县水际村、江西省宜春市明月山风景区温汤镇、海南省琼海市博鳌镇南强村、山西省壶关县桥上乡、浙江省余姚市大岚镇、西藏自治区定日县扎西宗乡、安徽省石台县大演乡、湖南省中方县中方镇荆坪村、吉林省长春市二道区四家乡等。

3. 旅游城镇建设型

它是指在旅游资源丰富的乡镇，把旅游开发与城镇建设有机地结合起来，建设旅游小城镇带动乡村旅游发展的模式。

发展这种模式应该具备以下条件：一是居住条件、基础设施具有一定基础；二是具有独特的旅游资源，旅游吸引力大。这种发展模式应注意对小城镇进行科学规划，确保规划实施不走样，立足于可持续发展，正确处理资源保护与旅游开发的关系，并多渠道增加投入，完善小城镇的基础设施。另外，还要从当地实际出发，充分发挥农民参与小城镇建设的积极性，让农民得到实实在在的好处。

这种发展模式的典型有云南省腾冲市和顺镇、江西省婺源县江湾镇、云南省大理州喜洲镇等。

4. 原生态文化村寨型

它是指利用当地原生态的村寨文化资源，包括当地居住环境、建筑、歌舞等独特性，以保护为主，因势利导地开发旅游，促进乡村发展的模式。这种发展类型要求当地村寨是原汁原味的，具有独特的文化内涵。

这种发展模式要注意以下几点：一是做好整个村寨旅游发展规划；二是引入市场开发机制，促进旅游开发；三是要处理好保护与开发的关系，着重强调对当地原生态环境的保护。

这种发展模式的典型有贵州省凯里市三棵树镇南花村、广东省封开县杨池村、贵州省江口县云舍村、江西省婺源县李坑村、贵州省贵阳市平坝区天龙镇天龙村。

5. 民族风情依托型

它是指少数民族农村地区以独特的民族风情为基础，大力改善基础设施和旅游接待设施，引导少数民族农民参与旅游开发，促进乡村旅游发展的模式。这种发展模式要求少数民族具备一定规模，民族风情具有独特性和吸引力。

这种发展模式应注意以下几点：一是要切实挖掘当地少数民族的风情，提升文化品位和旅游吸引力；二是要引导当地少数民族农民参与旅游接待活动；三是要改善当地村容村貌和基础设施条件。

这种发展模式的典型有黑龙江省齐齐哈尔市梅里斯达斡尔族区哈拉新村、青海省互助县土族民俗旅游村、黑龙江省同江市街津口赫哲族乡渔业村、吉林省延边州安图县红旗村、内蒙古自治区呼伦贝尔市莫力达瓦达斡尔族自治旗西博荣村、广西壮族自治区桂林市恭城瑶族自治县红岩村等。

6. 特色产业带动型

它是指在村镇的范围内，依托所在地区独特的优势，围绕一个特色产品或产业链，实行专业化生产经营，一村一业发展壮大来带动乡村旅游发展的模式。

这种模式需要以下基本条件：具有生产某种特色产品的历史传统和自然条件；有相应的产业带动，市场需求旺盛；需要一定的"组织形式"通过产业集群形成规模。这种发展模式必须注意以下内容：要定位准确，大而全就是没特色；政府不能越位、缺位和错位，要树立服务意识，避免过分干预市场；重视示范带头作用，分步实施；加强农业和旅游产业一体化组织程度；重视市场推广和自主创新，以特色促品牌。

这种发展模式的典型有山西省阳城县皇城村、北京市大兴区庞各庄镇、四川省成都市郫都区友爱镇农科村、广东省梅县雁南飞茶田度假村、福建省宁德市三都镇等。

7. 现代农村展示型

它是指在部分经济发达的农村地区因势利导，接待游客参观、展示新农村形象的发展模式。这种模式必须是在经济发达、交通便利、知名度较大的农村。

发展这种模式必须注意以下几点：一是要处理好旅游业与其他产业之间的关系；二是要积极引导农民参与旅游接待活动。

这种发展模式的典型有江苏省江阴市华西村、黑龙江省甘南县兴十四镇兴十四村等。

8. 农业观光开发型

它是指利用农业生产过程的知识性、趣味性、可参与性开发规划出观光、休闲、度假等旅游产品以满足游客需求，促进乡村旅游发展的模式。

这种发展模式必须具备以下条件：一是临近城镇，客源市场潜力大；二是交通便利，可进入性较好；三是农业生产知识性、娱乐性、参与性强。发展这种模式必须有良好的项目创意和规划，认真对客源市场进行调研，分析客源市场的需求，并制定可行性研究报告，加大对项目的宣传力度。

这种发展模式的典型有河北省秦皇岛市北戴河集发观光园、上海市奉贤区申隆生态园、辽宁省葫芦岛市宏业现代农业园区、上海市金山区漕泾镇水库村、新疆生产建设兵团 222 团新天冰湖旅游园区。

9. 生态环境示范型

它是指具备良好生态环境的农村，以生态环境作为旅游吸引力，开发观光、休闲、度假旅游产品，促进乡村旅游的发展模式。

这种发展模式要具备便利的交通和良好的基础设施条件。这种发展模式应加强对生态环境的保护，防止旅游开发引起环境的破坏和退化，并培育旅游开发经营者和游客的环境保护意识。

这种发展模式的典型有江苏省常熟市蒋巷村、北京市密云区石塘路村、重庆市垫江县沙坪镇、海南省海口市美兰区演丰镇、浙江省宁波市奉化区萧王庙镇滕头村、湖南省长沙县黄兴镇、广西壮族自治区北流市民乐镇罗政村等。

10.红色旅游结合型

它是指在具备"红色旅游"资源的乡村,结合"红色旅游"的发展组织接待旅游者开展参观游览活动带动乡村旅游发展的模式。这种发展模式必须在知名度较大的、革命遗迹和遗存较为丰富、旅游接待具备一定规模的乡村开展。

这种发展模式要注意突出"红色"主线,体现"红色"特征,发挥"红色旅游"的革命传统教育功能,并因地制宜、量力而行、循序渐进。

这种发展模式的典型有河北省邢台县前南峪村、四川省广安市广安区牌坊村、河北省平山县西柏坡镇、山西省昔阳县大寨村等。

(二)我国乡村旅游典型案例分析

1.乌镇

历史文化依托型:古村古镇乡村旅游发展模式。

古村古镇旅游是当前国内旅游开发的一个热点问题,也是乡村旅游体系中一个比较独特的类型,以其深厚的文化底蕴、淳朴的民风和古香古色的建筑遗迹等特点受到游客的喜爱。乌镇是一个有 1 300 年建镇史的江南古镇,作为中国首批十大历史文化名镇、中国十大魅力名镇和全国环境优美乡镇,素有"中国最后的枕水人家"之誉。

2.北京蟹岛

城市依托型:环城市乡村旅游发展模式。

环城市乡村旅游发展模式脱胎于"环城游憩带"理论。根据环城游憩带理论,旅游渐渐成为环城市乡村的主要功能之一。依托于城市的区位优势、市场优势,环城市区域已经形成一批规模较大、发展较好的环城市乡村旅游圈。

北京蟹岛就是属于城市依托型的度假村,总占地 2.2 平方千米,集种植、养殖、旅游、度假、休闲、生态农业观光于一体。

3.婺源篁岭旅游特色小镇

田园景观型:花海 + 乡村旅游发展模式。

在乡村旅游休闲化发展的大背景下,花海经济这一旅游产品以其自身的独特性一跃成为热门的投资领域。婺源篁岭旅游特色小镇以油菜花花海著称于世,以其独一无二的"篁岭模式"备受关注,有"最美乡村最美景致"之称。

首先,篁岭旅游特色小镇直接借助簇拥的千亩梯田打造四季花谷;其次,篁岭突破季节限制,在千亩梯田上种植四季花卉,并以两个月为周期更换主题，营造花海景观、大地艺术。篁岭在打造乡村旅游特色小镇的过程中，对村落周边的观光休闲体验产品做了整体的规划与开发。

4.长庚养生文化村

康乐型：乡村旅游发展模式。

长庚养生文化村位于台湾桃园龟山乡高速公路旁，占地一个山头，约0.34平方千米，环境优美。全村3 600户，村内养生休闲生活多种多样，建有体育馆、健康俱乐部、游泳池、网球场等休闲场所，还设有宗教活动场所。长庚养生文化村发展模式特点如下：养老公寓的开发运营模式；配备养生养老的休闲生活设施；配备医院、健康等相关配套设施。

四、乡村旅游发展模式的创新

（一）以政府为主导，处理好政府与市场的关系，促进乡村旅游经济与生态可持续发展

客观上要求政府介入来协调因追求经济利益最大化而出现的问题。在发展初期，政府不仅要对乡村旅游做宏观指导，还要进行微观管理，将服务和管理融为一体；在成熟阶段，要求政府对干预程度和范围进行调整，由管理干预向管理服务转变。因此，发展乡村旅游必须走政府主导型之路，并要处理好市场与政府的关系。

首先，践行生态保护理念，实行规范化管理。政府职能部门要把乡村旅游的管理纳入行政管理职能，明确责任，制定总体和专项规划，避免无序开发，整合资金、技术、人才等资源，逐步实现自律管理模式。

其次，在财政预算方面，积极探索有益于乡村旅游发展模式的公共财政支出模式，并严格规范支出管理。公共财政支出一般应重点投向配套设施和规划、文物古迹的保护性开发、环境治理、农民教育培训以及旅游产品化转型等，乡村资源富集的地区则重点投向基础设施建设和旅游营销等。另外，还要支持有条件的"农家乐"提升服务质量和水平，打造精品项目，不断满足游客的多层次需求。

（二）发挥非政府专业合作组织的作用，促进乡村旅游的社会可持续发展

今后乡村旅游的发展将主要由规范的乡村旅游专业合作组织推动。专业合作组织能否通过企业化运营参与市场竞争并实现盈利，成为专业合作组织发展的重要前提。现有乡村旅游专业合作组织要向规范的专业合作社转型，通过转型增强自身的功能和适应性，形成内部制约与监督机制，对外合力提升市场竞争力，促进乡村旅游可持续发展。

（三）以管理提升竞争力，深度挖掘特色，塑造品牌效应，促进乡村旅游文化可持续发展

乡村旅游必须深度挖掘文化内涵，不断创新旅游产品，在手段和方法上创造独特形象，形成品牌效应，保证游客在交通设施上便利，卫生上放心，居住环境上舒适，实现"吃住行游购娱"一体化发展，真正实现规模经济和社会效益。在人才管理上，加强人才队伍建设。大力开展农业知识、接待礼仪、游客服务等相关培训，鼓励各级各类农业和旅游职业院校加强对专业型、实用型、技能型人才的培养工作。有条件的农业和旅游培训机构，应开设乡村旅游相关培训课程，以加强在职人员的培训。将乡村旅游导游员、农家乐接待服务人员等职业纳入国家职业技能鉴定体系并给予经费支持。

在营销管理上，要形成创新机制。广泛与高校和科研单位合作，寻求技术和智力支持，整合社会力量，使乡村旅游产品的文化品位和技术含量得到提升。形成乡村旅游产品的创新机制，其重点应放在旅游产品的设计与开发、可持续发展及营销策略的研究上。在营销手段上，将现代传媒手段和实体展示手段相结合，利用各自的优势，采取多种形式进行宣传。

第四章 乡村振兴战略背景下乡村旅游发展资源建构

无论是国内的游客，还是西方发达国家的游客，他们前往乡村旅游的动机虽名目繁多，但仍可以发现其中的一个重要热点，即是仰慕乡村悠久的游牧、农耕文明史及围绕此而产生的不胜枚举的名胜古迹。他们认为，最富有吸引力的旅游产品是诗意绵绵、古朴淳厚的田园之美。能满足其返璞归真的愿望的"回归自然"的旅游意向首推乡村。由此，我们应认识到，乡村景观是一种独特的旅游资源，具有自然与人文并蓄的特色。这是自然和悠久的历史、发达的农业赋予我国乡村的一笔宝贵财富。乡村旅游资源堪称我国旅游大千世界中的一朵奇葩，其潜在的优势不容忽视。因此，要重视对乡村旅游资源的开发。

第一节 乡村旅游发展资源分析

一、对乡村旅游资源的认识

西方发达国家的乡村旅游者寻求的是连续的和美妙的"画面"，而不是乡村或自然的风景的一部分，即突出旅游者的置身其中，而不是从乡村以外的地区观看。乡村的特殊风景是他们眼中的关键元素：晚霞、各色花、炊烟、蜿蜒的村墙、林荫小道。

在资源"枯竭"的时代，乡村旅游开发无疑是"资源"的良好发现。乡村地区的各种遗产、自然和文化就是乡村旅游资源，包括当地的语言、传说、音乐、舞蹈、戏剧、民俗和历史等。其实，这是从广义上定义乡村旅游资源，没有区分自然旅游资源与农事旅游资源。但不是所有的乡村景观都能成为旅游资源，也不是所有的乡村都可以开展乡村旅游活动。乡村旅游资源应当具有自身的特征，表现在能满足游客的需求，如假日活动，即农村自然环境下的各种活动，包括种植、养殖、收获、民间工艺、农村节事（指保留下来的无形或有形的农村充满古老活力的节事，也是一种文化遗产，可以是参与性的，也可以是感受性的）。非物质要素的乡村旅游资源（也叫无形资源）包括人们的思想意识、道德情操、价值观念、心理特征、思维方式、民族性格、风俗习惯、宗教信仰、政治观点等。这些东西虽然是无形的，但游客可以体会到其魅力。它们构成了乡村旅游资源的核心，是乡村旅游资源的灵魂和精髓所在。人们只有在欣赏到乡村旅游资源外貌特征的同时，品味其深层次的文化内涵，才能真正欣赏到有滋有味、情景交融的乡村景观。此外，一个地区人民的文化气质、精神面貌、生活习惯又形成了一种特有的"气氛"，即人文景观的氛围，如使人们感受到奋发向上或没落衰败、活泼愉快或死气沉沉等气氛。

综合海外学者研究之说，乡村旅游资源是广泛的，不局限于某一类，如传统喜庆节日、河流、乡村手工艺及其制品、传统市场、住宅遗产、农场、乡村文化、自然生态系统、村庄等。

随着乡村旅游的发展，传统资源与农业科技得到很好的结合，扩大了资源的范围，提高了资源的价值。农业生产固有的较长周期、生产季节与旅游季节天然的契合性也使农事旅游为旅游者创造了在一年四季都能参与到农业实践中的季节性农事旅游资源。其形式有农民生活、农业生态、农作物收获，即日常和普通的农村事物。

综上所述，乡村旅游资源不仅指农业旅游资源、自然旅游资源，还包括乡村建筑、乡村聚落、乡村民俗、乡村文化、乡村饮食、乡村服饰、农业景观和农事活动等人文旅游资源；不仅包括乡村景观等有形的旅游资源，还包括乡村经济社会等无形的旅游资源。

二、乡村旅游资源的分类

就旅游资源而言，与城市相比，乡村不仅蕴藏着丰富的旅游资源，还几乎包含所有种类，这是乡村发展旅游产业的坚实基础。

乡村旅游资源大致可以分为七大类，主要包括山水环境资源、气候环境资源、生态环境资源、田园环境资源、经济物产资源、社区环境资源、非物质文化资源。

（一）山水环境资源

地质地貌类型：我国乡村具备山地、高原、丘陵、平原和盆地五大地貌基本类型，各种地貌都具有一定的旅游价值，但各有特点。

我国是一个多山的国家，山区占全国面积的 2/3。从自然因素来看，山地的旅游价值最高。由于发育的不同，山地景观差异也很大。由于海拔高度、地表物质组成成分、物质结构、坚硬程度和风化程度各不相同，尤其是地壳运动产生的高山幽谷、地层凹陷、断裂地带，我国形成了峰、崖、柱、谷、洞、火山口、石墩、树林和花果等不同的自然景观。

平原、盆地由于历史原因，往往人文旅游资源比较丰富，自然景观与人文景观容易融合成景。

高原以其神奇、幽秘和旷远，令人产生遐想。

丘陵起伏绵延，兼具山地、高原和平原的部分特征和综合要素。

湖按成湖的原因，可以分为潟湖、构造湖、火山湖、冰川湖、河成湖、溶蚀湖、火山堰塞湖和风成湖；按水的成分，可以分为淡水湖、咸水湖以及数以万计的人工水库。这些湖泊大多数与高山、丘陵相伴，山水相依，形成了绿水青山、险壁深谷、深峡湍流、高山平湖及龙潭、瀑布、跌水相映成趣的万千气象。

（二）气候环境资源

我国疆域辽阔，南北地跨纬度近 50°，地形上下高差几千米，不仅有寒温带、温带、暖温带、亚热带、热带和赤道带之分，在同一地区还因地形高差而形成了明显的垂直气候带之别，同时由于受季风环境的影响，各地区之间形成了气候差异，极大地影响了农业生产、四季物产、动植物、自然景观和人居环境、社会习俗等。

除了宜人的气候是发展乡村旅游的必备条件外，一些地方特殊的气候条件还能形成特殊的旅游资源，如与山水资源组合形成的云海、佛光、彩虹、雪山、冰川、冰河、雾凇、海市蜃楼等。

（三）生态环境资源

生态环境资源常常被分为自然生态环境资源与人工生态环境资源两种。特别是全国已经列入管理的上千处森林公园、各种类型的野生动植物自然保护区和植物园等，拥有丰富的生物资源和类别繁多的物种，有世界上罕见的奇花异草、贵兽珍禽，已经形成了较好的自然（人文）生态体系与稀有动物自然保护体系，成为现代人推崇的天然氧吧、植物园和野生动物园。此外，我国还是一个多民族长期和谐相处、共同繁荣的大家庭。许多少数民族还保留了自然经济时代的生活环境与传统习俗，如浓郁的民族习性、民族风情和大量民俗节庆活动，甚至古代宗教与祭祀场所遗址等，都反映出人类早期的生态人文环境。

（四）田园环境资源

田园环境资源以乡村田园的农耕风貌为特色，以农民生产劳作与生活场景为主，形成了优美的乡村田园农耕景观，其是全国多数乡村都具有的农耕文化和生活方式，也是乡村旅游发展中开发利用最普遍的本地资源。

耕田、梯田、水塘、河流、耕牛、牧童、菜花、绿树、芦荡、水车、瓜果植物等这些山园风光的主要意象，结合不同的山、水、林、村、镇等地形地貌、自然生态环境、人居环境、天象景观、季节特征及劳作方式、农耕器具，形成动态和丰富多变的、不同时节迥异的景象，体现出人与自然的和谐相处及乡村生活的四季节奏。

随着农业现代化的快速发展，各地不断新增的高科技农业设施、农业技术和集约化农业生产项目，甚至废弃的生产地、废城与聚落遗址，也成为游客满足好奇探新、求知心理的游览目标。

（五）经济物产资源

经济物产资源以乡村随处可见稻、麦和草场等农牧作物为主，以时令杂果、瓜蔬、花卉、苗木、大棚、药材、牛羊牲畜、鱼塘、荷塘、简单副食品加工等特色经济作物、农副产品加工和畜牧业、禽业、渔业、水上养殖业等为特色，尤其是市场看好的经济物产，以及形成这些物产的条件和生产过程中所具存的景观环境。这类资源大多与生态环境资源、田园环境资源、社区环境资源和非物质文化资源相互依存，并发挥着调节利用各种资源的作用。

（六）社区环境资源

社区环境资源既有以古镇、古村、古街、古巷、古民居、特色民居、宗祠、庵庙、书院等为主的特色村庄建筑，也有以新型特色村落建筑为代表的社会主义新农村村容、村貌，还有乡村社区所特有的豆腐坊、酱醋坊、纸坊、茶场、粮食加工坊、水车、驳岸、草垛、场和庭院植物、家禽等具有典型农耕文化特色的乡村聚落景观，以及蕴涵其中的乡村非物质文化资源。它们构成了不同社区风格的生活方式，是旅游开发中重要的依托和节点。

（七）非物质文化资源

非物质文化资源以在自然经济时代所形成的樵、耕、渔和家居、饮食、婚丧、嫁娶、交往等方方面面的民俗、风俗、节俗为主，包括乡村传统的餐食小吃、独特的地方戏曲小调、历史传说、名人逸事、传奇故事、宗教信仰、手工技艺、物产加工技艺、历史事件发生地和军事遗址等，这类资源普遍存在于社区环境、田园环境和经济物产等所有资源中，是乡村旅游的灵魂和重要吸引核心。

三、对资源的评价

（一）旅游资源的价值取决于旅游市场的需要

很多情况下，人们参加乡村旅游的动机是多方面的，人们对乡村旅游的需求同样也是多方面的。因此，农事旅游资源的价值在游客身上一般是复合型的，是由需求所决定的。如果农事活动不进行乡村旅游开发，其经济价值就会低微，山区尤其如此；反之，则能提高它们的经济价值。也就是说，只有在需求的基础上，才谈得上资源的价值，只有在与旅游需求匹配的过程中才能实现资源价值的提升。

旅游资源的价值也受自然条件的限制，如北欧和爱尔兰气候寒冷，旅游产品和服务明显受到限制，从而影响到资源的价值。乡村旅游的兴起为乡村社区的有关资源的重新评价提供了契机。

（二）乡村旅游资源的价值，是从财富的地区转移方面来体现的

乡村旅游资源是落后的乡村地区改善环境的工具之一，因为它成了财富传递的媒介，乡村旅游资源价值体现在直接或间接地把富裕地区的财富转向贫困地区，使贫困地区得到了当地期待的利益和资金。不仅如此，经验丰富的旅行者，受较多教育且富有、成批的乡村旅游者等，也使乡村旅游资源成为较适合农业生产日渐衰落地区的居民使用的最简易的商务活动工具之一，并可以期待高出乡村平均消费水平的旅游消费出现，这也是乡村旅游资源传递财富的价值所在。但是要实现其中的期待，也就是要实现旅游资源的价值受诸多因素的影响，在一些地区出现旅游消费低于当地平均消费水平就是例证。

（三）以"资本资产"重新界定乡村资源，能促进自然和乡村资源更多地相互依赖

乡村资源作为"乡间资本"重新投入到乡村旅游的有更多的益处。研究表明，当乡村旅游资源得到恰当的评论时，它的价值将在旅游开发中以资本的方式得到体现：增强乡村地区的经济生存能力，促进乡村社区的发展，改善乡村的生活条件。

自然资源是有限的，但时常被滥用，应当提高客源的效率，而减少资源的浪费，也是资源可持续性发展和保护资源价值的重要手段。乡村旅游开发一定要考虑项目的吸引度，是否有广阔的客源市场，是否产生过高的资源消耗，否则应当终止这样的开发。好在乡村旅游资源主要是乡村的日常和普通的事物，其作为旅游产品和市场开发来体现价值，对自然资源没有过度依赖。

第二节 乡村旅游发展资源开发

乡村旅游资源的开发是指运用一定的资金和技术，对乡村的自然旅游资源、文化旅游资源和社会旅游资源进行开发利用，使其产生经济价值及其他多种价值，或加强其已被利用的广度和深度而提高其综合价值。

现阶段，我国乡村旅游资源的开发还处于一种高速度、低质量的粗放型发展阶段，乡村旅游资源开发对乡村的影响，引起了人们的普遍关注。如何秉承乡土特色、市场导向、经济与社会效益双赢、产业惠民富民等原则，协调各类相关主体，既保持乡村旅游资源的独特魅力，又实现乡村旅游资源的充分合理利用，将是乡村旅游发展中的关键点和难点。

一、乡村旅游资源开发的意义

乡村旅游资源的潜在优势不容忽视，合理进行乡村旅游资源开发，能为乡村带来经济、社会、文化、环境等方面的积极影响，从而促进旅游精准扶贫和乡村产业发展，有利于减缓城乡二元经济结构对乡村地区的负面影响。有学者认为，乡村旅游是 21 世纪最具潜力的产业，能够在带动农民脱贫致富、推动农业产业结构调整等方面发挥重要作用。

在经济方面，乡村旅游资源开发有利于农业增效、农民增收、农村和谐，其直接受益对象是农民。乡村旅游业可以调整产业结构，促进农业向第三产业转移，增加农民的收入。同时，乡村旅游开发成为各级政府和私人投资的热点，一方面为地方吸引大量的资金，另一方面旅游开发推进了乡村的基础设施建设。

在社会方面，旅游业的发展具有显著的就业效应，可以为农村剩余劳动力提供大量就业机会。一方面，发展旅游业可以推动农民就业；另一方面，就业的扩大反过来促进旅游业的发展，以实现发展旅游业与扩大就业的良性互动。

在文化方面，乡村文化一直以其独有的淳朴、善良为世人所称赞，地方民俗文化、节庆文化、民间艺术，乃至历史文化遗产等文化资源构成了乡村旅游发展的独特吸引力，旅游资源的开发有力地促进了优秀乡村文化的对外传播及本土文化的弘扬和保护。同时，通过城市资金和项目的引进，吸引市民到乡村休闲旅游，促成城乡文化的互动与交融。

在环境方面，随着乡村旅游资源开发的推进，乡村地区可以积极申请省市、各部门的扶持资金，或统筹利用部分乡村旅游经营性收入，从改善乡村生产和生活条件的角度出发，加大乡村基础设施投入，改善农村用电、用水、交通、卫生条件和农业生态环境。

二、乡村旅游资源开发的主体

乡村旅游资源开发作为一种发展模式，自然存在着诸多利益相关者，多种力量共同决定着其开发的方向。当前阶段，我国乡村旅游资源开发的主要参与者包括政府、企业、农户和村委会，这几类利益相关者都有其各自需要扮演的角色。有学者认为，利益相关者的合作是乡村旅游成功的关键，而建立合理的管理机制和乡村旅游利益分享机制就是一项重要内容。

举一个简单的例子，如果当地居民的利益被外部力量所剥夺，心理不平衡的积聚最终可能导致乡村居民采取非理性的行为来表示抗议。例如，2011年8月，江西婺源李坑景区就出现了当地居民封堵景区大门的事件，甘肃景泰黄河石林景区、安徽霍山铜锣寨景区，甚至作为乡村旅游致富典范的成都三圣乡旅游景区也出现了类似的问题。这些问题凸显了部分地区在开发乡村旅游资源时，对各个参与方的利益保障和分配缺乏长远考虑。

三、乡村旅游资源开发的内容

要通过旅游开发，把乡村旅游资源变为一个相对成熟的乡村旅游目的地，离不开硬件设施的支撑，以及吸引力和软服务的注入。通常来说，需要开发的内容包括基础服务设施、乡村旅游产品、乡村旅游要素体系、乡村旅游节庆活动等。

（一）基础服务设施

基础服务设施通常包括乡村公路、农村供水设施、农村电力设施、农村污水垃圾处理设施等农村基础设施，也包括旅游停车场、旅游厕所、标识牌等乡村旅游服务设施，其是乡村旅游资源开发的首要前提。一般情况下，该项内容由地方政府负责开发，但需要特别关注各类设施的功能性、美观性等方面，要与乡村旅游需求相衔接，尽量实行农村基础设施和乡村旅游服务设施的一体化开发建设，避免割裂建设和重复建设。

（二）乡村旅游产品

原始状态的乡村旅游资源需要经过创意的设计、包装、打造，才能成为具备市场吸引力的乡村旅游产品。依据基本经营形态和生产生活空间，利用相应的乡村旅游资源，我们可以开发民宿、农庄、度假村和市民农园4类产品。在乡村旅游资源组合性较强的地区，我们还可以开发乡村旅游村域、乡村旅游景区、乡村旅游集聚区、乡村旅游度假区4类产品。在乡村旅游中，打造得当的乡村旅游产品通常都是市场青睐的核心吸引，成为游客心目中向往的具体对象。

（三）乡村旅游要素体系

面对成批旅游者的到来，仅有基础设施和核心产品是远远不够的，还应该考虑怎么让他们食有佳肴、住有房舍、行有道路、观有美景、购有特产、玩有体验。这就需要在原有乡村外形的基础上，做一定的改造和建设，将旅游的"吃、住、行、游、购、娱"等要素融入乡村旅游中。

（四）乡村旅游节庆活动

结合民族节庆和乡村资源，周期性地开发采摘节、服饰节、音乐节、美食节、过大年等节庆活动，可以在乡村地区形成一种特殊的旅游吸引力。通过节庆活动的举办，可以吸引区域内外大量游人，具有强大的经济和社会效益。张家口市张北中都草原就是一个因节而兴的典型案例，在2014年张北草原音乐节的3天内，约有35万人涌入张北草原，旅游综合收入近3亿元。

四、乡村旅游资源开发的一般流程

乡村旅游资源的开发是一项复杂的系统工程，要从资源固有的客观规律着手，有计划、有步骤地进行，避免旅游资源的浪费甚至破坏。根据开发主体、开发内容的不同，乡村旅游资源的开发流程也各有差异，但是一般来说，乡村旅游资源在开发时有以下几个步骤。

第一，组建开发小组。负责对整体开发工作进行筹划、规划、监督和执行。

第二，筹措开发资金。依据"谁投资，谁受益"的原则，预估资金投入和回报，自筹或融资，合理投入于资源开发的各环节之中。

第三，规划和建设。基于对乡村旅游资源的调查和评价，在制定旅游开发规划方案，有的还需要制定单体项目的设计方案，并由投资主体严格按照开发和设计方案进行各种项目建设工作。

第四，经营和营销。就目前而言，大多数乡村旅游开发者就是乡村旅游的经营者，但很多乡村旅游点只重建设不重管理，只重噱头不重品质，常常存在盈利能力低下和发展后继无力的情形。在经营过程中，如何加强宣传、拓展渠道，通过营销来激发游客的出行欲望，也是一个容易被忽略的难题。因此，组建更专业的经营和营销团队，实施合理的经营和营销策略，也是乡村旅游资源开发流程中的重要环节。

第五，定期更新和升级。为保持乡村旅游项目的长期竞争力，需要有计划地进行更新升级。湖州市从 1998 年开始每隔 5 年左右，就在市场和政府的双重引导下进行一次乡村旅游产品的全面更新，其发展阶段不断提升，目前已经由"农家乐"发展到"乡村旅游"，再到"乡村度假"和"乡村生活"，被称为"中国乡村旅游第一市"，就是因为其始终领先竞争对手一步进行乡村旅游产品的更新和升级，以维持乡村旅游的竞争力。

第三节　乡村旅游发展资源规划

如何利用丰富的乡村旅游资源，如何引导和带动乡村旅游资源的开发与保护，为乡村旅游发展服务，为乡村建设服务，需要有科学规划的引领和指导。针对乡村旅游规划，需要明确重要意义，厘清主要类型，明晰基本步骤，并提出规划关键，为乡村旅游的科学有序发展和可持续发展起到一定的指导作用。

一、乡村旅游规划的意义

乡村旅游规划是旅游规划的一种，其强调对乡村旅游资源的科学开发与保护。随着全面建设小康社会进程的加速，改善农村人居环境、提升农民人均收入及建设美丽乡村的任务更加迫切，因此需要通过旅游规划引领好、建设好、发展好广大乡村。

乡村旅游规划的意义主要体现在三个方面。一是乡村旅游规划一般具有前瞻性，能够基于当前的发展，进行适度超前谋划，明确发展目标，制定合理蓝图，充分发挥引领作用，统一认识，形成乡村旅游发展的合力。二是乡村旅游规划一般具有体系的专业性，乡村旅游规划集成了科学理论和艺术审美，既有市场学、地理学、历史学、建筑学、环境学、社会学、经济学和规划学等基础理论的支撑，又有色彩、透视、美学和设计等艺术科学的融入，因此乡村旅游规划能够软硬兼顾，科学而柔性地美化乡村环境。三是乡村旅游规划一般具有内容的专业性，包括产品、品牌、空间、线路、生态保护、旅游容量、社区营造及开发序列等专业内容，能够为乡村旅游发展树立品牌形象，带动招商引资，保护和改善环境，促进社区和地区的整合，因而科学落地的内容谋划能够为乡村旅游健康有序的发展起到推动作用。综上所述，乡村旅游规划可以成为促进乡村旅游健康发展的有效途径之一。

二、乡村旅游规划的主要类型与规划流程

（一）乡村旅游规划的主要类型

在我国，旅游规划起步较早，自改革开放以来便伴随着旅游业的发展而存在，并经历了资源导向、市场导向、产品导向及生活导向规划思想的转变，国家也出台了《旅游规划通则》（GB/T 18971—2003）规范旅游规划的类型和内容，并对规划编制单位和规划编制流程进行了规范和约束。2013年，旅游发展规划在《中华人民共和国旅游法》（以下简称《旅游法》）中被纳入国家法定规划，规划地位和规划要求得到了明确。

乡村旅游规划作为旅游规划的一种类型，起步较晚，集中出现在2009年以后的乡村旅游快速发展时期，因而乡村旅游规划发展时间较短，尚处于起步阶段。通过梳理全国各地乡村旅游规划，结合《旅游规划通则》对旅游规划的分类，可以发现乡村旅游规划主要有以下几种类型。一是乡村旅游发展规划，即根据乡村旅游的历史、现状和市场要素的变化所制定的目标体系，以及为实现目标体系在特定的发展条件下对旅游发展的要素所做的安排，按行政管理层级主要分为省级乡村旅游发展规划、市级乡村旅游发展规划、县级乡村旅游发展规划和镇村级乡村旅游发展规划。二是乡村旅游区规划，是指为了保护、开发、利用和经营管理乡村旅游区，使其发挥多种功能和作用而进行的各项旅游要素的统筹部署和具体安排，按规划层次分为总体规划、控制性详细规划、修建性详细规划等，主要包括乡村旅游度假区规划、乡村旅游集聚区规划、乡村旅游实验区规划、乡村旅游产业区规划等。三是乡村旅游专项规划，主要包括乡村旅游公共服务规划、乡村旅游投融资规划、乡

村旅游项目开发规划、乡村旅游用地规划、乡村旅游线路规划、乡村旅游营销规划、乡村旅游保护规划、旅游服务设施规划、新农村规划、扶贫规划等。

（二）乡村旅游规划的流程

乡村旅游规划流程是制定乡村旅游规划的基本步骤，主要基于旅游规划的编制流程。乡村旅游规划共分为 5 个阶段：规划准备阶段、调查分析阶段、确定总体规划思路阶段、具体规划阶段、实施阶段。

第一阶段：规划准备和启动。

规划的准备和启动阶段的工作主要包括明确规划的基本范畴；明确规划的制定者和执行者；确定规划的参与者，组织规划工作组；设计公众参与的工作框架；建立规划过程的协调保障机制。这些是启动乡村旅游规划应该具备的基本条件。由于规划受到当地社会经济发展水平、政府部门结构、行政级别等因素的影响，特定地方的规划可以跨越其中某些步骤。

第二阶段：调查分析。

调查分析阶段的工作包括乡村旅游的总体现状分析，如乡村旅游地的自然地理概况、社会经济发展总体状况、旅游业发展状况等；乡村旅游资源普查与评价，可以利用国家颁布的旅游资源分类与评价标准对乡村旅游资源进行科学、合理的分类，并做出定性和定量评价，将人们对乡村旅游资源的主观认识定量化，使其具有可比性；客源市场分析，通过调研客源市场，详细分析客源流向、兴趣爱好等因素，为市场细分和确定目标市场做好基础；乡村旅游发展 SWOT 分析，是在以上 3 个方面科学分析的基础上，对当地发展乡村旅游进行全面的综合考察，找出发展乡村旅游的优势和机遇，并摸清存在的劣势和面临的威胁。

第三阶段：确定思路。

确定思路阶段的主要工作是通过对以上乡村旅游发展的背景和现状进行整体的联系性剖析，结合乡村的历史、社会、经济、文化、生态实情，综合确定乡村旅游发展的战略定位，在宏观上确定乡村旅游发展的方向定位，在此基础上，确定未来乡村旅游的具体发展目标、产业重点和项目特色。

第四阶段：制定规划。

制定规划阶段是乡村旅游规划工作的主体部分，是构建乡村旅游规划内容体系的核心。这一阶段的主要工作就是根据前几个阶段调查和分析到的结果，并依据发展乡村旅游的总体思路，提出乡村旅游发展的具体措施。需要注意的是，在制定详细的规划内容时，必须考虑规划区域的乡村社区建设和社区居民的切身利益。

第五阶段：组织实施。

依据乡村旅游规划的具体内容，并结合乡村地区的实际发展情况，切实做好乡村旅游规划的具体实施工作。要根据经济、社会、环境效益情况，对规划实施的效果进行综合评价，并及时做好信息反馈，以便对规划内容进行适时的补充、调整和提升。

三、乡村旅游资源规划的关键

（一）注重理念引领

乡村旅游发展的最大优势在于原真性的乡土文化和原生态的乡村环境，因此乡村旅游规划要以天人合一的理念为引领，在规划方法、规划内容、规划技术等方面应用和落实。

1.引领乡村旅游发展的原真性

在工业化和城市化急剧扩张之后，人们开始摒弃以往对现代化的要求，形成一种后现代语境下的"新乡村主义"，亟待去乡村寻回正在逐渐消逝的原真性。由于绝大部分乡村不是文化遗产，要求绝对保持"原真性"既无必要又不大可能。尽可能保持乡村的原真性，实则是要求尊重乡村的差异和特色，保护其原有的基本格局、肌理、风貌与生活，关注原住房、原住民、原生活及原生产等原真性核心吸引物，同时要融合时代发展特性，做好传承和创新。

2.引领乡村旅游发展的原生态

原生态的乡村环境强调人与自然的和谐共生，因此应在规划中强调生态环境保护。比如，应规划好山林、水系生态系统的保护，规划好生活垃圾的分类、排放、处理；规划时应注重对乡村旅游资源环境承载能力的评估，制定合理的旅游发展规模。另外，在规划设计中还需要融入环保理念，在建筑与景观的修复、构建中，优先采用当地乡土材料、乡土植被，利用本地手工艺人的建造工艺，在设计细节上体现原乡性与环保性。例如，湖州的裸心乡民宿，其房间没有空调、煤气，夏天靠电风扇，冬天靠火炉，烧的是本地废木料、木屑压制成的柴火；门前有蓄水池承接雨水，循环使用；垃圾要分类，树叶、苹果皮要埋在地下；把村里拆房剩下的雕花木梁、石墩、马槽回收上来，用作装修材料。这些不仅充分体现了环保意识，同时创造了有新意的民宿空间。

（二）注重把握重点

乡村旅游发展与一般意义上的旅游有很大不同，因而规划要注重把握三个重点：一是乡村旅游的发展定位，也就是要做什么样的乡村旅游产业与产品，适合所在区域和经营者的特点；二是乡村旅游的空间布局，要在保护生态的前提下，对产业和产品进行科学合理的布局；三是乡村旅游的项目安排，在战略定位和科学布局的基础上要求准确确定开发的项目，以好项目来引导好产品，以好产品来引导好产业；四是乡村旅游的产品特色，在产品上乡村旅游一定要有差异性，形成自己的个性。

（三）注重统筹兼顾

乡村旅游规划较为综合，涉及文化、教育、金融、体育、娱乐、地产、建筑等多个领域，文化、生态、水利、农业、交通、土地等多个部门，以及政府、企业、协会、农民、专家、规划团队等多个主体，因而需要综合考虑，统筹兼顾。

首先，统筹规划力量。旅游规划不仅是一种政府行为，还是一种社会行为、经济行为。其不仅要求政府参与，还一定要有未来经营管理人员参与，并与当地公众、投资方相结合，避免规划的"技术失灵"。为此，应建立"开放式"规划体系，允许多重决策权威（专家、官方、企业、公众）的协调参与，避免规划师单纯根据领导的意图编制蓝图。此外，还应建立一种机制，使规划师有能力在各部门的决策者之间进行协调，最终产生一个好规划。

其次，推进多规合一。一直以来，旅游发展规划都被要求与土地利用总体规划、城乡规划、环境保护规划及其他自然资源和文物等人文资源的保护和利用规划相衔接，2013 年颁布的《旅游法》第十九条更做了明文规定；《旅游法》第二十条也明确指出，各级人民政府编制土地利用总体规划、城乡规划，应当充分考虑相关旅游项目、设施的空间布局和建设用地要求。乡村旅游规划也需要做到这样的衔接和统筹。"多规合一"并非只有一个规划，而是要强化"系统工程"理念，在制定规划时以国民经济和社会发展规划为依据，强化与城乡建设、土地利用、环境保护、文物保护、林地保护、综合交通、水资源、文化旅游、社会事业等各类规划的衔接，确保"多规"确定的开发边界、体量规模、保护性空间等重要空间参数一致，以实现优化空间布局、有效配置土地资源。在实际操作中，一方面可以尝试在乡村旅游规划中囊括其他相关部门的规划内容，体现文化、林业、水利、交通、土地等相关部门的规划要求；另一方面可在直接相关产业规划中体现乡村旅游的发展需求，二者统一协调。

（四）注重规划落地

"规划规划，全是鬼话，嘴上说说，墙上挂挂"，这是很多人对旅游规划的评价，这说明规划的落地性不强，没有真正实现"画得好才能建得好"。乡村旅游规划关键是落地，能够真正指导乡村旅游发展实践，因此乡村旅游规划在编制前期就应当考虑落地性问题，可尝试由原先的教科书式规划向操作手册式规划转变，编制落地导向规划。比如，应根据规划地的实际情况，规划哪些产品项目适合招商引资开发建设、哪些项目适合农户直接经营、哪些项目需要政府投入或支持引导的落地路径，并提出与实施路径相配套的具体建设和经营管理方案；同时，尽可能地结合规划设计单位已有的社会资源，引荐导入专业性强的旅游投资开发商及运营管理商进行投资建设和经营管理，让规划设计的产品项目真正落地生根。

乡村旅游规划不但是一种科学规划，而且是一种实用可行的规划，二者必须兼顾，才能规避"规划失灵"。

（五）注重动态调整

乡村旅游规划编制不是静态的物质形态蓝图式描述，而是一个不断反馈、调整的动态过程，我们不仅要关注规划本身，还要关注规划的组织实施。对于规划实施的动态调整可以从两个方面入手：一是进行规划修编，即针对实施后空间布局的不适宜、产品的不合理等问题进行适时修编，动态调整；二是进行全程规划服务，即在规划初始就明确规划团队从规划设计到规划落地再到跟踪服务的全程服务内容，能够及时发现问题，及时调整，保证落地效果。

第四节 乡村旅游发展资源保护

乡村旅游资源保护是随着乡村旅游资源开发而提出来的一项重要议题。它不但包括对乡村吸引物本身进行保护，使之不至于因为开发和使用不当而遭受破坏，而且涉及对其所在自然生态和人文环境的保护。我们能给后代子孙怎样的自然美？那些正在消失的语言文字能否留存和传承下去？如何让生活在这片土地上的人们更好地享受自然的馈赠？这些让我们对乡村旅游资源的保护变得更有意义。

一、开发与保护的辩证关系

丰富的乡村旅游资源成为发展乡村旅游的前提和保障，这些资源的存在和延续不单单是为了增添游客的乡村旅游体验，更是当地人们生存环境和生活条件的优化表现。国家的繁荣预示着人民的幸福，人们的生活稳定愉悦也是国家富强的具体表现，尤其对于中国这样的农业大国，在广阔的乡村地区，人们拥有好的生活状态是国家层面的要求。具体而言，乡村地区的人居环境和社会环境是促进农村地区安全稳定的风向标。通过保护，以期能更好地维持自然生态环境，保持"乡村性"，维系"乡土"情节。

然而，资源的价值体现在更好地为人类的需要服务上，而对资源的开发恰恰可以提高其价值的可能性。中国的西递宏村、荷兰的 Giethoorn（羊角村）、日本的濑户内、意大利的 Cinque Terre（五渔村）等村落，借助市场化的手段，开发成为现代人向往文化气息的生活休闲之地，不仅更好地体现了其利用价值，还让其得到了更好的保护。如果开发利用得当，作为逻辑意义上非消耗性资产的旅游资源也是可以"用之不竭"的。但是，在实际的实践中，利用和管理不善却是常态，所以很容易造成这些资源的破坏。可以预见的是，对乡村旅游资源的破坏会造成其质量的下降，影响其市场吸引力，更为严重的破坏甚至摧毁乡村旅游资源，使该地区的乡村旅游业失去存在的基础。所以，开发是在保护的基础上，通过周密的规划和妥善的管理，将问题的可能性降到最低。换句话说，保护与开发并不是对峙的，我们不能将它们对立起来。片面强调发展进行开发而不计较可能出现的不良后果是错误的，然而一味固守保护，过分坚守自然主义的观点也是不可取的。

二、乡村旅游资源被损害和破坏的原因

为了有效地保护乡村旅游资源，人们有必要认清致使乡村旅游资源遭受损害和破坏的原因。大体上讲，主要有自然因素和人为因素两大类作用所致。

（一）自然因素的作用

由于自然因素的作用而致使某些乡村旅游资源遭受损害和破坏的情况很多，其中较为常见的情况包括以下几种。

1.突发性自然灾害

一些重大的突发性自然灾害的发生，如旱灾、洪涝、台风、风暴潮、冻害、雹灾、海啸、地震、火山、滑坡、泥石流、森林火灾等，往往会使受灾地区的旅游资源遭到重大破坏。有的甚至对某个乡村地区造成毁灭性的破坏，如2008 年汶川地震，使位于四川省北川县县境南部的漩坪乡全部淹没于地震形成的唐家山堰塞湖之下。而这些重大突发性自然灾害发生在乡村地区的概率超过城镇地区，如泥石流一般发生在半干旱山区或高原冰川，其中在西藏、四川西部、云南、甘肃等地的乡村地区极易发生雨水泥石流，一旦发生，可能冲毁乡村，破坏房屋、农作物、林木、耕地，对乡村旅游资源是毁灭性的冲击。同时，由于自然条件和基础设施等限制，在发生自然灾害时，乡村地区往往遭受更严重的破坏，如洪水来临时可能淹没沿途的很多乡村，但在城市地区却可以有效避免。甚至在灾害发生时，由于交通的影响，救援不及时、乡村地区物资设备缺乏，还会给乡村居民带来更严重的生命安全问题。

2.动物性原因

某些动物性原因，如鸟类和白蚁的破坏作用，往往会对乡村历史建筑和水利设施类旅游资源的安全构成威胁，古有"千里之堤，溃于蚁穴"，今有古建筑"蚁患成灾"，如"国家级历史文化名村""首批中国传统村落"的傅村镇山头下村的多座古建筑遭到白蚁的大面积侵蚀，部分古建筑甚至存在倒塌的危险。而病虫害对农、林、牧业的影响也导致以此为基础的乡村旅游资源遭到破坏。农田景观和草场景观是大部分地区乡村旅游的核心资源，而它们所依赖的农作物和草场却极易受到病虫害的影响。例如，在我国西北部分地区乡村旅游赖以发展的森林草场等，鼠害便是草场的致命因子，其中以大沙鼠、黄兔尾鼠等优势鼠种为甚，它们在地下挖掘洞道并采食地面植物，对草

场植被破坏严重，可降低草场 30% ~ 40% 的产草量，同时是多种疫源性疾病病原体的自然携带者，对当地畜牧业造成影响，并直接降低牧民收入，造成草场退化、载畜量下降、草场面积缩小，严重危害当地自然环境。

（二）人为因素的作用

除了自然因素的作用，更值得关注的是人为因素对乡村旅游资源造成的破坏。这里所指的人为因素在很大程度上并非有意的人为破坏，而是由乡村地区的发展和旅游开发中的某些因素导致的破坏性后果。较为明显的人为因素，主要包括以下几点。

1. 城市化因素

毋庸置疑，城市化为乡村旅游带来了发展的机会，然而机会与挑战并存，在城市化的过程中对乡村旅游资源造成破坏和损害的例子有很多。例如，"贵州某县的县级文物保护单位——龙家民居一夜被拆""江苏某市的市级文物保护单位——牛市古民居因野蛮施工被损毁"等，这种由于城镇化建设的需要而拆掉古民居等古建筑的现象在城市化过程中不断上演。更有甚者将某一区域内整个乡村进行拆除，让乡村不复存在，存在于这一地区的乡村旅游资源也无从谈起。例如，有"中原第一文物古村落"之称的马固村为配合某某产业园建设，全村整体迁移，让占地 0.333 多平方千米的千年古村落变成一片黄土和废墟。

城市化进程中，乡村地区遭受破坏和损害的远远不止这些实体的物质文化景观，同时城市"强势文化"对乡村传统文化的冲击不容小觑。其中，世界范围内的小语种灭绝便是城市化的"功劳"，人们更愿意学习那些主流语言以便能获得更多的机会。我国的乡村地区也面临同样的情况，尤其是一些偏远地区和少数民族地区，他们的发展可能失去了本地区本民族语言的传承，那些没有文字只能靠口传的语言更加容易受到影响和遭受毁灭。在城镇化浪潮的冲击下，以土地为依赖、以农耕生产方式为主要生产方式、以血缘地缘关系为经纬的传统乡村社会面临解构的命运。人们不再主要依靠土地和农业生产经营来维持生计。由于人口流动和职业分化，乡村空心化现象越来越严重。乡村传统文化的消解与乡村空心化，都提醒着我们城市化对乡村旅游资源造成的破坏。

2. 开发建设因素

乡村旅游多为经营者自主开发，有些开发者在开发建设的过程中，由于不注意环境保护或是出于一己私利等原因导致当地环境景观遭到破坏，这种现象较为常见。例如，随意炸山开路、砍伐森林、大兴土木等，结果造成目标建筑还没建好，环境已经被较严重地破坏了。此外，乡村旅游资源过度开发在客观上也是导致当地乡村旅游资源质量下降的重要原因之一。例如，不少乡村旅游地大兴土木、大建楼堂馆所和大型娱乐设施、乡村旅游地被改造成主题公园，导致村落景观失真，使乡村旅游赖以存在和发展的乡村旅游资源特色消失，造成农村地区乡村特性的淡化和乡村景观的庸俗化。这些乡村低水平开发和重复建设的现象，还体现在很多乡村地区建筑物的外观统一和盲目跟风，导致乡村缺乏地域特色。

3. 旅游活动因素

在我国乡村旅游业的发展过程中，旅游开发引起旅游者数量增加。大量旅游者随意踩踏植被使土壤板结、树木枯死，部分游客在爬山踏玩时，挖掘土石，造成水土流失、树木根系裸露、出现成片山草倒伏的情况，对自然生态环境造成了巨大破坏。此外，大量游客的进入和旅游活动的开展对乡村自然生态环境也可能造成污染。旅游活动中交通工具排出的废油、废气，对乡村地区的空气环境构成影响，游客量超过当地的承载量对空气质量会造成污染，游客食宿产生的生活污水和生活垃圾也会对乡村地区的水体质量和生态环境造成影响。可以说，旅游活动在一定程度上加剧了自然生态环境的恶化和污染。

除了对自然生态环境的负面影响外，旅游活动还对乡村人文历史和文化古迹造成破坏。随着大量游客的涌入，加速了自然风化的速度，导致古迹被破坏。部分游客在文物古迹上任意划刻、涂抹，尤其是乡村古建筑，对乡村旅游资源在景观价值和吸引力方面造成严重损失。同时，随着外来者的涌入，异族及同族异地文化、思想意识、生活习俗也随之进入乡村地区，使某些乡村地区传统的民族文化、民族风情受到冲击、同化甚至消亡，从而加速了地方文化的变迁。因此，旅游活动还加速了人文生态资源的损坏和变迁。

4. 经济落后因素

一般来讲，乡村地区的经济较为落后。由于经济方面的原因，对乡村地区的旅游资源造成破坏和损害的例子也越来越多。例如，山西某县被誉为"活化石"的半坡古村，全村有明清时期的院落古宅多达六七十处。由于地下煤资源能够实现当地经济指标的上扬，当地政府便以开采煤矿获取经济利益为由，对全村近200户居民进行了强制搬迁，又以复垦的名义将这里的古宅强制拆除。一些古民居的主人由于拆迁能获得高额补偿，便纷纷将旧建筑拆掉，建成二、三层的新楼，导致很多优秀古民居消失，如厦门海沧东屿村的李妈吕宅等。从很大程度上讲，经济因素会从内部瓦解人们对乡村旅游资源的保护意识。除此之外，还有一些令人惋惜的情况，如由于没有经济保障及当地居民缺乏保护意识，很多有历史和文化价值的民居没有得到很好的修缮和保护，很多优秀的非物质文化技艺没有新的传承人，致使那些传承数千年的非物质文化遗产濒临失传。

以上所述，只是导致乡村旅游资源被破坏和损害的原因的一部分，而非全部。人们应当充分认识并关注这些问题和现象。为了让乡村旅游资源持续为我们和我们的后代造福，更好地促进乡村地区的旅游发展，需要采取措施对它们加以保护。

三、乡村旅游资源保护的举措

对乡村旅游资源的保护有主动式保护和被动式保护两种，它们之间的关系是通常所讲的防治和治理之间的关系。很明显地，我们在对乡村旅游资源进行保护时应当以"防"为主，以"治"为辅，"防""治"结合，运用行政、经济、技术、法律等手段进行管理和保护，实现乡村旅游的可持续发展。

（一）实施规划统筹，适度留白

对于开发建设因素可能带来的危害，在开发者进行开发前应当采取必要措施进行预防。例如，湘西老司城遗址在开发之初便设立了相关的保护条例，要求开发者必须对文物进行原样保护，在设定的保护范围内不得有任何破坏老司城遗址、危害文物安全的事物和行为产生，从而降低开发不当可能带来的破坏。像这种开发前实施规划统筹，对旅游资源利用设立"开发红线"，实行适度留白的策略，是乡村旅游资源开发的前提，同时很好地保护了资源周边的生态环境和文化环境。通过控制其开发规模和方式，不过度开发、循序渐进进行建设，如新建住宿等旅游设施应注意减少对当地原生态的影响，力求做到和谐一致，同时加强对游客文明出行的引导教育。防止标准化、商业化、城市化对"乡村性"的侵袭，从而实现旅游者向往"回归自然"，渴望"返璞归真"，体验"天人合一"的旅游愿望。

近年来，山东将具有重要价值的古遗址、古民居纳入文物保护范围，加强传统村落保护，实施传统工艺振兴计划，推动乡村非遗有效保护、活化利用。全省已建成210多个乡村记忆博物馆；实施了"非遗助力脱贫、推动乡村振兴"工程，让"指尖技艺"成为"指尖经济"；培育了一批木雕、木版年画、剪纸、刺绣等专业乡、专业村，带动群众就业。

（二）落实经济扶持，切实保护到位

经济是发展的目标，也是发展的基础，经济与政策的倾斜是乡村旅游发展的保障。2005 年，全国有代表性的古村落有 5 000 多个，到 2012 年，只剩下不到 3 000 个，而且以每月 1 座的速度消失，情况不容乐观。浙江省已安排专项扶持资金，分别给予首批 43 个历史文化重点古村落 500 万～700万元资金；217 个一般村，给予 30 万～50 万元左右的资金扶持，用于古建筑修复、村内古道修复与改造等建设项目的补助。经过十年的实践，浙江成为我国历史文化村落保有量较多的省，并且走在了乡村旅游发展的前列。资金充足使乡村旅游资源能得到最有效的开发，乡村的基础设施能得到更好地建设，交通可以很好地得到改善，这些能更好地激励当地居民参与到乡村保护中来，实现乡村旅游资源的可持续利用。

（三）促进当代价值活化，收益反哺

我国地域文化异彩纷呈，戏剧、传统手工艺、绘画、音乐、器具以及当地人的生活方式等都是地方文化的活化石，一些博物馆记录了远古的生产状况和农耕文明，展示了乡土文化的独特魅力。通过举办节庆活动，能够活化这些地方传统文化的当代价值。通过这些有效措施既有利于扩大地方文化的知名度，又有利于延续地方文化传统。位于滇西北"三江并流"的普达措森林公园，在评选为世界自然遗产后，景区收益显著增加，为了更好地保护自然生态环境，从景区收入里拿出一部分补助牧户，并给村民发放森林生态效益补偿金和生态旅游补偿金，以此来调动村民保护生态的积极性，从而使景区在遗产申报评定中获得好评，这种收益反哺的举措可谓是一举多得。通过举办地方文化节庆活动等举措，活化传统文化资源的当代价值和收益反哺，实现遗产申报等资源保护措施，能有效地防止乡土文化丧失，促使自然生态良好发展，实现乡村旅游资源永续利用。

（四）加强技术创新，节能减排

在劳动人们的智慧和辛勤劳作下，乡村地区很好地实现了人与自然的和

谐。被称为神秘"东方古堡"的理县桃坪羌寨，从建立至今已有 2 000 多年的历史。人们在感叹其就地取材的绝妙构思和建筑艺术的精湛时，更惊奇其完善的地下水网。它是无管道的"自来水"，是最便捷的"消防灭火装置"，是最环保的"空调加湿器"，甚至还是逃生的"诺亚方舟"。像这种天然的低碳社区，可以在适当利用地区优势因势利导，开发旅游，不仅保护了原有的旅游资源，同时增添了当地的资源魅力。除了发掘古人智慧中的技术，还应引入现代先进的科学技术，如广泛地推广和应用清洁能源技术，安装先进的排污系统等。某些乡村地区在开展旅游业的同时发展畜牧业，不仅增添了旅游吸引力，同时利用畜牧业带来的粪便污染进行沼气发电，实现"变废为宝"。技术的引用可以有效地保障乡村旅游发展的社会、经济、环境效应，自然也就能更好地保护我们的乡村旅游资源了。

（五）强化立法，严格执法

有关旅游资源和旅游环境保护方面的立法，是给旅游者、旅游经营者和旅游管理者制定行为规范。世界上很多国家一直非常重视旅游资源和环境的保护工作，有保护旅游风景环境为目的的政策法规。早在 1872 年，美国就立法保护了第一座国家公园——黄石公园；日本也在 1963 年颁布了《旅游基本法》。我国自 20 世纪 50 年代初开始，先后制定了多种旅游法律法规，保护旅游资源和环境，但实际保护工作不尽如人意，许多本应具体落实在乡村地区的保护工作尚未落实。关于乡村旅游及其资源保护的立法须相关部门提上日程。此外，制定和实施乡规民约，提高旅游目的地居民的自我约束能力和资源保护意识，也非常重要。在此过程中，要积极探索完善乡村旅游执法和综合管理机制，组织乡村旅游执法人员及乡村旅游服务质量监督员培训，开展联合执法检查，对旅行社门市部、车站、宾馆、乡村旅游点等接待单位进行检查，提高乡村旅游接待服务水平。此外，还应加强乡村旅游安全管理工作，指定专职人员抓好本地区乡村旅游安全工作。

在解决乡村旅游资源被破坏和损害这一问题上，关键在于在乡村旅游发展过程中相关利益群体能否群策群力，落实保护的决心和承担相应的责任。政府应强化管理职能，做好立法监督，严控开发建设，引导政策扶持，同时结合市场手段促进资源保护，实现乡村旅游资源的可持续利用。

第五章　乡村振兴战略背景下乡村旅游高质量 发展路径

2020年5月22日，国务院总理李克强在作政府工作报告时指出：落实脱贫攻坚和乡村振兴举措，保障重要农产品供给，提高农民生活水平。脱贫是全面建成小康社会必须完成的硬任务，要坚持执行脱贫标准，强化扶贫举措的落实，确保剩余贫困人口全部脱贫，健全和执行好返贫人口监测帮扶机制，巩固脱贫成果。在乡村振兴战略背景下，乡村旅游如何促进农民增加收入，迈向富裕？本节针对旅游扶贫这一核心点进行深入研究。

第一节　乡村旅游扶贫

一、国外旅游扶贫研究进展

（一）概念体系

1.贫困与旅游扶贫

贫困，即因为贫穷而生活窘困，是一种社会物质生活和精神生活贫乏的综合现象。阿玛蒂亚·森（1998）认为，贫困的真正含义是贫困人口创造收入能力和机会的贫困；贫困意味着贫困人口缺少获取和享有正常生活的能力。朗特里和布什（1901）认为，一定数量的货物和服务对于个人和家庭的生存和福利是必需的，缺乏获得这些物品和服务的经济资源或经济能力的人及其家庭的生活状况，即为贫困。世界银行（1990）将贫困界定为"缺少达到最低生活水准的能力"。国家统计局（1989）认为，贫困一般是指物质生活困难，即一个人或一个家庭的生活水平达不到一种社会可接受的最低标准。他们缺乏某些必要的生活资料和服务，生活处于困难境地。亚洲发展银行（1999）把贫困定义为剥夺了每个人应有的基本财产与机会，包括缺乏基本的营养、洁净的水、生活条件、教育机会、就业机会和经济收入。由此可见，贫困的概念是多维的。2015 年，世界银行在最新发布的报告中首次采用了每人每天 1.9 美元的国际贫困线。然而，货币标准仅仅是世界银行整体贫困概念的一个方面，贫困还受消费水平、社会因素、风险因素及政治稳定等因素的影响，包括脆弱性、无发言权、缺乏工作能力等。由此可见，贫困内涵丰富，涵盖了经济、社会、政治等因素，这些决定了扶贫工作的综合性和复杂性。

旅游扶贫是 1999 年英国国际发展局提出的旅游发展战略，即有利于贫困人口的旅游（PPT 战略）。它强调旅游开发应关注贫困人口的发展，是旅游为贫困人口产生的净效益。净效益包括经济效益、社会效益、环境效益等，强调穷人旅游收益必须远远大于他们付出的成本，才是真正的减少不公平与消除贫困。旅游扶贫是旅游发展的一种方式与途径，不是旅游业的组成部分，也不是一种特殊的旅游产品。根据贫困概念的多维性，PPT 战略的目标包含多个方面：经济利益、其他生活利益（自然、社会、文化）及无形的福利。因此，PPT 战略的目标不能仅仅是提高大多数贫困人口的收入，帮助他们越过贫困线。尽管如此，经济增长仍是贫困人口发展范式的根本与前提。

2. 可持续旅游与旅游扶贫

可持续发展作为一种较为成熟的理论发轫于 20 世纪 80 年代。可持续发展的基本要求是实现经济发展（而不是单纯的经济增长），保持环境资源效应（功能）的持续性，实现公平。可持续旅游以旅游活动不破坏资源环境为核心目标，关心旅游活动的长期生存与发展，其实质要求旅游与自然、文化和人类生存环境成为一个整体。自然、文化和人类生存环境之间的平衡关系使许多旅游目的地各具特色，特别是那些小岛屿和环境敏感地区，旅游发展不能破坏这种脆弱的平衡关系。可持续旅游是基于旅游业发展中产生的日益突出的环境、经济、社会问题提出的理念，要求旅游发展带动区域发展，实现区域经济效益、社会效益、环境效益的综合最大化。可持续旅游把旅游环境质量、旅游公平发展、游客高质量的旅游经历放在首位，解决贫困只是可持续旅游中的一个方面。相反，在旅游扶贫框架中，贫穷和贫困人口是核心，它直接关注旅游目的地及其旅游实践，尤其是与贫困相关的情况。因此，PPT战略被认为是影响家庭、地方、国家经济的重要因素。

2002年，世界旅游组织提出的ST-EP战略把可持续旅游作为消除贫困的有力工具，强调了旅游扶贫应以"贫困人口的获利和发展"为核心，既要关注宏观经济效益中影响贫困人口获利的部分，又要直接关注贫困人口从旅游发展中实际获利和发展的情况。它明确提出了"有计划地增加旅游在提高生活标准方面的能力"及"为了提高生活标准而扩大旅游"。ST-EP战略在PPT战略的基础上进一步强调旅游的可持续性，强调将可持续旅游作为减贫的一种手段，更加重视旅游扶贫中出现的社会、环境等负面问题。同ST-EP战略相比，部分学者认为PPT战略疏远了旅游管理者、投资者和旅游者等相关利益群体的关系。他们更倾向于用ST-EP战略来替代PPT战略。事实上，ST-EP战略强调为旅游扶贫提供资金，包括为旅游扶贫示范项目提供启动资金，加强可持续旅游与减贫的研究等。通过旅游促进当地经济发展尤其是带动贫困人口的发展是其主要目的，这与PPT战略的内涵是一致的。

3. 生态旅游、社区旅游与旅游扶贫

生态旅游的概念是由墨西哥专家谢贝洛斯·拉斯喀瑞于1983年首次提出的。生态旅游是以实现旅游可持续发展为目标，强调回归大自然、对生态和社会负有特殊责任的旅游活动。它要求旅游者必须具有强烈的环境保护意识，旅游对象必须是具有生态美的人与自然和谐共生的生态系统。生态旅游能够为地方经济、社会发展和环境保护的协调做贡献，是一种具有可持续发展意义的旅游方式。生态旅游强调带动当地居民发展，但没有强调一定是贫困人口。PPT战略的重点则不同，它把扩展就业机会，肯定贫困人口的收益作为明确目标，环境保护必须促成这一目标。换言之，生态旅游强调用什么手段，而PPT战略更关注结果。

1985年，莫菲首先把社区参与的概念引入旅游业。社区参与旅游是指旅游目的地及其居民以其自由的各种生产要素（经济资源）进入旅游决策与执行体系，广泛从事各类旅游活动，以此获得利益分配，同时促进环境保护和社区全面发展（佟敏，2005）。社区旅游提出的背景是在旅游开发中，利润主要由开发商所得，而旅游开发所带来的各种负面影响留给了当地。为了转变这种旅游开发的模式，在强调社区居民应承担旅游开发责任的同时，其应得利益应得到足够的重视，即应分享旅游开发中的相应成果，这样旅游发展才可持续。社区旅游需获得当地人的支持，并保证当地人从旅游中受益。保护当地人及其自然环境的个性，强调社区参与旅游规划与开发的途径与权利，与旅游扶贫的目标一致。PPT 战略内涵更广，需要为贫困人口提供不同层次和规模的发展机会。强调最大限度地利用当地劳动力、商品和服务，扩大旅游与其他产业的关联，创造支持政策框架与规划背景来解决贫困人口和居民的需求。

（二）旅游扶贫理论体系

1. 旅游扶贫研究阶段

旅游扶贫的提出大致经历了 4 个阶段：萌芽阶段、质疑 / 批判阶段、可持续发展阶段及正式研究阶段。

1950—1960 年（萌芽阶段）：自由主义 / 新自由主义认为，旅游促进了经济发展，旅游的经济效应在宏观经济发展上的促进作用尤为明显，旅游的经济利益会传递给贫困人口。这一时期，学者应用较多的是旅游乘数效应研究，关注旅游的区域经济效益，如增加就业、GDP 贡献、外汇赚取等，但没有直接关注旅游对贫困减少的作用。

1960—1980 年（质疑 / 批判阶段）：旅游发展的负面作用日益明显。旅游发展与"旅游飞地"、严重依赖外国资本和企业、社会经济不平等现象联系在一起。旅游破坏了当地社会、文化和传统的生活方式。后殖民主义理论认为，由于原真性的文化与自然，贫困吸引了旅游者，由此也产生了强烈的主人与客人的阶级差异，旅游伦理和旅游扶贫遭受质疑。

1980—1990 年（可持续发展阶段）：随着旅游对目的地尤其是不发达国家和地区经济、社会、环境的负面影响日益明显，可替代旅游，如小规模旅游、公平旅游、保护旅游等形式出现。可持续旅游的内涵更加广泛，包括生态和社会可持续，生态旅游出现。旅游对当地社区的促进效应包含其中，尤其是旅游业给贫困社区提供了生活多样化的选择。社区能够积极参与到旅游中并能够得到赋权。

1990 年至今（正式研究阶段）：1999 年 4 月，英国国际发展局在可持续发展委员会的报告中提出了 PPT 战略。该战略直接关注旅游对贫困人口的收益，以及贫困人口的发展机会，关注旅游扶贫的效应，而不是旅游对贫困地区经济效益的提升。研究对象从宏观转向微观，标志着旅游扶贫正式研究阶段的形成。

2.旅游扶贫原则

PPT 战略不是特殊的产品或部门，而是旅游发展与管理的方式，它强调贫困是多方面的，从单纯的经济收入扩展到一系列生活水平的改善。其核心思想是，旅游开发为贫困人口提供更多机会，而不是将旅游福利扩展到整个部门。换言之，PPT 战略应该有所倾斜，不是都来"分一杯羹"。旅游扶贫通过能力培养、改革决策进程、提高贫困人口的参与度、确保贫困人口的需求被优先承认是很关键的。因此，PPT 战略遵循以下几项原则。

（1）参与原则（participation）：尽可能多地为当地居民提供参与机会，以当地居民参与就业为主。当地人的生活优先权必须在旅游发展中得到充分反映。

（2）整体生活水平提高原则（holistic livelihoods approach）：贫困人口的生活水平（包括经济、社会、环境等）需要在长期及短期内得到改善，单纯的经济收入或工作机会是不够的。

（3）均衡发展原则（balanced approach）：旅游发展与宏观及微观等多样化活动协同发展，建立完整的旅游产业链至关重要。旅游的附加产品、部门（如交通、市场）必须有支持 PPT 战略的方案。

（4）广泛应用原则（wide application）：PPT 战略的原则须广泛应用于任一旅游部门，尽管策略有所不同（如大众旅游及野生生物旅游）。

（5）分配原则（distribution）：成本收益分配分析是必要的，要兼顾成本与收益分配。

（6）弹性原则（flexibility）：项目的速度和规模需要弹性，不能片面追求增长速度和发展规模，循序渐进，弹性发展。

（7）商业现实（commercial realism）：项目和策略需要商业有效性，商业开发必须是现实的，保证 PPT 的利润。

（8）跨学科学习（cross-disciplinary learning）：很多项目尚待实验，需要从经验中学习。从贫困分析、环境管理及小企业发展中总结教训。

3.旅游扶贫研究框架

降低贫困是旅游扶贫开发行动的基本目标。决定因素是实现可持续减贫的先决条件，包括机遇、权利、安全 3 个因素。贫困人口必须有参与经济发展的机会，并能利用机会改变其贫困的命运。PPT 战略能够赋予贫困人口参与政治进程及当地决策的权利，在经济上扫除工作障碍，能让他们更有效地参与市场。安全是降低贫困人口受疾病、经济波动、自然灾害影响的风险机制。它们互为联系，每一个成功或公正的 PPT 战略行动应当解决或有助于实现其中之一。从旅游发展的角度看，为了有效减少贫困人口，旅游目的地需要提高其竞争力，确保当地人充分参与并遵循可持续原则。任何一个因素的缺乏都会严重削弱旅游对贫困人口生活的正面影响。PPT 战略的利益相关者包括贫困人口、政府、私人企业、旅游者、民间社团及捐赠机构。

（三）旅游扶贫研究内容

国外旅游扶贫研究集中在理论探讨、扶贫依据、扶贫方式、扶贫效果等方面。

从旅游业角度看，旅游业是劳动密集型产业，可以为包括妇女在内的大量贫困人口提供就业机会；旅游业是多样化的综合产业，为贫困人口提供了广泛的潜在参与机会。自然旅游扶贫、文化遗产扶贫、农业扶贫、住宿业减贫、社区旅游等成为旅游扶贫的主要方式。以野生生物为基础的自然旅游，是很多生物资源丰富的发展中国家（尤其是非洲）开展旅游扶贫的主要方式，效果显著。尽管当地居民并不认为他们贫穷，也不愿意放弃农业而从事旅游业，充足的食物对他们来说才是最重要的。但他们认为旅游提升了地区自豪感，保护了当地文化与传统手工艺，促进了文化交流。Rogersori（2012）认为，旅游与农业之间的联系是发展中国家 PPT 战略的重要挑战。他在调查了南非 80 个乡村豪华型狩猎小屋食品供应链的基础上提出，应提高当地食品质量，破除交通限制，解决食品供应决策者和生产商之间沟通不畅和相互不信任等问题。在莫桑比克、坦桑尼亚、埃塞俄比亚，外商投资酒店对当地员工雇佣的数量及员工素质的提高均有正面影响（Fonanier，2010）。可见，国外旅游扶贫模式较多，所实施地的文化背景也有所不同。Sofield（2004）指出，旅游扶贫没有普遍适用的蓝图或标准模式。

旅游扶贫效应也是国外旅游扶贫研究的重要内容。通过大量实证、案例研究，旅游扶贫的正面效应得到了证实。PPT 战略不仅可以为当地带来经济利益，其非经济利益也很显著，如卫生、健康、交通及提高当地人素质。Lepp（2007）认为，旅游为乌干达贝格奥地周边村庄带来了财富，促进了社区发展，提高了农业市场。Mensah（2010）认为，旅游对夏纳 Lake Bosomtwe Basin 周边的村庄具有重要的减贫作用，居民需求（医院、饮用水、交通及安全）能在持续旅游发展中得到满足。Le ó n（2007）对多米加沿海地区的 23 个社区调研发现，旅游对受测者的家庭收入和就业都具有正面影响，如第二语言、年龄、国内线路或一日游线路的主宰程度是影响旅游就业的重要因素。

旅游扶贫的负面效果也备受质疑。Ashley（2001）指出，在一些地区，旅游被一些精英群体控制，出现了资金分配失衡的现象，即相对富有的人的收益远远大于相对贫困的人口，这显然有悖于PPT战略的初衷。例如，南非普马兰加地区，旅游对当地社区的影响并不均衡，黑人社区获得的收益十分有限（Rogerson，2002）。又如，在缺水地区，水资源被富人（旅游者）大肆挥霍，加重了当地缺水的状况，自然资源的消耗及转移加剧了当地穷人的生活窘况。因此，旅游发展不是贫困地区的万能药，要达到旅游消除贫困这一目标并非易事，需要消除潜在的制约因素，如贫困人口进入市场的可能性、商业可持续性和有效性、完善的政策框架（土地利用，承认穷人的合法利益等）。

（四）研究方法与研究区域

1.研究方法

旅游扶贫的研究方法较多，但大多集中在测试旅游扶贫对当地经济的影响尤其是宏观经济影响方面。Mayer（2010）运用乘数效应测试了德国6个国家公园旅游消费对区域经济结构、规模的影响。Deller（2010）基于地理加权回归模型（GWR）研究了旅游、休闲活动在改变美国农村贫困率方面的作用及空间差异。Jarus（2008）等运用可计算的一般均衡理论（CGE）从宏观尺度研究了旅游业对减少贫困的经济作用。Mitchell（2007）运用价值链分析了冈比亚包价旅游对减贫的作用，发现有14%的价值流向了当地贫困人口。当地居民接受游客一次性的花费是其收入的主要方面，其次是手工艺品市场、食物供应链酒店非管理员工、导游和租车服务。这些方法主要集中在旅游对区域经济及当地贫困人口的作用上。由于贫困的多维性，相关数据的缺失导致很难测度旅游扶贫的贡献。数据缺失的原因之一在于收集数据本身的复杂性。另外，旅游开发机构的员工和项目投资者缺乏对数据收集及评估分析PPT战略的重视和理解。在旅游对贫困人口的作用方面，大多采用访谈、问卷调查及田野调查法。

2.研究区域

国外旅游扶贫研究区域相对集中，以经济发展落后但旅游资源丰富的非洲、南美洲、亚洲等发展中国家或地区为主，地理集中性明显。

（五）发展趋势

国外旅游扶贫研究未来集中在专题研究、城市贫困、微观层次的研究等方面。

国际发展组织的援助为全球旅游发展与管理提供了重要的资金来源，其资助主要用于自然、文化遗产的保护与管理，为旅游企业提供营销资金等。如美国国家组织侧重于技术支援及规划准备，国际复兴与开发银行和国际开发协会侧重于基础设施建设，国际金融组织关注私营企业的发展。美洲发展银行注重环境及自然资源管理，市政服务质量的提升和自然生态环境、历史文化遗产的修复。美国国际发展局在开发国家公园、培训当地员工、鼓励机构改革、刺激私企住宿部门投资及导游服务等领域投资较多。世界银行则对全球旅游发展起到了非常重要的支持作用。除此之外，许多植根于发达国家的旅游 NGO 与发展中国家的 NGO 及社区一起来帮助创造旅游当地的减贫活动，他们在关注可持续旅游的同时，更注意当地文化与环境的保护。教育支持组织、志愿者旅游组织及旅游公司基金也在当地旅游发展中发挥了非常重要的作用。这些国际组织在旅游扶贫中的地位和作用日益显著，贫困地区如何借助国际组织更好地实施旅游扶贫项目是未来研究需要加强的一个方面。

二、国内旅游扶贫研究进展

（一）发展阶段

我国旅游扶贫是在 1991 年全国旅游局长会议上提出的。随后，相关学者对旅游扶贫的概念、参与形式、旅游扶贫效益等方面进行了研究。从中国知网上的文献可以看出，从 1995 年到 2015 年，旅游扶贫的研究文献逐年增加。从发展阶段上看，主要经历了 4 个阶段。

第一阶段：起步阶段（1991—2000 年）。

这一时期，研究开始呈现旅游扶贫的概念，以定性研究为主。1991 年，全国旅游局长会议上提出了"旅游扶贫"口号；1996 年，中国国家旅游局把旅游扶贫作为重要的调研课题，与国务院扶贫办相继召开旅游扶贫工作会议，这些都促进了旅游扶贫的理论研究与实践发展。

第二阶段：初步发展阶段（2001—2010 年）。

旅游扶贫研究成果明显增多，年均44.4篇，相较于第一阶段，这一时期旅游扶贫研究内容更为广泛，旅游扶贫模式、效应、战略等都有较多的成果，研究方法也由定性研究逐步向定性研究与定量研究相结合、理论研究与案例研究相结合转变。

第三阶段：全面发展阶段（2011—2015年）。

旅游扶贫研究成果激增，年均83.8篇，相当于第二阶段的2倍。这一时期对旅游扶贫的深层次内涵，如扶贫的核心对象、当地居民的参与及收益机制、旅游扶贫定量评价等，都有较深入的研究。不同区域的案例研究十分丰富，研究呈现多维角度。同时，引入了定量分析、GIS空间分析等方法，为旅游扶贫研究提供了新的研究方法和思路。

第四阶段：精准扶贫阶段（2015年至今）。

精准扶贫是2013年提出的，标志着我国扶贫工作进入了新的阶段，即"扶真贫""真扶贫"的实践阶段。旅游精准扶贫的对象识别、实施路径及保障措施成为当前旅游精准扶贫的研究内容。

（二）研究内容

国内旅游扶贫研究主要集中在以下几个领域：旅游扶贫概念、旅游扶贫可行性条件、旅游扶贫模式、旅游扶贫效应、旅游扶贫的其他专题研究等。

1.旅游扶贫概念

旅游扶贫的概念主要强调贫困地区及贫困人口，并且具有较好的旅游资源基础。这是实施旅游扶贫的先决条件。

吴忠军（1996）从兴办经济实体形成旅游产业方面考虑，给出了旅游扶贫的定义，旅游扶贫就是通过开发贫困地区丰富的旅游资源，兴办经济实体，使贫困地区的人们走上脱贫致富的道路。高舜礼（1997）认为，旅游扶贫主要是在具有一定旅游发展基础的经济欠发达地区进行，既包括国家所界定的贫困地区和贫困人口，又包括虽已脱贫但经济仍欠发达的地区。旅游扶贫的目标不仅在于脱贫，还要在脱贫的基础上使人们逐步致富。郑本法、郑宇新（1999）认为，旅游扶贫开发是指在旅游资源比较丰富的贫困地区，通过对旅游资源保护性的开发利用，发展旅游产业，并以旅游产业的发展带动和促进相关产业的发展，从而增强自我发展的能力，走出一条脱贫致富的路子。其对象是旅游资源丰富的贫困地区，主要强调的是保护性开发利用。李永文、陈玉英（2002）从扶贫模式创新的角度指出，旅游扶贫是一种全新的扶贫模式，即在旅游资源条件较好的贫困地区通过扶持旅游发展带动地区经济发展，进而脱贫致富的一种区域经济发展模式。郭清霞（2003）在深入研究湖北省旅游扶贫成功范例的基础上，借用英国 PPT 概念，认为旅游扶贫 PPT 战略的基本特征是以政府为主导，以市场为导向，以特色资源为发展依托，以特色产品为发展支柱，以当地居民受益为目的，以脱贫致富为目标，以环境保护、实现地区经济的可持续发展为原则。张晓明等（2010）对旅游扶贫的内涵、方式、意义及不足之处进行了研究。姜真林（2010）对旅游扶贫的内涵进行了一种罗宾逊（R Robinson）模型化解释，反映了贫困地区与外援地区的相互影响关系，在一定程度上揭示了区域旅游扶贫的关键。张鹏顺（2011）用区域理论来理解旅游扶贫，认为进行基础设施投资、建立贫困人口参与机制、产业整合、区域合作是区域理论视野下"旅游扶贫"的四项基本手段，是促使区域贫困状态向可持续发展状态转变的基本方法。

2. 旅游扶贫可行性条件

旅游扶贫的可行性条件包括资源、政策、市场、领导意愿等。朱明芳（1999）从理论上分析了旅游扶贫的可行性：从贫困地区的状况来看，一是具有资源优势，二是具有政策倾斜的优势；从市场与需求来看，经济的发展、收入的增加、人们闲暇时间的增多使国内旅游市场已日渐成熟；从旅游业的产业特点来看，旅游业是资源依托型产业，高度关联的经济型产业，窗口性行业，并且它适应了高层次消费的需要。肖星（1999）通过对中西部贫困地区的调查分析得出，中西部的贫困地区与旅游资源富集区在空间分布上具有相当大的重合性，因此在有条件的贫困地区实行旅游扶贫开发既是十分必要的，又是完全可行的。高舜礼（1997）、阳国亮（2000）分别从主观与客观两个方面对旅游开发扶贫的条件做了分析：从主观上看，关键是要有一批具有开拓精神和较高文化水准的领导干部或领导班子，要有比较灵活的政策支持，还要遵循旅游开发的基本规律，健全管理体系，加强管理体系建设；从客观上讲，开展旅游扶贫要有丰富的旅游资源、较好的交通条件以及可靠的城市依托或区位优势。谢彦君（1999）认为，旅游城市所具有的巨大的客源输出潜力是乡村旅游开发的重要基础，面向旅游城市的乡村旅游开发的关键是乡土化，具体体现在文化性、特殊性、民俗性、生态性和参与性等几个方面。保持与城市旅游供给的互补性和差异性是乡村旅游开发的基本原则。王兴水、甘巧林等（2004）认为，乡村旅游资源是旅游扶贫的重要资源基础，因而也是旅游扶贫研究的重要内容，乡村文化被认为是乡村旅游资源的核心之一。

3. 旅游扶贫模式

旅游扶贫模式的研究对旅游扶贫工作的开展有较大的现实价值。杨新军（1998）等通过对江西宁冈县旅游开发创意规划，提出在具有旅游资源优势的贫困地区，把旅游业作为先导产业，并结合旅游开发走出一条生产生活日用品的工业道路，强调"一村一品、一人一技"发展地方经济，生产相应旅游商品等模式。白凤峥和李江生（2002）提出了"旅游扶贫试验区"的设想，宜采用政府主导、市场化运作与扶贫开发有机结合的管理模式。胡锡茹（2003）认为云南在多年旅游扶贫的实践中形成了3种基本模式：生态旅游扶贫模式、民族文化旅游扶贫模式和边境旅游扶贫模式。龙茂兴（2006）探讨了乡村旅游扶贫模式创新问题，提出了村民合资型乡村旅游扶贫模式、"1+1"结对式乡村旅游扶贫模式和"接力"式乡村旅游扶贫模式。游佩媛（2006）从发展旅游的原动力、政府的角色、开发模式、当地产业结构配置、贫困人口参与情况和管理机构6个方面对地方自主开发型旅游扶贫模式（以北京郊区为例）和政府扶持与国际援助型旅游扶贫模式（以贵州省巴拉河乡村旅游项目为例）进行了比较。姬丹（2007）介绍了贵州天龙屯堡文化旅游开发的"政府+公司+旅行社+农民旅游协会"的模式和利益分配方式。徐燕、殷红梅（2012）从贵州省乡村旅游发展现状出发，对贵州省贫困地区乡村旅游村寨建设模式进行了研究，提出了6种典型旅游村寨建设模式，包括典型民族文化村、乡村观光休闲度假村、特色产业村、旅游商品专业村、户外运动服务村和红色旅游村。王孔敬（2015）运用PPT战略相关理论，提出了湖北武陵山区走政府主导下以生态旅游和民族文化旅游为主要开发资源的适度超前发展旅游扶贫开发模式，并提出实施该模式的对策和措施。邸明慧等（2015）分别利用旅游资源综合价值指数评价法和区位熵指数法对河北省环京津23个国家级贫困县的旅游资源开发价值和旅游产业聚集程度进行了评价，利用四象限法对23个贫困县的评价结果进行了分类，认为各县旅游资源开发价值的大小和旅游产业聚集程度的高低组合决定了旅游扶贫适宜性类型，并依据各类型特征提出了核心企业主导模式、政策性项目拉动模式、产业互动发展模式及大区带动发展模式4种旅游扶贫模式。

4. 旅游扶贫效应

旅游扶贫效应是旅游扶贫的重要研究内容，包括经济效应、社会效应和环境效应。发展旅游业能促进贫困地区国民生产总值、财政税收、贫困人口收入增加，推动地区产业结构调整与优化。刘筱筱（2006）认为，旅游业的波动、贫困人口参与旅游开发的机会成本及对经济的影响，使贫困人口自我发展受限，难以得到旅游开发的利益，严重影响旅游扶贫效果。张小利（2007））指出，贫困地区由于经济发展整体水平比较低，经济漏损比较严重，影响旅游乘数效应的发挥。旅游扶贫的社会文化效应主要体现在贫困型旅游地的社会文化环境在旅游活动介入后会得到整体优化。李瑞等（2012）对伏牛山重渡沟景区田野调查的思考得出的结论是，农户深度参与景区旅游企业经营体系，保证社区居民旅游受益最大化，是旅游扶贫成功的关键。冯灿（2006）认为，旅游扶贫的社会文化效应主要体现在以下方面：一是贫困型旅游的社会物质文化环境的改善，表现为各种与旅游相关的社会文化要素和设施得到建设和发展；二是贫困型旅游的社会精神文化环境的改善，表现为贫困型旅游地居民在旅游活动开展过程中的感受及获取的各种商品经济意识和现代生活观念；三是贫困型旅游地社会文化制度和心理环境的改善，表现为政府为鼓励和保护旅游活动顺利开展而逐步制定的系统法规制度，使之朝着有利于旅游业发展的方向演化。但旅游扶贫可能会产生社会文化风险，如地方民俗文化面临危机，包括地方民俗文化的变质（商品化）和消失（同化），社会文化冲突加剧；旅游业引发犯罪率上升、贫富差距拉大等社会问题。常慧丽（2007）认为，旅游扶贫的生态效应主要表现在旅游开发可以减轻生态经济脆弱区为缓解贫困进行的经济行为对自然环境的压力，有效解决区域性生态脆弱劣势而导致的贫困问题。例如，政府利用旅游扶贫基金为农户建立沼气池、修建卫生间、建造节能灶，改变了村民传统的使用燃料的方式（薪炭材），减少了对森林资源的消耗，从而减少了破坏森林资源的行为。另外，农民的现金收入增加，生活条件改善，也使他们减少了对自然资源环境的过度依赖。

5. 旅游扶贫的其他专题研究

其他专题研究包括旅游扶贫的融资、信息建设、女性与旅游扶贫、乡村旅游扶贫、旅游精准扶贫等问题。陈勇、徐小燕（2005）认为，我国PPT项目可以采取BOT（公共工程特许权或特许权融资）模式进行融资。潘焕辉（1999）认为，金融部门贷款、招商引资、建立旅游扶贫发展基金、建立股份制旅游集团、发行旅游企业债券等是旅游扶贫融资的5个有效渠道。王铁（2007）认为，网络及其所代表的信息通信技术（ICTs）不仅改变了旅游营销的方式、内容和效果，还推动了经济增长和社会平等，即由于网络营销的出现，使旅游产品供应链在各个方面和各种程度上发生了改变，进而使旅游收益向有利于目的地及当地人（特别是贫困人口）的方向流动，从而有利于实现可持续发展。范向丽、郑向敏等（2007）认为，贫困地区的女性在旅游扶贫过程中作出了巨大贡献，同时造成了目的地女性商品化、双重工作日及女性文化的同化和变异等问题。张遵东、章立峰（2011）对黔东南州雷山县西江苗寨进行了实地调研，发现乡村旅游的发展与农民收入的增长整体上呈现出一致性，但由于某些因素的限制，扶贫效果并不显著。贵州民族地区要实现乡村旅游扶贫的目标，让农民从乡村旅游发展中真正得到实惠，从而脱贫致富，必须充分发挥政府在乡村旅游扶贫中的主导作用，提高贫困人口的素质及参与能力，提高旅游企业经营管理水平，完善利益分配机制。严丽、程丛喜、刘保丽（2015）先分析了发展乡村旅游进行扶贫开发的重要意义，然后分析了湖北省乡村旅游扶贫开发的现状，指出了湖北省乡村旅游扶贫开发过程中存在的问题，最后提出了适合各地开展乡村旅游实现脱贫致富的创新策略。邓小海（2015）对旅游扶贫的精准识别、精准帮扶、精准管理等问题进行了系统的研究。

（三）研究方法与研究地域

1.研究方法

国内旅游扶贫研究方法呈现多样性，侧重于定性研究与定量研究相结合。定性研究方法主要集中在旅游扶贫的理论、问题、模式及战略上。定量研究方法集中在旅游扶贫效应及其评价上，主要有乘数效应、一般均衡理论、DEA（数据包络分析）等。龙祖坤等（2015）运用数据包络分析法测算出武陵山区 2009—2013 年的旅游扶贫效率，结合 MI 指数评价其效率形态，将其分为潜力型、朝阳型、黄金型和夕阳型 4 类。在分类基础上研究各类型旅游扶贫适宜采用的模式，上述 4 类分别适用于产业联动模式、战略联合模式、政企合作模式、项目支撑模式。武陵山区旅游扶贫效率随时间演进的路径，具体可以分为往复式演进、渐进式演进和复杂演进。结合 GIS 空间分析功能从产出效益的角度与投入—产出效率的角度研究其空间分异。这两个角度共同揭示了旅游扶贫在空间上具备的聚集效益和区域间差距，但是某些县（市）旅游经济效益与旅游扶贫效率数据结果存在一定的不协调，意味着必须在保证较高的旅游效益的同时提高旅游扶贫效率，从而实现旅游的精准扶贫。

2.研究地域

旅游扶贫的研究地域主要集中在经济发展相对落后的中部和西部山区。

其中，云南、广西、湖北、贵州等省份是研究热点，尤其是集中连片贫困地区黄土高原、武陵山区、少数民族地区等研究成果也较多。从研究关注的对象来看，以省份为研究对象的较多，以县域、全国范围、地区为研究对象的次之，而村镇等微观研究对象的文献和成果较少。

（四）发展趋势

国内旅游扶贫研究逐步深入，其研究层面不断拓展。首先，随着旅游精准扶贫的开展，其微观层次的研究必将成为研究热点，即旅游对贫困人口、贫困家庭的帮扶作用、方式、效果将成为旅游扶贫研究的热点。其次，旅游扶贫研究方法中的定量研究需要加强，包括旅游扶贫效果的研究，尤其是要借助 GIS 技术、数学建模、数据挖掘等，揭示旅游扶贫的空间分布等内部规律。最后，现阶段旅游扶贫研究多集中在案例研究上，多为描述性的分析加上一般的统计分析，从而得出相关的结论，缺乏对案例的深入研究及动态跟踪，对旅游扶贫案例进行动态跟踪及深入研究也是未来旅游扶贫研究的发展趋势。

三、国内外乡村旅游扶贫工作的进展和典型案例与经验

中国是世界上最大的发展中大国，贫困问题长期制约着国家经济社会的发展。我国旅游行业在较早时候就关注到旅游扶贫。近年来，中国旅游扶贫工作更是取得了很多新的进展。

（一）我国乡村旅游扶贫工作现状

1.我国旅游扶贫的历程

我国旅游扶贫经历了从自然和自发增长到有目的有计划的增长，从"有名无实"到"名副其实"，从政府主导到政府与市场双轨并行、从政府投入为主到政府社会资本外资共同投入，从区域试点到全国范围内推行，从粗放式到精准式，从资金和政策支持到人才和智力支持的动态发展过程。其大致可以分为 4 个阶段。

第一阶段（1984—1996 年）：早期探索。

1978 年，我国开始改革开放，国内旅游业开始起步，在一定程度上促进了旅游目的地贫困地区的经济发展，客观上起到了扶贫的作用，但此时的旅游扶贫是一个自然和自发增长的过程。1986 年，旅游业正式被列入中国国民经济和

社会发展计划。一些经济不发达但旅游资源丰富的地区在国家和地方资金的扶持下，相继进行旅游开发，中国真正意义上的旅游扶贫工作开始启动。

1991年，贵州省旅游局（现贵州省文化和旅游厅）在全国旅游局（现文化和旅游部）局长会议上明确提出"旅游扶贫"的概念。1992年5月26日，贵州省人民政府在向时任中国国务院副总理吴学谦的汇报提纲中指出，"贵州的旅游工作有着一个十分突出的主题——旅游扶贫。我省自然景观和民族风情旅游资源大都分布在民族地区、贫困地区，通过发展旅游业刺激当地各行业的发展，不仅能帮助他们拓宽脱贫致富的路子，同时商品经济的发展对原先封闭式的小农经济的冲击所带来的观念转变，必将促进更深层次的社会进步"。经过两年多的实践和探索，1993年11月，国务院办公厅转发国家旅游局（现文化和旅游部）《关于积极发展国内旅游业意见的通知》。这是中华人民共和国成立以来第一次对国内旅游下发的高层级文件，标志着国内旅游正式提上了中央的议事日程，也意味着旅游发展进入了新阶段，旅游扶贫工作也正是在这个过程中得到了进一步推动。

1995年，国家旅游局（现文化和旅游部）正式将旅游扶贫写入《中国旅游业发展"九五"计划和2010年远景目标纲要》。1996年，国家旅游局（现文化和旅游部）在旅游发展重要问题调研提纲中把旅游扶贫问题研究作为重要议题，并在全国旅游扶贫开发工作会上对贵州、广东、福建等省的旅游扶贫经验加以推广。同年10月，国务院扶贫办和国家旅游局（现文化和旅游部）召开全国旅游扶贫开发工作座谈会，对旅游扶贫开发工作进行专题研究和工作总结。据座谈会召开前的统计，从改革开放至1996年，中国通过旅游扶贫的人口在全国大概有600万，涉及12 000个村。此次会议确立了"政府主导＋市场运行"的基本模式，对旅游扶贫工作的开展有相当大的推动作用。

本阶段旅游扶贫最突出的成效体现在改变了基本制度环境。旅游扶贫由最初的政府组织资源、促进开发和推动发展，逐步向"政府＋市场"的运行机制（双轨并行制）发展。这其实也是中国市场经济不断深入发展的结果和体现。在这一阶段，借助农村经济体制的改革，通过市场化的推进和旅游减贫系列措施的实施，贫困农村地区经济情况得到一定程度的改善，农民也从中得到了实惠。

必须提及的是，我国本阶段的旅游扶贫与1995年在丹麦哥本哈根召开的联合国社会发展世界首脑会议作出的把1996年定为"国际消除贫困年"的决定关系密切，我国旅游扶贫的积极实施、扶贫会议的召开等正是在"国际消除贫困年"的背景下采取的具体措施。

第二阶段（1997—2004 年）：初步发展。

1999 年，我国推出了"黄金周"制度，极大地释放了人们潜在的旅游消费需求，给旅游扶贫带来了更广阔的前景和更大的可能。1999 年 9 月，中共十五届四中全会明确提出实施西部大开发战略，旅游作为开发式扶贫的重要途径，受到高度重视。1998 年，国务院发行 5 年长期建设国债 5 200 亿元，其中 42 亿被作为旅游国债，在全国安排了 400 多个旅游项目，同时结合旅游国债项目，发布了中国旅游发展优先项目，进行了市场化的运作和宣传，又拉动了 400 多亿的外资和社会资金进入旅游业，其中绝大部分在西部地区和贫困地区。2001 年 4 月，《国务院关于进一步加快旅游业发展的通知》明确提出了"规划建设一批国家生态旅游示范区、旅游扶贫试验区、旅游度假区"的工作任务。据此，2000 年 8 月，国家旅游局（现文化和旅游部）在宁夏西海固地区创办了全国第一个旅游扶贫试验区——六盘山旅游扶贫试验区，这对加快宁夏乃至西北地区旅游业的发展、落实中央西部大开发战略具有里程碑意义。

2002 年 1 月，国家旅游局（现文化和旅游部）召开全国旅游工作会议，进一步提出了"试办国家旅游扶贫试验区"的工作设想和具体意见。根据意见，国家旅游局（现文化和旅游部）于 2002 年出资 250 万元，对口帮扶贵州江口县发展乡村旅游。本阶段的旅游扶贫不但国家层面积极行动，而且地方政府也积极响应，旅游扶贫的区域不断扩大、成效不断提高。2003 年 1 月，广东省政府正式启动旅游扶贫工程，并会同相关部门确定了 14 个首批旅游扶贫项目，将旅游扶贫纳入省级层面。

以旅游国债的发行、国家与地方旅游扶贫试验区的建立为主要标志，中国旅游扶贫进入新的发展阶段。这一阶段中国旅游扶贫体现出向特定区域集中的特征，主要对国定贫困县提供扶贫资金、优惠政策。一大批贫困地区通过发展旅游实现脱贫致富，如革命老区井冈山、延安、西柏坡，贫困山区张家界、黄山、长白山，少数民族地区九寨沟、西双版纳、丽江、延吉，以及西北的很多地区。据国家旅游局（现文化和旅游部）于 2004 年 10 月发布的数据，中国 25 年来通过发展旅游直接受益的贫困人口有 6 000 万至 8 000 万，占全部贫困人口的 1/4 到 1/3。

第三阶段（2005—2012 年）：快速提升。

2006 年，国家旅游局（现文化和旅游部）做出了"旅游业向农村挺进"的科学决策，把 2006 年定为"中国乡村旅游年"。同年 9 月，乡村旅游国际论坛在贵州召开，并通过了《贵阳宣言》，提出乡村旅游作为连接城市和乡村的纽带，能实现社会资源和文明成果在城乡之间的共享及财富的公平分配，从而逐步缩小地区间经济发展差异和城乡差别，推动欠开发、欠发达的乡村地区经济、社会、环境和文化可持续发展。同年，贵州率先完成了第一部《贵州省乡村旅游规划》的编制，明确了贵州将通过乡村旅游带动扶贫的目标。国家旅游局（现文化和旅游部）将《贵州乡村旅游规划》转发至全国各省供参考和借鉴。贵州的成功经验在广东、云南、四川、湖南等省推广，开创了乡村旅游带动旅游扶贫的新局面。

为协调部门之间的扶贫工作和进一步加大旅游扶贫力度，2009 年国家旅游局（现文化和旅游部）正式成为国务院扶贫办领导小组成员单位。2012 年 7 月，国家旅游局（现文化和旅游部）与扶贫办签署了合作框架协议，确定了合作工作机制，明确了合作重点工作；同年 12 月，旅游扶贫首次作为扶贫的方式写进了政府扶贫的纲领性文件《中国农村扶贫开发纲要（2011—2020 年）》。2013 年 8 月，国家旅游局（现文化和旅游部）与国务院扶贫办共同出台了《关于联合开展"旅游扶贫试验区"工作的指导意见》，进一步明确了申报范围和流程，为充分发挥示范带动作用、探索旅游扶贫新模式夯实了基础。

这一阶段，我国旅游扶贫工作上升到国家战略层次，扶贫成为旅游产业发展的重要功能，旅游扶贫成为发挥旅游综合功能和做大做强旅游产业的新方式、新路径、新载体。通过资金和政策整合、机制创新，吸引相关部门涉农资金投入乡村旅游开发及配套项目，将整村推进与连片开发相结合、扶贫开发与乡村旅游发展相结合，促进了贫困地区的经济发展和贫困农户的稳定增收。

第四阶段（2013 年至今）：精准高效。

2013 年 11 月，习近平总书记在湖南湘西考察时明确提出了"精准扶贫"的重要思想。同年 12 月，中共中央办公厅、国务院办公厅印发《关于创新机制扎实推进农村扶贫开发工作的意见》，将乡村旅游扶贫列为新时期扶贫开发的十项重点工作之一，提出"到 2015 年，扶持约 2 000 个贫困村开展乡村旅游。到 2020 年，扶持约 6 000 个贫困村开展乡村旅游"的工作目标。《关于创新机制扎实推进农村扶贫开发工作的意见》的出台意味着中国扶贫工作从粗放阶段进入精准阶段。2014 年 8 月，国务院出台的《关于促进旅游业改革发展的若干意见》中明确提出"旅游精准扶贫"，要求"大力发展乡村旅游，加强乡村旅游精准扶贫，扎实推进乡村旅游富民工程，带动贫困地区脱贫致富"。2014 年 11 月，国家发展改革委等七部委联合印发了《关于实施乡村旅游富民工程推进旅游扶贫工作的通知》，明确了乡村旅游扶贫的基本原则、主要目标、重点任务和保障措施。2014 年年底，国务院把旅游扶贫列入十项精准扶贫工程。为贯彻国务院相关政策，2015 年 5 月国务院扶贫办和国家旅游局（现文化和旅游部）启动贫困村旅游扶贫试点工作，在全国选取部分建档立卡贫困村开展试点。这标志着旅游精准扶贫进入了具体的实践操作层面。同年 8 月，全国乡村旅游提升与旅游扶贫推进会议召开，强调要充分发挥乡村旅游在扶贫开发中的战略作用，着力将乡村旅游建设成为美丽乡村的重要载体，通过发展乡村旅游带动贫困人口脱贫。

2015 年 11 月，《中共中央国务院关于打赢脱贫攻坚战的决定》和中共中央办公厅、国务院办公厅《贯彻实施〈中共中央国务院关于打赢脱贫攻坚战的决定〉重要政策措施分工方案》再次明确要做好精准扶贫工作。为贯彻落实上述文件精神，2016 年 9 月国家旅游局（现文化和旅游部）等 12 个部门联合印发《乡村旅游扶贫工程行动方案》，目的是要深入实施乡村旅游扶贫工程，充分发挥乡村旅游在精准扶贫、精准脱贫中的重要作用。该方案要求各地因地制宜确定各类乡村旅游建设发展类型，选择精准到户到人的脱贫模式；要精准施策、提高实效，按照"六个精准"的要求，精准锁定乡村旅游扶贫重点村、建档立卡贫困户和贫困人口，精准发力，精准施策，切实提高乡村旅游扶贫脱贫工作成效。

旅游精准扶贫的提出和实施，标志着中国旅游扶贫达到了新的高度，有了质的变化。与其他扶贫方式相比，旅游扶贫以其强大的市场优势、新兴的产业活力、强劲的造血功能、巨大的带动作用，在扶贫开发中发挥着日益显著的作用，以其锐不可当之势成为中国扶贫攻坚的崭新生力军。

2.我国旅游扶贫的经验

我国在推进旅游扶贫工作中探索了许多行之有效的模式和做法，主要有以下方面。

一是创建旅游扶贫试验区。国家旅游扶贫试验区是旅游扶贫的重要空间载体，是国家在旅游资源丰富的集中连片特殊困难地区确立的示范区域，通过对当地政策性扶持进行旅游开发，从而实现当地贫困人口的脱贫致富。2000 年至今，中国已经相继成立了宁夏六盘山、河北阜平、江西赣州、江西吉安、内蒙古阿尔山等 5 个国家旅游扶贫试验区。通过旅游扶贫试验区的建设，推动体制机制创新、基础设施改善、市场营销开展等，有力地促进了试验区旅游业和经济社会的发展。

二是亦农亦旅推进旅游扶贫。亦农亦旅是指村民在务农的同时，利用农闲时间直接从事旅游活动或者与旅游相关的经营活动，以此增加收入、拓宽就业渠道。这种方式对农民来说风险较小，易于接受，成效明显。村民参与的主要形式包括农家乐、观光农业、向导、游乐项目、文艺演出、开设门面店铺等。云南西双版纳傣族园的社区居民，一部分以自家现有的房屋作为经营场所，从事餐饮、住宿、购物等经营，还有一些从事导游服务、景点表演等，都从旅游业的发展中获得了收益。

三是特色旅游小镇建设带动旅游扶贫。在自然与人文景观丰富的地区，按照高标准完善旅游配套设施和服务，建设特色旅游小镇，已经成为中国新型城镇化建设中的一个亮点，在促进当地贫困人口就业、带动区域脱贫和实现可持续发展方面作出了突出贡献。旧州古镇是贵州最早的 5 个中国特色古镇之一。这个始建于 1351 年的小镇被誉为"梦里小江南，西南第一州"。特色小镇建设遵循"小而精、小而美、小而富、小而特"的路线，一方面发挥生态和文化优势，建设绿色旅游小镇；另一方面探索就地就近城镇化路径，建设美丽幸福小镇。3 年时间里，小镇农民人均纯收入实现了三级跳，2015 年超过 1 万元人民币。

四是景区帮扶带动旅游扶贫。景区帮扶带动旅游扶贫就是依托成熟景区，通过吸纳剩余劳动力、资助基础设施建设、发展旅游接待等方式，促进景区周边经济欠发达的村庄脱贫致富。河南伏牛山重渡沟景区在旅游扶贫实践中实现了政府、企业、农户三者利益的平衡。公司经营景区观光企业，农户经营住宿餐饮和其他服务性企业拥有产权，两者构成互补性产品，形成"公司 + 农户"的景区企业共同体。政府不仅促成农家宾馆作为产权独立的旅游企业参与景区经营，还对景区经营权转让后继续保持"公司 + 农户"旅游企业共同体模式进行了规定。各利益主体之间利益分配合理，大多数农户深度参与旅游发展，农户受益最大化，旅游企业的经济行为深深嵌入了当地社会经济关系中，增强了景区持续发展的能力。

五是先富示范带动旅游扶贫。先富示范带动旅游扶贫即在旅游资源富集的贫困地区，由旅游开发先富起来的居民向其他贫困人口提供直接或间接的帮助和示范，增强贫困人口自我发展的能力和信心，达到"以点带面"脱贫致富的目的。1998 年，汝亨龙布担任云南省宁蒗县旅游局现宁蒗县文化与旅游局局长。他看到旅游发展的迫切需要，提出在原籍地（泸沽湖景区大落水社区）开办家庭旅社。这个想法获得了时任宁蒗县县委书记阿苏大岭的全力支持。汝亨龙布开设的家庭旅社有 8 个房间 20 张床位，一年内就获利 4 万多元，在全村起到了很好的示范效应，带动其他村民纷纷开办家庭旅馆，从而实现了地方经济的发展和居民收入的增加。

六是异地安置推进旅游扶贫。异地安置推进旅游扶贫即将居住于生存环境恶劣、交通不便的村民搬迁至交通相对便利、基础设施相对完善的地区，建立集中安置点，引导其从事旅游相关经营活动，从而实现脱贫致富。位于河北省涞水县野三坡风景区的下庄村，由于其后山土壤贫瘠，作物连年歉收，生活条件恶劣，在村干部的动员下，后山居住的28户居民集体搬迁出来，分别从事餐饮、住宿、运输、商品零售等经营活动，经济收入和生活条件得到了显著改善，并吸引了更多周边村庄的贫困村民来此落户。

七是整体租赁带动旅游扶贫。这种模式是指企业借助其资金、市场和管理方面的显著优势，以租赁方式取得贫困地区旅游资源开发、景区经营和管理权。在企业的主导下，加强自然景观和民族民俗文化的保护和开发，吸引和培养村民参与景区的经营和管理，实现企业和村民的互利和"双赢"。西双版纳"中缅第一寨"勐景来景区是整体租赁模式的典型案例。企业投入资金对汉化程度较高的勐景来提升改造，村民不仅直接从租赁中获得收益，还通过从事导游、服务员、景点表演等工作获得了更多的受益。

八是企业和地方合作实现旅游扶贫。这种模式是指旅游企业与所在地开展深入合作，对景区和所在地进行统一开发和管理。一方面，地方通过政策引导、资金汇集、人才培养等为企业营造良好的旅游投资运营环境；另一方面，旅游企业积极为当地居民创造就业机会，资助水利、路桥、电力、通信、民居等基础设施建设，提高村民的生活质量。广东省河源苏家围景区就投入了大量资金促进地方建设，是广东省三大扶贫旅游示范点之一。

（二）国际旅游减贫典型案例与经验

1. 印度的包容性旅游减贫

进入21世纪以来，印度政府决定把旅游作为带动经济增长、缩小贫富差距的引擎，明确提出了旨在促进机会均等和贫困人口能够均衡分享发展成果，进而从根本上减少贫困人口的"包容性旅游减贫"战略。经过近10年的实践，印度探索出一些符合印度国情和反贫困需要的包容性旅游减贫方式和做法。

（1）地方政府和公民社会组织协作共赢

在印度国家治理中，地方自治政府和公民社会组织具有举足轻重的地位，是印度包容性旅游减贫战略的重要推动力量。这主要体现在以下方面：以立法为保障，确保地方政府与公民社会组织对当地旅游资源的管理权力，并对旅游开发中产生的经济和环境问题进行干预；组建由法律人士、旅游专家、政府官员、当地百姓参加的"功能性委员会"，共同对相关旅游项目的建设组织实施和进行监控；旅游项目实施前，相关建设单位必须得到农村基层组织拥有的经国家林业部门和国家污染控制委员会审核的"无异议开发证书"；针对森林、海洋、湖泊等不同旅游资源开发地区，制定不同的操作指南；组建责任旅游行动实施工作组，地方自治政府成员担任主席，研究制定有关基线、污染管理和本地采购等工作指南；成立森林保护委员会，实施"参与式的森林管理"；授权当地企业负责旅游目的地的产品开发与供应，确保供应及时、质量安全可靠；制定废物处理方案，以废物生产者为责任主体，保证社区不被污染；编制地方法规，保护当地森林、湖泊、河流等公共自然资源；加强旅游地的基础设施建设，保证水、电、气、公路、水路、铁路等畅通；监督检查相关企业是否侵害劳动者合法权益，严惩违规企业等。

（2）邦政府与地方政府合力建设旅游目的地

邦一级成立的责任旅游委员会主要负责以下内容：制定本邦旅游战略发展规划，提供责任旅游项目的发展框架；提供具体的政策和行政指导，使责任旅游具有可操作性；为直接实施责任旅游的下一级单位提供帮助；管理和定期监测责任旅游方案的执行，建设和扩大责任旅游发展平台；为同一领域的合作伙伴和利益相关者提供相关问题的咨询；审查和评价相关旅游企业对各种政策和法规的执行情况；确保责任旅游反馈机制的透明度和问责制的公正性；及时为合作伙伴和利益相关者提供最新信息和行动指南；为邦政府最高决策机构提供直接的政策意见。

旅游目的地的一级政府主要负责制定监控和管理旅游目的地责任旅游方案和项目实施工作手册；确保决策和行动的有效实施，参与旅游目的地的规划；通过制订详细的和现实的行动计划，协调经济、社会和环境之间的关系；确保责任旅游中各种相关利益主体的权益；支持目的地责任旅游实施单位的专业化管理；确保责任旅游项目实施程序的透明和建立相关工作人员的问责制度等。

（3）推动农民与相关组织积极参与

印度政府采取多种措施促进当地农民脱贫，包括支持农民个体创业，尤其是积极倡导开展有机农业耕种活动，不断提高农民的生产积极性；鼓励农民依托属地资源兴办"农家乐"，积极推出"印度乡村生活体验旅游"活动；通过减免税收、提供政策服务等相关优惠政策，大力发展批发零售、手工艺品制造、餐饮等旅游企业，积极拓展旅游产业链，增加就业机会，改善居民生活状况等。此外，还鼓励各种公益性组织和民间社会组织积极参与责任旅游扶贫工作，以帮助邦政府和地方自治政府更好地落实相关工作，并监督政府工作人员和企业主行为，确保相关法律法规的有效实施。

2. 老挝通过"公平贸易"促进旅游扶贫

公平贸易被联合国认定为扶贫领域的最佳实践之一。近70年来，公平贸易认证帮扶了74个国家的合作组织，成功让150多万人实现了脱贫。

所谓公平贸易，就是一场在谈判、透明化和尊重的基础上促进贸易合作的运动，目的在于改变小型农业生产者的地位，促使国际贸易更公平。公平贸易对于旅游减贫非常有利，特别是能给旅游地特色商品生产者带来很多好处：第一，提供技术支持、市场信息和培训指导，从根本上保证产品的质量，并提高产品的质量和技术水平，解决了贫困地区缺乏技术和可能出现的产品质量问题；第二，通过认证获得标识，严格控制供应链各个环节，使消费者信任生产者及其产品，有利于提高知名度和美誉度，解决了市场和营销问题；第三，带有"公平贸易"标签的产品以高于其他同类产品的市场价格销售，高于市场价格的部分以补贴的形式返还给生产者，用于社区发展，解决了贫困地区常见的生产者收入不稳定、社区基础设施与公共服务不完善的问题。

老挝是世界上最不发达的国家之一，公平贸易对于促进老挝旅游减贫发挥了重要作用。老挝政府和相关组织在开展工艺品和农产品"公平贸易"认证方面做了许多卓有成效的工作。例如，老挝波罗芬高原盛产高质量的咖啡豆，但以往的咖啡农贩卖咖啡豆所获得的利益多被中间商攫取，造成了生产者、销售商、消费者之间的不公平贸易关系。为了改善这种状况，当地政府在有关组织的帮助下积极开展公平贸易认证工作。经过公平贸易认证之后，产品价格得到了保障，生产者获得了更加合理的利润。为了使公平贸易项目更好实施，老挝一些地方采取了"小生产者＋合作社"的模式。在这种模式下，合作社是当地的公平贸易组织，分散的生产者将自己的产品出售给合作社，再从合作社那里得到公平贸易价格和社会溢价，而不直接在市场上销售。

3. 泰国拜县乡村旅游减贫

近年来，泰国旅游发展较为迅速。2017年，赴泰旅游的外国游客总数超过3 500万人次，较2016年同期增长8.77%，为泰国旅游业创收超过1.82万亿泰铢（约合3 600亿元人民币），较2016年同期增长11.66%。泰国旅游业的发展有力地推动了旅游减贫。拜县就是一个典型案例。拜县是泰国的边境小镇，地理位置偏远，但通过努力，泰国将其打造成了体验悠闲慢生活的世外桃源，吸引世界各地的游客前往。

一是明确乡村旅游主体定位。拜县积极开发乡村旅游慢生活体验项目，在县城建造了各种休闲小饭店与酒吧，在建设设计上凸显生活特色与充满浪漫的生活情调。房前屋后种植各种奇花异草，屋内用木制品装饰出古色古香的氛围，营造出温暖惬意的生活氛围。

二是积极开发独具特色的旅游产品。拜县依托周边无边无际的田园山野资源，开展观光游览、休闲体验活动，使游客体验到大自然真正的纯粹浪漫的魅力。根据消费群体的不同度假需求，积极设计开发出田野休闲度假游、田园风光游与农家生活体验游等不同的休闲度假旅游套餐。

三是提供优质旅游服务，形成口碑效应。其中，包括开展互联网信息化建设，为游客提供高效便捷的服务；对从事服务行业的人员进行主要客源国语言培训，提升行业的整体素质等。

4. 柬埔寨北部湄公河沿岸两个村庄的 ST-EP 项目

2016 年 5 月，在西班牙 Europamundo 基金会的捐助下启动了柬埔寨北部湄公河沿岸的两个村庄 Preah Rumkel 和 Borey Osvay 的 ST-EP 项目，由柬埔寨非政府组织 Mlup Baitong 实施。项目的目的是通过促进社区生态旅游和环境保护，增强社区成员的能力，提高他们的生活水平。为了实现这些目标，项目建立了 5 个基本的嵌入式路径：提出改进社区管理系统生态旅游（CBET）；提高社区生态旅游管理委员会成员和 CBET 网站的旅游服务提供商的能力；完善自然资源保护机制，特别是森林和河豚；提高 CBET 的广告 / 营销机制；更新与 CBET 有关的旅游设施。此外，该项目还在 2 个地区重新选举社区生态旅游管理委员会成员：Preah Rumkel 有 15 名社区旅游管理委员会成员（其中包括 5 名妇女），Borey Osvay 选举了 12 名社区生态旅游管理委员会成员（其中 5 名妇女）。这些代表主要是可以代表村民获得更多关于接待外国游客等方面的指导，从而带动全村发展。该项目还帮助 CBET 改进广告和营销材料，增加游客数量，整理信息并上传照片到 Sting Treng 省旅游局网站。社区生态旅游管理委员会与每个生态旅游景点合作，制作和安装了 6 张有吸引力的路线图和 5 个广告牌，并为游客设计了旅游线路和植树区。同时，该项目与 Stung Treng 省旅游部门合作，组织了两次全民参与式的旅行，向潜在的游客和利益相关者宣传这两个 CBET 项目。来自知名协会公司（PATA 和 CATA）、15 家酒店和宾馆业主及来自金边皇家大学（Royal University of Phnom Penh）和人力资源大学（University of Human Resource）

的 10 名大学生参加了这些项目旅行。到项目结束时，这两个村的社区生态旅游管理委员会的管理能力都得到了提高。在项目实施的 12 个月里，到 Borey Osvay 和 Preah Rumkel 的外国游客数量估计达到了 4 200 人，总收入约为 1.3 万美元。

5. 卢旺达依托野生动物资源开发的旅游减贫

卢旺达野生动物资源丰富，因此建立了多家野生动物保护区。依托这些保护区，大力引入了社会资本和外资。近年来，卢旺达旅游业得到了很好的发展，2016 年卢旺达旅游收入超过 4 亿美元，当地居民也从中受益颇多。卢旺达在保护区旅游减贫中采取了一些行之有效的措施。一是大力扶植私营部门的成长与发展。积极引入酒店、旅行社、旅游开发公司、野生动物管理机构等私营部门与企业，同时开展政府部门与私营部门、企业合作，完善旅游区住宿、餐饮、游览等功能，促进野生动物旅游的开发、管理、营销与更新工作。二是支持合资企业参与社区开发建设。积极引入合资企业，介入社区土地开发与建设工作，实现社区土地增值。积极处理好企业与社区公私伙伴的合作关系，尽可能大幅度增加社区居民的资金流动量与社区福利，提升社区可持续发展的能力。三是促进当地居民就业。引导企业雇佣园区周边的居民参与旅游开发与建设工作，改善当地人民和贫困人口在旅游业就业的机会，提升公园周边居民的福利水平与人均收入。积极开展可持续旅游计划，做好从业人员的职业培训工作，提升从业人员整体素质与管理技能，实现整体利益最大化。强化园区职业培训机构与其他国家地区的合作，改进与提升野生动物保护与旅游开发课程和方法，以实现与市场需求的有效衔接。四是提升园区市场化能力。积极加强园区与当地企业家之间的商业联系，规避可预见的市场风险。积极开发高端旅游市场，强化与旅游企业和商家的大规模合作，扩大和提升园区、酒店、旅馆等的市场影响，提升园区市场接待份额。

6. 乌干达基西伊兹瀑布旅游项目

基西伊兹（Kisiizi Falls）瀑布位于 Rushoma 河上，在通往乌干达西部主要国家公园的路上。世界旅游组织 ST-EP 基金会和韩国旅游组织向乌干达旅游部提供支持，实施了该项目。该项目旨在加强基西兹瀑布的旅游活动。一方面，帮助修建了游客中心、厕所、徒步旅行小径、观景点、纪念碑、潟湖、吊桥、路标和信息板等设施；另一方面，积极调动社区参与，并提供指导技能和接待服务方面的培训。项目实施取得很好的成效。2017 年上半年有 7 856 名游客，创造了 914.6 万乌干达先令的收入，同期旅游产品销售利润达到 257.750 5 万乌干达先令。社区企业和居民从销售旅游产品和服务中获得了很好的收益。旅游业收入的一部分捐赠给了"好撒玛利亚人基金"，该基金用来支付弱势社群成员的医疗费用。

7. 巴西的"发展极"战略与旅游减贫

基于"发展极战略"的旅游反贫困战略模型，是在"发展极"理论指导下进行的，其基本思想是坚持区域发展不平衡原则，即先选择和培植旅游"发展极"，使之成为区域经济发展的推动力量。为此，巴西政府对"发展极"给予重点投资，并制定特殊优惠政策。一是在贸易政策方面，从税收、进出口方面给旅游发展极优惠。二是在财政政策方面，规定旅游开发与发展企业均能得到"亚马孙开发私人投资基金"的赞助，对于旅游企业实行免缴利润税等优惠。目前，巴西已初步形成带动整个区域经济开发的旅游"发展极"网络，并取得明显成效。

为有效发挥旅游"发展极"带动作用，巴西采取了一系列政策措施。第一，建立专门的开发机构指导、组织目的地旅游开发与规划，并形成自上而下的国家扶持体系。其结构体系主要由内政部、开发管理局、经济特区管理局与专项开发公司等组成。第二，制订推行落后地区旅游开发计划。其目的在于，通过旅游开发与建设，推进亚马孙地区经济开发，特别是大力发展农业旅游，调整区域产业结构布局，优化地区发展结构，带动区域经济发展。第三，实行各种鼓励政策，促进"发展极"建设。这包括采取财政刺激办法筹集开发资金，引导私人向旅游目的地进行投资；通过预算拨款保证区域旅游开发所需资金，使开发计划得以顺利实施；加强开发地区交通运输、酒店与住宿等基础设施建设；通过开辟自由贸易区，减免土地使用费等，吸引外资参与目的地旅游发展。第四，积极提升旅游目的地劳动者素质。巴西政府成立了东北部教育基金，通过师资培训、免费发放教科书，以及开展"远距离教学计划"等方式，提升目的地劳动者素质。

8. 墨西哥坎昆的旅游发展

坎昆原是墨西哥的贫困地区，20 世纪 70 年代初，这里还只是仅有2 000 多居民的小渔村。以玛雅人为主的当地农民收入微薄，大多数住在用树枝和棕榈叶搭建的茅屋里。1962 年，墨西哥联邦政府制定了《国家旅游战略发展规划》。1968 年，组织各方面专家对坎昆的自然条件和人文景观及旅游目标市场等进行论证，明确按照旅游和自由贸易区的方向进行规划和开发。1972 年，墨西哥联邦政府开始在该岛投资建设旅游区和自由贸易中心。1975 年，进行全面规划，并接待游客。现在，坎昆已经成为国际知名旅游胜地，居民近百万人，年接待游客多达四五百万人次，旅游创汇收入占到墨西哥全国的 1/3。坎昆旅游发展的经验包括以下几点。一是深挖稀缺资源，打造特色吸引力。坎昆属于亚热带气候，年均温度在 27 度左右，具备滨海养生度假必需的气候优势和阳光、沙滩、海洋等滨海旅游开发 3S 资源。罕见的蛇形岛外形，既有外海围绕，又有内环水域，进一步形成了独具特色的旅游风光。对这些资源的挖掘利用为坎昆打造世界级旅游度假区打下了基础。坎昆还进一步挖掘当地最为鲜明的文化符号——玛雅文化，并进行活化，以丰富和提升度假旅游产品，为坎昆旅游发展提供持续动力。二是完善设施服务，建设休闲度假胜地。坎昆拥有里兹卡尔顿、希尔顿、万豪、凯悦等众多国际知名酒店，其中市区 200 多家，客房 6.7 万余间，为游客休闲度假提供了良好的住宿设施。同时，积极开发旅游娱乐产品，给旅游者提供多样化的体验。通过将海滨运动休闲、玛雅文化体验、康体养生等相融合，并配备主题餐饮、酒吧儿童乐园区、高尔夫球场、水上运动俱乐部等设施，形成了集观光、游览、运动、购物等于一体的旅游体验中心。三是积极发展多种产业，培育旅游产业体系。坎昆依托优质的旅游度假资源，着力建设高标准的会议展览设施，积极举办具有国际影响力的国际会议和博览会，积极发展会议会展产业。目前，其已经形成极具竞争力的国际会议会展品牌，是"国际会议之都"。坎昆还推出免税政策，积极建设坎昆商业中心，推动区域商业发展。目前，坎昆拥有 1 500 多家自由免税商店。从沿街珠宝摊到高档免税店，各个档次的商业都涵盖其中，为游客提供多样的世界名牌时装、珠宝、手工艺品等商品。

9.日本长野的乡村旅游开发

长野县在日本乡村旅游开发方面比较典型，并形成了不同模式。

（1）"菅平方式"

当地无偿将山林送给长野县政府，县政府通过"招商引资"，让企业开辟山林兴建别墅进行出售。企业将出售别墅所得收入扣除造价后所得净利润，与县政府及当地政府平分；县政府再根据当地发展需要，通过兴修道路和旅游设施等方式逐步"返利"。至于别墅及被"返还"的旅游设施，则以当地人为主，对它们进行经营、管理和运营。

（2）"麻绩方式"

与"菅平方式"不同的是，当地不是无偿地将土地提供给长野县政府，只是向其提供土地使用权；对于因开发所得利益，则采取了与"菅平方式"相同的分配方式。

（3）"浪合村方式"

其特点是县当局不直接参与开发，而是让全村村民成为开发事业的股东，即成立开发公司，采用直接经营和出租用地的方式进行别墅开发，再用所得收入作为基础，与民间企业合作，共同出资兴建高尔夫球场等休闲设施。

（4）"黑姬方式"

这种方式以某单位或部门为主导，各相关单位进行分工负责、共同完成。例如，林野厅负责对外开放国有林，交通公社负责开发宣传工作，接待与客运工作则由日本交通公社和"国铁"共同承担。

此外，还有两种比较有特色的开发模式，即"开发主体多元化模式"和"所有权与经营权分离模式"。其中，"开发主体多元化模式"特点是政府与民营企业共同出资、双方进行分工合作、相互协调。日本大多数主题公园和度假区都是由"开发主体多元化模式"进行开发和建设的。

我国旅游扶贫工作既充分汲取了国际上旅游扶贫的先进经验，又结合我国政治和文化优势做了诸多探索和创新。概括起来，中国旅游扶贫的成功一方面得益于改革开放以来的经济持续增长，另一方面则离不开政府强有力的领导及政府和市场的有效结合。

政府的积极作用对于中国旅游减贫至关重要。无论是中央政府，还是地方政府，都应该高度重视旅游减贫工作。从国家层面来看，旅游扶贫被纳入扶贫的国家战略当中。从各地来看，围绕旅游扶贫出台了大量支持政策，在规划、投融资、基础设施建设、人才培训、宣传推广等方面做了大量工作。

我国政府也非常注重通过市场机制促进旅游扶贫。采取了一系列的政策和措施，充分调动地方、企业和居民的积极性，为旅游扶贫工作的持续推进提供了源源不断的动力。政府和市场的双重作用形成了"五个发动"：发动贫困人口，激发旅游扶贫内生动力；发动企业，整合资源，集中发力；发动非政府组织，开展旅游扶贫结对帮扶；发动专家学者，为旅游扶贫献计献策；发动旅游者，为旅游扶贫带来外在推力。

中国在扎实推进国内旅游扶贫的同时，积极寻求广泛的国际合作，致力和国际社会一道，共同为全球旅游扶贫事业做贡献。

第二节 乡村景观美学

"景观"一词，在环境学视域中是一个独特的语汇。从"风景"的角度释读，它是自然景观和人文景观的合体，而在"观看"的世界中，它又是一种生活和生产的文化。在对现代景观社会的评述中，法国思想家居伊·德波指出，历史的缺席和现实的分离，使都市中的人群不知该如何面对。此时，重溯中西方景观审美的历史，借由文学、绘画、园林及风水建筑等史料和图像，人们可以看见农业社会中展示的乡村景观图景，这些叙述和描绘不仅再现了传统的乡村社会，还包含着人们对理想景观的价值需求及审美判断。

一、乡村景观

乡村景观是指出现在乡村而不同于城市景观和自然景观的一种特殊的景观，它结合了乡村当地的自然和人文资源，是在历史的长河中经过沉淀而缓慢形成的自然与人文融合之美。它不是城市景观的复制品，而是乡村建设规划中最值得保留的景观文化。乡村景观是在世界上出现最早并且存在范围最广的一种景观类型，也是我国美丽乡村建设的重要内容。传之久远的"田园诗"就淋漓尽致地反映了我国乡村景观之美。

二、乡村景观的审美

乡村景观的价值，来源于亘古未变的审美。阿诺德·伯林特博士在艾伦·卡尔松的《自然与景观》的序中曾讲过：环境中有关伦理价值的问题，从根本上来讲是个美学问题。乡村景观的审美，或称乡村环境美，有3个方面必须提到。

首先，大尺度、单一的田园风景，往往以"线条""斑块"和"色彩"组合成一个纯粹形式，并以日常环境而真实存在。它不是布景，很少雕琢与修饰，是乡村生产、生活的原生态展示。西方的风景油画、东方的山水画和田园诗，都充分展示了这种田园牧歌式的场景。可见，这种大尺度、单一的田园风景具有"如画性"审美欣赏的传统。绘画、诗歌、音乐在乡村风景的表达上不可分离，形成一个系列化的有机整体，共同反映了自在、自由的意境和心境。中国文人始终保持着自然审美的优秀传统，庄子《逍遥游》中的"天地有大美而不言"，孔子的"仁者乐山、智者乐水"都是大家所熟知的。如果要讲田园诗，首推陶渊明的《归田园居》五首，这五首诗集中反映了中国田园诗的审美价值。"方宅十余亩，草屋八九间。榆柳荫后檐，桃李罗堂前"写尽了乡村聚落人与自然相互交融的空间布局特征；"户庭无尘杂，虚室有余闲；久在樊笼里，复得返自然"是对农家居住生活的生动描述和体会；"种豆南山下，草盛豆苗稀。晨兴理荒秽，戴月荷锄归"则是对乡村劳作状态的真实写照；"一世弃朝市，此语真不虚。人生似幻化，终当归空无"是古今多少文人、闲人的感叹！当然，为大家熟知的还有《饮酒》的"结庐在人境，而无车马喧"和"采菊东篱下，悠然见南山"。在交通通信网络发达的现代社会，在都市景观占主导的今天，世人也只能在保存不多的乡村景观的"只言片语"中去体会、去印证古代文人墨客笔下的"诗情画意"。

其次，精致、细腻的村庄聚落的内部构造，是集中展示和谐人居的典范。自然宜人的公共空间环境、整体有机的建筑群体空间组合、巡礼有序的房屋建筑秩序，具体到住宅间的相互关系、建筑滨水处理、驳岸形式、河埠码头设置、房舍排水、庭院绿化、生活废弃物的处置、路面及建筑用材等，整个物质环境都深深扎根于本土的地理环境和文化氛围。这种审美充满了地域感、民俗感、场所感和礼序感，是人地关系、人与人之间关系高度和谐的产物。

最后，在现代社会中依然保持着"生产、生活、生态"功能真实相融、有机结合的图景。这里包含了两重意思。在乡村景观中，同时包含着生产、生活、生态三项基本功能，居住的村落、生产的农田林地、绿化水系环境，它们相互交融、共构一体。这大大区别于以"功能分区"和"景观同质"为表征的现代都市景观，着重强调了人与自然的和谐共生秩序。这些功能是真实存在的，是人类生存的需求，绝没有布置的味道，它原生态地展示了乡村人居生态和农业生产的场景，这与"趋同化"但又"标新立异"的内在矛盾的都市景观审美，有着本质的区别。

三、古代乡村景观美学思想

中国自古是一个农业社会，在前工业社会，中国的产业经济主要有农耕与游牧两种类型。其中，农耕又占据主体位置，这就形成了中国古代以乡村为中心的景观图景，而在乡村生产与生活方式的基础上，也逐渐形成了乡村景观的美学思想，它们以中国传统文化中的儒、道、释为根基，全面渗透在诗歌、绘画、园林、建筑等领域，对中国乡村景观的构建起着重要作用。

溯源旧石器与新石器时代，人们对自然世界充满未知，渴望征服自然，其后，先秦的"五行"观念盛行，这是典型的自然主义哲学，表达了先民对自然本体的探究，而"金、木、水、火、土"五种元素，不仅为中国古代的乡村提供了居住之所，还为他们赋予了生活之所需的良田和各类器物，如中国古代木建筑和夯土建筑，北方的旱地和南方的圩田，青铜器、玉器和陶瓷器等装饰与实用物体。这种对生活世界的构建无疑源自对自然的不断认知，也是现代观看古代乡村景观的一种方式。

随后，在宗法社会的形成与帝国的长期统治下，儒、道、释等各家思想开始兴起，乡村景观的美学思想也进一步得到发展。首先，以孔子为代表的儒家思想。儒家思想以"仁"为宗旨，倡导"仁者乐山，智者乐水"，将仁智之乐视为极高的追求，因此山水在此成为儒家审美的对象。儒家强调"入世"，"知其不可而为之"，但命运多舛，人生未免有穷困不得志的时候，因此远在"江湖"的乡村便成为儒家审美观照的对象。孔子曾在失落时喟叹"道不行，乘桴浮于海"，还表达了对"点之乐"的向往："冠者五六人，童子六七人，浴乎沂，风乎舞雩，咏而归"。此处叙述的"点之乐"恰恰是乡村生活的景观再现，表达了对大自然的由衷热爱，在魏晋时期的田园诗和后世的山水画中，儒家推崇自然的审美意志表现得尤其明显。

但儒家对自然的态度并非积极的浪漫主义，他们更多地将自然赋予了政治化和道德化的含义，因而导致了其对乡村景观的兴叹也多出于托物言志的目的，如《诗经》中对自然的描绘和赞叹多源自对政治的譬喻。儒家提出，因人们精神品质的不同，其对自然山水的审美态度也不同，人们之所以热爱自然山水，是因为它具有和人的精神品质相似的结构特点。孔子即以人的伦理道德去观看自然现象，把自然现象中的山、水、松等看成人的精神品质的象征。因而，在古代乡村景观中，山水是儒家兴成教化的对象，植物景观中的"四君子""岁寒三友"也是一种道德的拟人化表现，这种自然景观为人和周边的环境建立了普遍的联系，在以伦理道德为基石的儒家美学思想中，人们栖居于大自然中，遵循着人与自然和谐相处之道，此处的审美之"道"主要基于对政治和伦理的探讨，表达了对社会规范和秩序的追求，以及对于人、自然和社会之间的关系的探索，这是儒家思想对古代乡村景观的营造。

其次，庄禅思想在中国古代乡村景观中的也有表现。道家美学思想是中国古代美学中最重要的一支，闻一多先生曾指出："中国艺术精神出自道家。"老庄思想的核心即对"道"的阐释——何为"道"。老子说：

"道生一,一生二,二生三,三生万物。万物负阴而抱阳，冲气以为和。"由此可见，"道"是宇宙运行和万物生长的规律，而根据"道"这一根本，"气""有""无""自然"等概念由此衍生，进一步阐释了自然、社会与人的关系，如"人法地，地法天，天法道，道法自然"，它逐一阐明了人与自然的逻辑关系。在老子哲学中，"道"是万物创生与发展的根本；庄子据此进一步强调了"自然"的本真性价值，主张审美自由，回归自然。所以，庄子美学中"虚静""自然"的美学宗旨为古代乡村景观提供了一幅理想的蓝图。老庄美学主张返璞归真、回归自然的审美精神，在唐宋禅学兴起以后，进一步发展成禅宗美学。

禅宗美学是中国传统美学的另一个重要组成部分，与儒、道美学相比，禅宗美学的特色更加鲜明。禅宗以人的"心"作为核心，通过心的直觉与感悟解放精神，从而达到绝对的人身自由。《六祖坛经》记载，慧能在法性寺见两和尚，论风动还是幡动，正争论不休，慧能却一语道破"不是风动，不是幡动，仁者心动"。禅宗美学对中国古人的审美态度有着深刻的影响。禅境即为心境，禅宗哲学推崇"空"，追求"空山无人，水流花开"的意境，与庄子美学中"虚静"的自然主义审美观不无相同之处，因此人们提起上古时代田园牧歌式的乡村生活，无不提及庄禅思想的影响，这显然与两者对"天人合一"的自然主义审美态度密切相关。

在中国古代，儒、道、释思想中的美学观均以不同方式表达出"天人合一"的理念，也共同抒发了对自然世界的热爱。在以农业和乡村为主体构建的中国古代，这些审美思想尤需重视，它向人们解释了各类乡村景观的历史缘起，更以具体形式反映出绘画、园林、风水、建筑及诗歌的创作之道。

四、西方成功的乡村景观美学思想

彼得·梅尔笔下的普罗旺斯温暖而美丽，勤劳快乐的当地村民带领着游客品尝四季天然的食物，享受悠然自在的山居生活。浓郁的地域风情，趣意盎然的生活细节，处处体现出法国普通民众的审美趣味。类似的还有玛琳娜·布雷西笔下的意大利托斯卡纳，艳丽而风情万种；詹姆斯·本特利描绘的英国乡村，更是被视作一个国度的灵魂。遍访这些田园圣地，带给我们无限的惊喜。因此，我们只有了解它们成功的内在原因，才能有所借鉴和参考，并用于我们的乡村建设中。英国的乡村在世界颇负盛名，那么它美在哪里呢？

林语堂先生曾说过："世界大同的理想生活就是住在英国的乡村。"毫无疑问，英国乡村是全世界"最肥沃的田地、最美丽的园林"之一。

乡村与城市的不同主要在于劳动生产方式的差异及由此带来的不同的景观形态。英国的乡村景观形态是由连续的丘陵、林带、麦田等地理和自然元素形成统一的画面。在这统一的画面之中，尖顶的教堂、朴素的住房形成竖向上高低错落的天际线；田间砂石铺就的小路、整齐的麦垛与牧草堆，灌溉用的水渠与横架的石桥形成横向延展的平面空间场景；到处奔跑的羊群、牛群，甚至路边现代化的割草机与灌溉设施等都形成了乡村这一大块画布上的一处处亮点。这些元素共同组成了乡村景观，这就是英国乡村所具有的自然风景园林的魅力。

由上述这些优美的乡村景观形态所产生出的英国乡村景观的价值：乡村所独有的自然和历史带来文化方面的价值。由文化价值带来了社会身份的认同和社会价值，由社会价值带来了经济价值，如吸引商业和旅游业的发展。此外，它不仅为人类的生活，还为野生动植物提供了栖息和生存的场所，这是它的环境价值。

为了保护乡村风貌。英国政府规定了许多法律条文。特别是1949年，英国政府颁布了《国家公园和享用乡村法》（*National Parks and Access to the Country side Act*），把保护乡村历史和景观写入法律条文，并设立了国家公园委员会，其主要职能有指定国家公园，为国家公园的运营和维护提供设施保障；指定地方自然风景区；协助地方当局，为国家公园和自然风景区提供意见；保护乡村景观，维护国家公园和地方自然风景区的风貌和特色等。

五、我国乡村民众的审美观念和意识需要引导

今天乡村的卫生条件比以前改善了许多，马路也比以前平整了很多，楼房更是比以前多了很多，但"采菊东篱下，悠然见南山"的诗意美感却一天天减少。被规划得整齐划一的宅基地上，如春笋般破土而出的是各种模仿欧陆风情的"小洋房"，铺着地砖的小院紧邻着水泥马路，分配到各家的田地却已超出了便于耕种的距离，院前屋后寥寥落落只有一些老年人，这就是中国当前乡村的典型现状。过去中国千姿百态、熙熙攘攘的古村落，而今正在走向消亡。

总而言之，城市化进程和城乡二元割裂的格局对中国乡村的冲击，导致乡村人口减少、劳动力流失、土地集中化，使乡村失去了原有的生机和活

力；商品经济的价值导向更给乡村带来人情的疏离、文化的淡漠，以及价值观的错位。上述各种问题，最终导致了乡村民众缺少对"美"的主动感知与理解，或因价值认同的错位导致审美上的错位。因此，在建设"美丽乡村"的大背景下，要建设"有审美的乡村"，意味着更多地强调民众对审美的主动参与，以及建设者、设计者对审美趣味的良性引导。无论是在中国，还是在外国，乡村始终是人类的精神家园，李泽厚在《美的历程》一书中写到："美作为感性与理性、形式与内容、真与善的统一，与人性一样，是人类历史的伟大成果。"由此，建设"有审美的乡村"，强调关注人性，关注自下而上的参与，关注实际需求，关注文化传承，而非流于"美丽"的形式与口号。冯骥才先生说过，"最好的保护就是合理的利用"。对此，他指出"一要发展生产，二要改善生活"。诗人席慕蓉说："生命的丰饶与深厚，其实是奠立在审美的基础之上。"提倡审美，引导审美，必将成为乡村建设美丽田园景观所努力的方向。中国的自然田园景观是非常优美的，乡村建设最需要做的是清理工作。首先，分出建筑质量好、中、差三个等级，好的可以保留，不好的或者坏的可以改建，差的拆掉重建；其次，清理杂乱的空间，拆掉违章搭建，梳理掉杂草和灌木，适当修剪乔木，并在房前屋后铺设一些草坪或地被植物，整体建筑景观的风格与效果保持干净、整洁、舒适。

另外，关于乡村新老住宅建筑的问题。乡村很多新建筑是 20 世纪八九十年代修建的，一般的造型为两层欧式小楼，贴瓷砖，做花瓶栏杆，既缺乏乡村风情，又不是纯正的欧式，不土不洋，不中不西，不伦不类。而且同一个乡村的建筑形式多数大同小异，应该是乡村的一些工匠师傅拿着几套相似的图纸修建而成的。整体而言，乡村在建筑、景观方面缺乏审美而造成了当前的乡村给人的感觉比较杂乱。所以，针对这种现状，设计师需要做整理的工作，让乡村把美的一面展示出来，把乱的一面修改掉。农民自建房也需要有好的设计，不能再建造那种不美的欧式小洋楼了。对比那些乡村里的新建筑，乡村还有很多老建筑，它们年代越久远，反而越美越耐看。此外，乡村的老建筑中还隐藏着一些未被发现的历史保护建筑，如有些贫困的乡村有许多荒废了近百年的老宅或祠堂，杂草丛生，无人看管，建筑变成残垣断壁，十分可惜。如果乡村行政部门尽早发现、记录，进行保护与修缮工作，这些老房子都能重新焕发光彩，成为非常耀眼的新建筑。

"种田人羡慕读书人，读书人则羡慕种田人。"人们常常不满足自己当下所处的境遇，而更向往他人所在的环境，这种"距离产生美、新奇产生美"的审美倾向是客观存在的，也从某个视角展示了审美同实际人生的区别。从这个角度看"多村景观受重视"的现象，也就能够理解了。过惯了都市生活的城里人、那些曾经有过多村生活经历的人们，无论是新奇、是回味、是复归，总而言之，就是因为这种"距离感"，才表现出了极大的追逐热情。其实，这里的"距离"同空间尺度相关并不大，人们真正热衷的是城乡景观上的那种"差异性"。

当前人们关注乡村，很大程度上来源物质上的稀缺性导致的经济价值的提升，尤其是城镇密集地区的各级政府显得更加积极。如果站在这个视角上讲价值，经济价值（利益驱动）会在一定程度上掩盖了审美的目标。很多时候乡村景观特有的生态的、文化的、视觉艺术的美学价值，其真实性往往会被经济概念偷换，成了"绅士化"的"私人藏品"，或可以称为"与都市景观相差异"的"乡土摆设"，从而失去了真实存在的生命力。在这一点上，著名美学家朱光潜先生是有精辟论断的。他讲美，立足于"科学的态度、实用的态度、美感的态度"，即"真、善、美"。实用的最高目标是"善"，科学的最高目标是"真"，美感的最高目标是"美"。就实用和科学而言，"美"似乎毫无用处，但这恰恰是人类社会追求的最高层次——灵魂的追求。同时，朱老一再强调"美"无法脱离"真""善"而存在。但现在不少打着新农村建设的旗号，轰轰烈烈的乡村景观建设，恰恰在很大程度上拖离了"实用"和"科学"在谈"美感"。很多规划主体不明、方向不明、措施不明，仔细读来充满了矫揉造作、拿腔作势的味道，是不能长久的。

当然，艺术的审美必然是主观的，它就是来弥补现实生活的不足之处。艺术如果仅仅是最大限度地模拟人生、模拟自然，既然我们就是人生、就是自然，还要求艺术的审美干什么？乡村景观的审美就存在这个问题。但是讨论这个话题，主张以"有为"来建设多村景观，千万不能忘了中国目前仍然是个农业大国、乡村大国的基本背景，不能忘了我们的制度环境中以"运动方式"推动各项事业发展的文化习惯。

第三节　美好乡村建设

2018年是中国全域旅游年，乡村旅游在全域旅游发展的背景下，获得了新的发展契机。党的十九大期间，中央提出了要建设美丽中国的新理念。美丽乡村的建设和美丽中国目标的实现，都需要乡村旅游在其中展现强大的生命力。

一、美好乡村的内涵

第一，农村公共事业加快发展，初步实现了城乡基本公共服务的均等化。现代农业产业体系基本形成，农业产业化水平大幅提升，农民就业创业空间不断拓展，从而使收入水平大幅提高。

第二，村庄规划科学合理，农民住房实用美观，中心村道路、给排水和电力电信网络等基础设施配套的完善，村容村貌整洁有序，垃圾污水得到有效处理，人居环境明显优化，自然生态保护良好。

第三，兴业富民是美好乡村建设的核心，这关系到生活品质的提升与农民收入的增加。

文明和谐是美好乡村活力所在与建设的追求，同时关系着农村社会的安全稳定。文明和谐乡风美，得益丁村民自治机制不断完善村规民约基本健全，使农民精神风貌积极向上，乡村特色文化得到传承发展，生活方式文明健康，社会保持和谐稳定。

第四，美丽乡村建设包含两大关键词：生态文明和社会主义新农村建设。党的十八大报告提出，要大力推进生态文明建设，努力建设美丽中国，实现中华民族永续发展。

第五，美丽乡村是社会主义新农村建设的升级版，是社会主义新农村建设的一个有效载体。为建设美丽乡村，要求达到"规划科学布局美、村庄整治环境美、创业增收生活美、乡风文明素质美"等"四个美"。发展乡村旅游是推进美丽乡村建设的有效途径。

二、乡村旅游与美丽乡村建设的关系

乡村旅游有利于促进农业产业化发展。乡村旅游能够有效地促进当地农业的产业化经营，延伸产业链，带动农副产品和手工艺品加工、交通运输、房地产等相关产业的发展。

乡村旅游有利于促进农村生产发展和农民生活富裕。乡村旅游使许多农民成为旅游从业者，一批农民老板、农民总经理应运而生，直接增加了农民收入。农民可以通过打零工、办旅馆、摆小摊、开餐馆、加工纪念品等方式增收，还可以通过参与乡村旅游项目的入股分红增收。

乡村旅游有利于促进农民素质的提高和乡风文明水平的提升。乡村旅游把城市的许多新信息、新理念带到农村，对农民素质和乡风民俗具有潜移默化的影响，使学文化、学技术成为一些农民的自觉行动，许多村民学习普通话、外语和电脑，全面提升了农民素质。农民通过学习掌握了知识技术，更好地促进乡村旅游发展。

乡村旅游有利于促进环境保护和可持续发展。发展乡村旅游的农村乡镇通过开发和保护旅游资源，使广大农民有了很强的环保意识，促进了当地环境资源、生态资源和文化资源的保护，增强了农村地区的可持续发展能力。

三、美丽乡村建设的重要意义

美丽乡村建设是一事一议财政奖补政策的转型升级。一事一议财政奖补成为解决农村公益事业建设的新抓手，必须根据中央十八届三中全会精神和形势发展的需要，将美丽乡村建设作为今后一事一议财政奖补政策的主攻方向，加大对有产业支撑、适宜认可集聚的传统村落和新型农村社区的投入力度，整治农村综合环境，建设文化墙面，优化农村社会管理，加快建设"村庄秀美、环境优美、生活甜美、社会和美"的美好家园。美丽乡村建设是社会主义新农村建设的延续和深化。党的十八大第一次提出了"美丽中国"的概念，强调必须树立尊重自然、顺应自然、保护自然的生态文明理念，勾画出包括生态文明建设在内的"五位一体"中国特色社会主义建设总布局。美丽乡村建设既秉承和发展了新农村建设"生产发展、生活宽裕、村容整洁、乡风文明、管理民主"的宗旨思路，延续和完善了相关的方针政策，又丰富和充实了其内涵实质，集中体现在尊重和把握其内在发展规律，生态环境资源的有效利用、人与自然和谐相处、农业发展方式转变、农业功能多样性发展、农村可持续发展，以及更加关注保护和传承农业文明。

四、美丽乡村建设需处理好几个关系

（一）处理好政府资金与社会资金的关系

美丽乡村建设涵盖了农村生活、生产、生态等各方面的内容，运用一事一议财政奖补政策平台推动美丽乡村建设，要按照城镇化的要求，在坚持以人为本、尊重农民主体地位的前提下，发挥市场在资源配置中的决定性作用，以财政奖补资金为引导，鼓励吸引银行信贷、工商资本、民间资本与社会力量等多渠道解决美丽乡村建设资金投入问题。坚决反对政府单纯依靠财政资金打造"盆景"，用面子工程包装美丽乡村，否则既无法复制推广，更不可持续。

（二）处理好政府规划引导和农民主体地位的关系

政府在美丽乡村建设中的主要作用是给资金、搞服务、编规划和建机制。政府规划不能代替村民议事。要探索建立专家论证、政府引导、村民民主议事和上下结合的美丽乡村建设决策机制。农民群众是村级公益事业建设的主人，也是美丽乡村建设的主人。村内事村民议、村民定、村民建、村民管。政府通过民主议事、公开公示等形式将项目建设的参与权、知情权、监督权、决策权及评判权直接交给农民，打破过去政府主导项目建设与自上而下决策的旧模式。

（三）处理好政府财政奖补与农民筹资筹劳的关系

要研究政府财政奖补与农民筹资筹劳的量化关系，有条件的地方要努力提高财政奖补比例，尽可能减轻农民负担，防止违背农民意愿，以一事一议的名义加重农民负担。筹资筹劳体现农民的责任与主人翁意识，政府财政奖补是建立在农民自愿筹资筹劳基础上的，应坚持先筹后补，不筹不补。

五、美丽乡村建设是推进生态文明的战略举措

（一）重组村庄

全面提升村庄整治和农房建设改造的水平，努力打造宜居宜业宜游的发展环境。村庄重组是农村地区城镇化的重要手段，也是土地资源集约利用的必然选择。现行村落集聚度不强，布局零乱；人均用地规模大，配套设施不完善，建筑容积率低。要采用拆迁新建、旧村整治、改造提升及特色保护四种模式，从而建设一批村容村貌整洁、乡村文化繁荣、生态环境优美、产业特色鲜明、可憩可游、宜商宜居的示范村庄。要向农民免费提供经济安全适用、节地节能节材的住宅设计图样，帮助村民妥善解决住宅与畜禽圈舍混杂问题；扶持建设农村环保设施，开展垃圾处理、污水治理、卫生改厕、村道硬化等项目建设，绿化美化村庄，改善乡村环境。

（二）示范带动规划

美好乡村建设是一个系统工程，涉及政治、文化、社会、经济及生态五个方面，必须协同推进，统筹兼顾。同时，美好乡村建设是调节配置资源与空间布局的重要手段。一定要坚持循序渐进、因地制宜、协调发展和统筹兼顾的基本原则。除此之外，还要根据区域明显的差异特征，综合考虑文化、经济和地理的发展水平与城乡关系等因素，充分考虑农民的生产、生活和居住方式的要求，考虑产业发展和人口变动等因素，合理确定中心村的规模和位置及保留自然村的数量；统筹规划基础设施，尊重乡风民俗，保护传统建筑，保护耕地和自然资源，体现文化内涵。美好乡村建设是一项长期的工作，不仅要循序渐进、因地制宜，还要量力而行，积极主动与分期实施。通过一定的示范，检验工作思路的准确度，从而带动建设工作的全面展开。

（三）要因地制宜

要坚持从实际出发，注重历史文化的传承和保护，体现各自特色，立足于更加方便农民的生产和生活，更有利于农村人居环境的改善，科学选择适合本地特点的建设模式。保护古街巷、祠堂、古民居及牌坊等历史遗存，同

时保持山体水系、古树名木等自然地貌，传承乡土文化。合理利用地形，体现乡土风貌，保持田园风光。农村地域广阔，各地在人口规模、民俗文化、自然条件及发展基础等方面存在较大差异，这就决定了美好乡村建设必须因地制宜，与彰显文化内涵相结合。挖掘历史文化内涵，以古村落保护和历史文化名村创建为切入点，不断提高美好乡村建设的文化品位和人文内涵。

（四）发挥主体的作用

开展美好家庭、十星级文明户评选活动，提升农民文明素养，倡导健康向上的精神文化生活，从而形成文明的新风尚。农民是美好乡村建设的主体。要尊重农民群众的意志，发挥他们在美好乡村建设中的力量，注重调动农民的积极性、创造性与主动性。以村庄为单元，民主推荐有威望、有能力、公道正派的村民组建村民理事会，按照民主决策、民主监督、民主管理及自主建设的方式确定建设项目和内容，把村庄规划、土地流转及环境整治等主动权交还农民。

（五）加大资金的投入

要在公共财政中安排一定额度的专项资金，发挥财政资金的引导作用，探索建立多层次、多元化及多渠道的投融资机制，从而鼓励社会资本以多种形式参与美好乡村建设。美好乡村建设，特别是基础设施建设具有普惠性特征与显著的公共性，这就是政府的责任所在。

（六）加强基础的建设

配套建设农民文化活动中心、医疗点、便民商业网点和公共服务中心等公共服务设施，以提升道路改造、给排水建设和垃圾集中处理等基础设施为重点，实现乡镇综合文化站、农家书屋、农民体育健身工程全覆盖，形成整齐、集中、方便和舒适的农村新型社区，从而让公共服务覆盖广大农村。

（七）充分发挥党组织战斗堡垒作用

充分发挥基层党组织的领导核心作用，推进民主乡村和法治乡村建设。不断改进农村基层党组织的领导方式，提高领导能力。创新农村党建载体，加强新型经济组织的党建工作，扩大党组织的覆盖面，强化组织功能，增强组织活力；

规范工作机制，提高两委班子和谐度，实现决策民主化、程序化、科学化；完善构建由村级党组织、集体经济组织、村民自治组织和主要负责人共同执行的组织架构，夯实基层基础，加强党风廉政建设，建立依靠农民群众的动力机制。

六、全域旅游助推下乡村旅游发展现状

美丽乡村建设是一项系统工程，涉及方方面面，需要各部门间的密切配合和社会各方力量的大力支持。当前，乡村旅游在高速发展的同时日渐出现了一些问题，这些问题主要体现在乡村旅游缺乏规划性指导、产品单一、产业缺乏活力、资金引入难度大及营销理念落后等方面。由于部门之间各自为政，所涉及的农村建设项目没有统筹考虑，有些政策还互相"撞车"的问题，美丽乡村建设得不到统筹推进。乡村旅游发展需要获得新的机会，乡村旅游的发展及成功也是全域旅游最终实现的基础条件之一。

（一）乡村旅游产业不断拓宽

2015 年至今，乡村旅游产业在全域旅游的助推下不断拓展，不再局限于简单的观光、游览、休闲及简单的乡村活动，而是向多方面、多产业角度扩散。乡村旅游产业在乡村住宿业、特色乡村建设、民俗风情开发、农家乐经营及乡村手工业方面进行拓展，在相关产业不断发展的情况下，乡村旅游解决了剩余劳动就业问题，增加了当地乡村旅游从业者的收入。另外，在乡村网络建设的辅助下，乡村旅游支付手段也与时俱进，与支付宝、微信等第三方平台进行有效合作。乡村旅游在发展传统业务的情况下，当前的科技进步保持密切联系。在业务不断拓展的前提下，游客在乡村旅游的旅游体验感不断增强。

（二）乡村旅游体现出对游客满意度重视的苗头

全域旅游背景下游客对旅游品质具有较高的要求，更加注重在旅游过程中的舒适性、自主性、参与性。乡村旅游也注意到游客对旅游产品品质的要求，对游客满意度表现出较高的重视。吸引游客到乡村地区旅游，体验乡村旅游产品是乡村旅游发展的目标之一，并且只有在满足游客的需求、提高游客满意度之后，游客才会成为此乡村旅游产品的回头客，乡村旅游才会在此过程中获得丰厚的回报。

（三）乡村旅游展现出品牌建设的思想

品牌是一种标识，是可以让顾客瞬间辨别的铭牌。品牌创建不是简单的事情，乡村旅游产业要想发展壮大，必须创建自身的品牌知名度，否则会很容易沦落为不宜识别的产品，而得不到游客的青睐。中国拥有广大的乡村地区，南北、东西乡村风俗存在差异，不同地区的乡村旅游产业在构建本地区的铭牌时，要找准自身的核心竞争力，创建与众不同的乡村旅游品牌。在全域旅游的契机下，乡村旅游展现出良好的品牌建设思想。

（四）乡村旅游产品开发逐渐重视高质量体验和参与

全域旅游中的游客是依赖度小、相对成熟的旅游者，部分还拥有丰富的旅游经验、对旅游产品的认识深刻。乡村旅游产品在开发过程中仅仅依靠简单的参与和体验是不够的。乡村旅游开发要逐渐重视到游客的变化，旅游产品的设计也需要不断更新，引入新的技术手段，创新产品的内容、内涵，开发出高质量的、参与度高的、体验性强的产品。

七、全域旅游助推下乡村旅游发展和美好乡村建设中存在的问题

（一）乡村旅游发展中存在的问题

1.缺乏顶层设计，乡村旅游规划的观念不强

旅游业属于第三产业，乡村旅游是旅游业众多发展方向中的一个。我国的乡村旅游由于早期发展速度较慢，相关政府部门在做规划设计时的观念落后，导致乡村旅游在早期的发展不尽人意。随着旅游业的快速发展，乡村旅游越来越展现出其强劲的生命力。在解决城乡发展不平衡方面，乡村旅游具有重要作用。但是在建设美丽中国的目标下，由于对乡村旅游的发展缺乏规范化的顶层设计，乡村旅游也展现出了发展不足的问题。

2.乡村旅游出现两极分化现象

乡村旅游的两极分化主要体现在旅游资源的分布方面。在我国，旅游资源分布极其不均衡。在一些旅游资源相对丰富的地区，旅游业本身开展就早，早已总结了一套适合本地发展的模式，如安吉、婺源等地区，这些地区在全域旅游背景下，借助优越资源，发展速度将会更快。但是，有一部分地

方由于旅游资源相对贫乏，在连点成线到面方面，发展后劲目前较差。比如，河南省濮阳市台前县打渔陈镇，虽然在全域旅游的推动下，乡村旅游已现苗头，但是多数深陷其中的经营者尚未意识到问题所在，更由于理论知识缺乏，在乡村旅游方面的发展还有很长一段路要走。因此，全域旅游背景下，乡村旅游呈现出两极分化现象。

3. 乡村旅游体现产品同质化现象

旅游产品是指通过旅游吸引物吸引游客的各种现实的和潜在的综合类产品。旅游产品在旅游业界是比较容易被模仿、抄袭的。乡村旅游产品在开发时一般涉及的面较广，在产品保护方面的措施相对较少，因此比较容易被模仿。由于乡村旅游的从业者部分素质较低，在开发产品的过程中容易蜂拥而上，导致产品同质化严重。在产品同质化的背景下，游客的旅游体验感将会降低，不利于乡村旅游的长远发展。

4. 乡村旅游展现出对人才的需求现象

乡村旅游快速发展，表现出对人才的迫切需求。乡村旅游从业人员需要不断提高自身关于旅游业的相关知识（经营管理、服务理念、服务意识、品牌意识、产品开发等），提高自身的综合素养，满足乡村旅游对人才的需求。同时，乡村旅游企业可以去各地高校相关专业引进人才，让年轻、有活力的人力资源进入乡村旅游发展中，促进乡村旅游业的发展。

5. 乡村旅游对市场认识不足

乡村旅游产业在发展过程中对旅游市场预估不够充分。在全域旅游推动下，乡村旅游业随时随地都有可能接触到游客，如何在淡季到来时为大批游客提供服务，这需要乡村旅游业对市场有充分的了解。乡村旅游不是脱离旅游业、脱离社会而存在的，市场对其是否接受是其能否长期开展下去的前提条件之一。

（二）美好乡村建设中存在的问题

1. 村庄整治过程中未能很好地保护古村古建筑

村庄整治以农办和建设部门为主，按照建设部门的政策要求，农村建房必须"拆老屋、建新屋"，一户只允许有一处住宅。因此，很大一批有历史价值的古建筑被拆除，取而代之的是一幢幢拔地而起的水泥楼房，即使目前尚存的为数不多的老房子，也掩盖在了钢筋水泥的包围圈中。有些村庄因人口稀少或地处偏僻，向中心村、中心镇进行整体搬迁，更是造成全村拆除的后果。

2.新村环境整治过程中未能很好地考虑旅游元素

村庄环境整治、小流域治理、新村建设规划等项目建设没有考虑到旅游元素，尤其是一些旅游资源比较丰富的村镇，等想到旅游再去建设补充，就会造成投资浪费。

3.城乡一体化推进过程中未能很好地保留农村原有韵味

统筹城乡发展，推进城乡一体化是新农村建设的方向。但在推进过程中，不能搞千篇一律。目前，各村庄改造没有很好地体现本地文化特色，建筑风格大同小异，"走过一村又一村，村村像城镇；走过一镇又一镇，镇镇像农村"的现象还没有根本扭转。此外，在统筹发展中，城市的资金、信息向农村流动，基础设施等公共服务向农村覆盖，乡村旅游带来的商业气息使农村原有的"农韵"逐渐消失，如很多"农家乐"办得像城市酒店，还专门聘请厨师掌勺，农家菜成了点缀。

八、全域旅游优化乡村旅游发展和美好乡村建设路径研究

（一）全域旅游优化乡村旅游发展路径研究

1.研究深化

未来五年内，全域旅游的研究仍会保持较好的热度，在研究充分的背景下，乡村旅游研究也会继续向前推进。乡村旅游在全域旅游的推动下，从理论到实践都将展现新的活力，进一步完善乡村旅游理论研究，为世界旅游业的发展贡献力量。

2.政策完备

第一，完善民间资金进入政策与法规。相关部门和单位积极出台相应的资金进入和退出方案，为乡村旅游的融资打开渠道。

第二，完善乡村旅游发展优惠鼓励政策。乡村旅游涉及发展地的居民和企业较多，完善优惠鼓励政策，可以提高人们主动参与的积极性。

第三，完善带动农民脱贫致富方面的政策、法规。

3.人才供给

乡村旅游发展需要强有力的人力支撑，社会各界力量（企业、高校、当地居民等）在专业的乡村旅游人才供给方面发挥了积极的作用，保证乡村旅游的人才供给。

4.产业升级

乡村旅游的发展已形成了许多成熟的模式。在新的环境下，旧的模式也需要更新升级。乡村旅游在新时期担负着农民脱贫致富的任务。全域旅游涉及方方面面，在拓展乡村旅游产业宽度和深度方面，乡村旅游产业升级也是必然的。

5.顾客导向

旅游者是旅游产品的消费者，乡村旅游产品在对外推介时也需要旅游者的配合。在乡村旅游发展过程中，以顾客为导向可促使乡村旅游持续发展，确保乡村旅游在发展过程中多方获益。

（二）全域旅游下美丽乡村建设路径研究

旅游具有"兴一业，旺百业"的作用，发展乡村旅游是推进美丽乡村建设的有效途径。因此，在建设美丽乡村的过程中，有条件的村镇要把发展乡村旅游放到更加突出的位置，在发展乡村旅游、增加经济收入的同时，美丽乡村建设得以同步推进。

1.突出地域特色，体现差异性和多元化

乡村之美固然在于乡村优美的自然风光和田园野趣，但是如果千村一面，则会使乡村缺乏生机和活力，容易引起审美疲劳。因此，美丽乡村建设必须因地制宜，尊重自然和生态，培育地域特色和个性之美。对旅游资源较丰富的地区，可以把一个市当作一个大景区来规划，把一个镇当作一个功能区块来建设，把一个村当作一个景点来设计，把一户农家当作一个小品来改造……要善于挖掘整合当地的生态资源与人文资源，挖掘利用当地的历史古迹、传统习俗、风土人情，给乡村建设注入人文内涵，展现独特的魅力，既展现和提升乡村的文化品位，又让绵延的地方历史文脉得以有效传承。此外，还可以从产业发展、景观改造等方面入手，实现"一村一景""一村一品"，充分彰显乡村的特色和韵味。

2.加大资金投入，做好各渠道项目建设的整合

建设美丽乡村需要大量资金投入，发展乡村旅游前期的基础设施投入同样需要资金投入。两者在资金投入时，尤其是基础设施投入上可以共享。整合支农政策和项目，主动做好项目衔接，积极争取上级立项支持。

3.突出农民主体，注重调动农民建设积极性

要尊重农民的主体地位，通过教育、宣传、培训来强化农民的主体意识，充分激发农民群众的主动性、创造性，实行民主决策、民主管理，促使他们自觉地投身到"中国美丽乡村"行动中来。要做好引导，通过让农民得到实惠，从内心来激发农民共建美丽乡村的主动性。

4.强化记忆乡愁，让美丽乡愁成为品牌塑造的标签

"乡愁"是忧伤的，也是温暖的；是怀旧的，也是美丽的。"乡愁"是乡村旅游最重要的文化体验，没有文化的旅游是没有灵魂的。乡村旅游品牌的塑造来源于特色"乡愁"的挖掘。只有这样才能从"低、散、小"，走向"新、聚、大"，才能从产品创新走向业态多元，进而实现产业融合。

第四节 乡村旅游可持续发展

基于对人类生存环境日益恶化的关注，引出可持续发展概念。具有里程碑意义的《人类环境宣言》《我们共同的未来》《关于环境与发展的里约宣言》和《21世纪议程》阐明了人类可持续发展问题的重要性。世界旅游组织对旅游可持续发展给出的定义是，在旅游开发中，最佳地利用环境中的各种主要因素，维持必要的生态过程，帮助保护自然遗产和生物多样性；尊重当地社区社会文化的真实性，保护他们的建筑和现存文化遗产，理解和容忍不同文化间的差异；确定可行、长期的经济运行方式，使投资者公正地获得利益，包括当地社区获得稳定的雇佣、收益机会和社会服务，减缓贫困。乡村旅游可持续发展的研究基本延续了这一概念，并有进一步的扩展，增加了提高农民生活标准、发挥农民的潜能、享受生命的尊严、保障现在和将来的社会福利等内容。

一、对乡村旅游可持续发展的认识

有研究专门注意到乡村居民对乡村旅游可持续发展的认识。Gon-salves在1987年就注意到旅游活动朝向理性、和谐和完美发展，是（乡村）旅游活动的必然趋势，但通常乡村居民并不直接关心乡村可持续发展。Juanita等于1982年对夏威夷居民进行了抽样调查，发现居民对旅游影响的关心程度依次是高质量的生活、环境保护、经济收益、社会成本、文化收益。类似的研究观点是，一些乡村旅游开发的失败就是因为管理和经营人员缺乏基于可持续发展的培训，不善于开发市场，也缺乏经营市场的技术，更看不到乡

村旅游可持续发展的重要性，而把这种可持续发展看成适合自己的观念、需要、价值和议程。

对乡村旅游可持续发展还有一些其他新的认识。第一，将旅游旺季的过剩需求转移到淡季。其做法是在"过绿色周末"的主题下，开展与当地居民交谈、在自然教室中制定新鲜健康的食谱、在自然优美环境中散步等。第二，鼓励员工增强环保意识，如对一些影响环境的设备进行技术改造，改进废物处理等。第三，小型企业更应该注重环境保护，而不是被动地去做有关工作。第四，将游客管理纳入可持续发展旅游核心管理范畴，其中包括硬性措施（封路、栅栏、划分区域、门票、车辆限制等）和软性措施（以宣传引导，促使全社会形成文明旅游的风气，而不是强制限制他们的行为）等。这两种措施也可以结合起来使用，形成空间和时间上的管理战略。在空间上，扩大游客活动范围（如推销人们还不太熟悉的旅游地），减小局部旅游压力。在时间上，通过价格或节事活动转移旺季压力。第五，乡村旅游开发对农村社区的经济影响不是简单地取其最大旅游数量和最大收入。一些学者研究得出的结论是，乡村旅游开发并不一定是农村社区经济的灵丹妙药，要考虑我们"赢"得了什么？"失去"了什么？第六，农业旅游特别适合乡村旅游可持续发展的原则，它是以农业生产方式贴近娱乐和休闲，与原有的资源并不产生冲突。

在乡村旅游可持续发展的认识中，环境保护是较为一致的研究观点，只是阐述的角度有所不同。1995 年 4 月，联合国教科文组织、联合国环境规划署和世界旅游组织等在西班牙召开了"可持续旅游发展世界会议"，制定了《可持续旅游发展宪章》和《可持续旅游发展行动计划》两个重要文件，提出"可持续旅游发展的实质，就是要求旅游与自然、文化和人类生存环境成为一个整体"。加强管理也是对乡村旅游可持续发展较为一致的认识。Middleton 等研究了有关评估体系，评估信息有助于决策的制定。但也要注意单项规划的评估可能会带来的缺陷，原因是对项目的相互作用或多项目的累积影响欠考虑。在监测方面，Dingle 介绍了在英国普遍采用的环境监察手册（许多乡村委员会已自觉采用）。它包括能源、交通、采购、消耗、健康和当地环境分项监察的办法和指标，这样有利于企业或各级政府方便地自行进行环境监控，并评价旅游容量可接受变化的限度。

除了加强环境保护和管理，有学者还注意到地方政策对特定的区域所产生的影响，强调本地乡村旅游的发展策略应适应现行（国家）政策、文化和经济的处境。有些社区只是考虑怎样把资源的不足与可持续发展相联系，很少从政策和策略上考虑问题。

二、乡村旅游可持续发展策略

为解决乡村旅游可持续发展中的诸多问题，就需要进行有关策略方面的研究。

（一）发挥组织的协调作用

乡村旅游可持续发展是一项浩大的工程，个人所能发挥的作用是微弱的，发挥组织的作用能更好地保持社区经济发展，提高社会和环境的可承受能力。这包括组织充当中介或顾问；将旅游公司作为资本系统运作，协调利益关系；政府鼓励当地私人企业相互合作联网经营，以应对跨国公司的进入；对高消费的分散管理是必要的，从而扩散区域内的市场需求；化解保护论者、社区间、游客需求的矛盾及社区内成员间的矛盾；把旅游发展与社区经济和社会结构发展综合考虑是必要的，既要考虑当地人对资源的所有权和控制权，尊重自然，又要考虑社会资本的效益；在总体规划的指导下，从乡村和区域开发实际情况出发，切实加强城乡、种族、不同区域的合作，以及私营企业和政府各部门的合作。

（二）发挥小规划的作用

虽然乡村旅游可持续发展需要大规划，但小规划也不可缺少。尤其是发展中国家，作为当地完整规划的一部分，规划村庄旅游是困难的，特别是当那里的自然和文化环境较敏感，当地的规划应该有较大的自主权。

（三）加强管理

无论对开发者还是游客，对那种不顾及社会利益、生态利益、公众长久利益的做法要予以管理和控制；对经过仔细审查过的项目，也要筛选谁是新型开发的初期示范者，并要把法律性行为变为自愿行动，把本地性行为变为跨区域性行为，扩大竞争性视野，追求可持续性的观念。这里的管理还有另一层含义，是对已受破坏的生态环境做恢复性工作，如厄瓜多尔通过恢复性植树，保护"云雾中的山林"，并教育附近社区人民保护环境、自然和古迹资源，其中的管理责任人又是旅游（经营）服务责任人的做法值得借鉴。加强管理不仅是政府或社区的事，还是家庭经营户的责任。Carfsen 等对澳大利亚 198 个家庭经营做了调查，其中约半数家庭有可持续发展管理意识并进行了实践，认为这种做法应受到鼓励和推广。

（四）以发展促发展

与强调保护文化的完整性领先于审美需要的观点侧重方向不同的是，可持续发展不是不发展。基于此，Bmmwell 和 Lane 提出了积极地减少游客、旅游业、接待地社区和环境间的冲突，但不是阻碍乡村旅游的发展。根据管理需要，承认有极限地发展也是乡村可持续发展的策略，即社会政策与地理（文化）资源在一个框架内整合，这种策略已经得到成功的运用和广泛的实践研究。其典型做法是加强营销，如澳大利亚利用网络和宣传资料，强化乡村旅游主题销售，吸引潜在游客，提升乡村旅游区域的价值。

（五）加强与土地拥有者的合作

城市以外的土地主要有三种用途：牧场、保护区和郊区发展用地。大量的生态科学调查在大城市开展，但极少关注郊区的变化。环保主义者担心这将会导致适于和人类共生的生物繁荣，同时导致不适于和人类共生的生物数量减少，这将导致生物遗产的减少。传统的保护生物方法是购买土地并将它设为保护区，现在则是和牧场主合作，避免他们的私人用地被开发，这种方法越来越流行。

（六）乡村旅游可持续发展要点

乡村旅游是苏格兰经济的重要组成部分和苏格兰海外形象计划的关键因素。因此，在苏格兰召开了一次有关乡村旅游可持续发展的研讨会，会议得出了以下一些结论。

第一，作为一个研究领域和应用策略，乡村旅游需要有很强的操作性，而不只是在乡村的观光。

第二，乡村旅游者的动机、欲望、爱好、行为和一般的娱乐活动都是为了在农村食住，体验农村生活。

第三，乡村旅游的发展中，乡村旅游企业、乡村再投资、劳动的分配等问题始终与社会经济关系背景下的性别角色有关。

第四，失败率在乡村旅游中的指数趋于上升。这就要求在经营策略上考虑周全，资金投入要少，成功的时间就会缩短。

第五，在世界的很多地方，乡村的物资变化经常与乡村经济的调整有关，这也许暗示了精确的计算可能要由乡村的资源和活动的价值来承担。

第六，旅游者与当地人在角色之间的界限日益模糊。

第七，传统的乡村居民可能会感觉到他们正在失去自己的特性，并且在决策过程中被边缘化。

第八，乡村旅游可持续发展的核心问题是，如何平衡旅游者的愿望和当地居民的需求。

第九，仅有很少的乡村旅游研究考虑了时间的变化。

第十，市场、乡村区域品牌和乡村旅游已经加强了上述活动的自然性。

总之，发展乡村旅游必须走可持续发展之路，这是落实科学发展观的客观要求，也是建设社会主义新农村的必由之路，更是保证乡村旅游健康发展的应有之义。

第六章　乡村振兴战略背景下乡村旅游开发与设计对策

乡村旅游对乡村振兴有极大的作用。发展休闲农业和乡村旅游带动了餐饮住宿、农产品加工、交通运输、建筑和文化等相关产业的发展，农民可以就地就近就业，还能使特色农产品变礼品、特色民俗文化和工艺变商品、特色餐饮变服务产品，增加了经营性收入。民房变民宿，农家庭院变成农家乐园，增加了财产性收入。特别是一些贫困地区，发掘独有的稀缺资源，有效带动农民脱贫致富。那么，如何在乡村振兴战略背景下有效开发和设计乡村旅游呢？这就是本章要研究的问题。

第一节　乡村旅游景点开发与设计

随着城市人口的激增，高楼大厦像森林般拔地而起，充斥着整个城市的有限空间。汽车密布，交通道路拥挤，夜晚街道的霓虹灯，喧闹的不夜城，繁杂、拥挤的城市离人类所亲密的大自然越来越远。人们对现代化城市生活环境越来越感到压抑和厌倦，对远离城市喧嚣的乡村产生了浓厚的兴趣，希望到郊区乡村观光旅游，城市人的生活追求悄然发生了变化，这为发展城郊观光休闲农业提供了无限的市场需求。近几年来，我国观光农业和休闲农业的发展呈上升趋势，农业从第一产业慢慢向第三产业延伸，一些诸如"农家乐"的旅游区相继出现。乡村旅游作为一种景观审美活动，深受城市人喜爱。那么，如何开发乡村景观景点，值得我们探讨和研究。

一、观赏风景区的规划设计

旅游景观的开发一般选择自然山水风景优美且有特色的地方，这些条件对旅游景观开发来说是得天独厚的基本条件。开发方法是以梳理调整为主，突出景观特色，让美景更美。

一般乡村的景观资源有特色民居、自然山川河流、湿地、森林、瀑布等。在具有风景特色的自然条件下进行适当梳理调整，加以人工种植的植物与自然环境相配合，可展现出优质的特色景观。例如，江苏盐城市大丰区的湿地公园如今已是国家级湿地公园。湿地可维持生物的多样性，可降解污染物，同时是很好的自然教育课堂。依赖湿地生存、繁衍的野生动植物极为丰富，其中有许多是珍稀物种、濒危鸟类、候鸟及其他野生动物。湿地在控制洪水、调节水流方面功能显著，在蓄水、调节河川径流、补给地下水和维持区域水平衡中发挥着重要作用，是蓄水防洪的天然"海绵"。工农业生产和人类其他活动及径流等自然过程使农药、工业污染物、有毒物质进入湿地，湿地的生物和化学过程可以使有毒物质降解和转化，使当地和下游区域受益。

乡村可利用的自然条件内容很多。例如，江苏省淮安市洪泽区的洪泽湖堤坝是具有上百年历史的护湖堤坝，虽然堤坝不是纯自然风景，但它具有抗洪防涝的重要功能，是人工造就的伟大工程，它真实地记录了人与自然和谐共处的历史。如今，堤坝两侧绿树成荫，形成了一条很美的自然生态风光带，是人们喜爱的自行车和步行的环保之道。

在有条件的地区开发风景区。比如，在荒凉的废弃地段是否可以考虑开发模仿自然的风景区，当然开发的景观应符合乡村自然风光的风格。结合田园风光特色，也可以利用挖河筑坡的方法，构造自然地形做荷塘与农田，不要做人工化很强的人造风景，更不要随意添加人工建筑，尽可能多用一些自然要素来美化景区。

二、旅游场景场地的环境设计

特定内容人工场景的美化设计也很重要，任何场地只要是提供旅游者参观的环境，都可以进行设计和美化。其目的是提高乡村旅游的观赏价值。无论是什么内容的场地，突出场景的审美特征是首要的，按形式美法则进行装扮是设计的主要手法，如田园农作物的配置与美化、植物配置艺术、农耕艺术，荷塘小景的美化、农庄菜园的美化、养殖业环境的美化、农作物艺术造型、丰收庆典场景、温室采摘观赏等。

乡村旅游场景的美化设计，还需要强调清洁之美。再好的场景设计没有清洁卫生的保证，一切都是徒劳的。乡村的卫生问题一直是不被重视的问题，一是因为受不良生活习惯的影响，二是因为人们认为乡村田地广阔，丢点儿垃圾没关系，意识不到乱丢垃圾的危害，整洁卫生的乡村环境一定会给游客留下非常美的印象。乡村旅游的自然美是以整洁卫生为前提的，整洁卫生的环境会使视觉美感提升，因此在乡村自然环境中无论是什么场景的美化设计，先要保证整洁卫生，再在此基础上进行规划设计才是有效的。

场景的布局是围绕特定环境或主题环境而设计的，一般乡村场景大都以自然材料、自然农作物为主，按照"大调和、小对比"的形式美法则进行合理布局，突出主题，强调视觉美，营造立体空间美。场景设计除了按形式美法则构造，有时也以趣味性来强调造型的视觉冲击力。总之，场景布局的设计以加强观光的最佳效果为目的。例如，提供鱼塘给游客钓鱼，鱼塘周边的景色及钓鱼者的位置都需要设计。鱼塘周边农作物的栽种要考虑水中倒影为环境增色，为垂钓者营造一种自然美丽的舒适环境，增加视觉美感。同时，从人性化的角度考虑，垂钓位置应设置在树荫下或凉亭旁，为钓鱼者提供方便。

三、古村落、古镇景观设计

村落是乡村的基本组成单元，是社会文化的基础。我国悠久的历史、灿烂的文化造就了大量的历史文化古村。目前，对历史文化村镇的保护也纳入了法治轨道。古村落的景观设计主要是在保护传统文化的基础上做一定的维护与修缮。村落的主体是民居建筑。古村落经历了几百年的历史，建筑大都比较破旧，如果是危房，就要考虑重建，如果是部分破损并无危险，就可修旧如旧。基本设计原则是保护原有古村落的整体风格，切忌用现代材料随意替换门窗，使其失去原真性，即失去了它的观赏价值。古村落的观赏价值在于其原汁原味。在保护、维持古村落环境的基础上进行适当的装饰和点缀很有必要，目的是保护和提升村落的整体美感。美感的来源首先是整洁卫生。家家户户的生活垃圾每天要及时清理回收，村落公共环境中的垃圾要有专门人员每天及时清理。我们去过许多古村落，发现目前一些古村落的旅游景点对这方面工作不够重视，环境卫生状况堪忧。自然植物可以装饰美化整体环境，在古村落里配置植物可以发挥乡村得天独厚的优势，除了种植一些有观赏价值的农作物，还可以种植一些中草药植物，如薄荷、艾菊、山药、金银花等。发挥各种植物的装饰特色，不仅可以美化环境，增加乡村的生活气氛，还可以获得生活所需的食物。一般古村落都有百年老树，老树是构成古村落景观的重要元素，需要加以保护和利用。公共环境中还要考虑种植一些本土强健的乔木、灌木植物，管理粗放简单，又能增添古村落的景观活力。

历史文化名镇老街一般保存的文物比较丰富并具有一定的历史价值。古镇老街能完整地反映一定历史时期的传统风貌和地方特色，现状均具有一定规模，如西塘镇酒吧一条街既是时下年轻人喜爱的去处，又是江南古镇风格的展示。其中，大部分街巷、建筑、环境及居民生活状态都保存得比较完好。老街的设计要注意保护好原有的老风格，做到既统一，又要有个性。老街的门面分类大体有餐饮类（包括快餐、茶社、面食店、糕点店等）、旅游纪念品商店、本地新鲜土特产店等，门面的装饰须醒目、大方、易辨别。装饰招牌应注意用本地的自然材料，切忌装饰过度。店内商品要注意摆放有序且美观，易于销售。饮食店要注意店内的清洁卫生和环境的舒适，饮食环境的设计要注重简洁、朴实、美观、得体，店与店之间的门面风格要注意个性。除了在装饰上追求个性，在口味上也应该注重店与店的差别，突出具有地方特色的不同美味。切忌模仿城市餐馆菜谱，这样会失去乡村乡土菜肴的特色。

四、民宿环境与庭院设计

随着全国乡村旅游业的兴起，乡村民宿也自发地兴旺起来。一般人们都希望体验现代农民的生活，大都愿意住在农民家，因此一些乡村旅游景点发动村民办起了家庭旅馆。要吸引游客，就要重视环境。民宿一般都有悠久的历史，在原有老环境的基础上加以美化，以古色古香为主要卖点，再对周边环境进行绿化，如中庭、前庭、后院，种植一些既能观赏又能食用的农作物。前院可以用竹子搭建凉亭或花架，种一些攀缘植物，如葫芦、花南瓜、葡萄等，花架下可以放桌椅，这样可供客人休息、喝茶、吃饭、留宿等，留住过往客人的脚步，达到民宿真正的服务目的。

民宿是留客的地方，清洁、卫生、安全是很重要的。选择客用的床单、被套的花纹色彩也很重要，选择素净雅致的床上用品。有条件的地方最好考虑备一些牙刷、牙膏、毛巾等洗漱用品，以弥补顾客出游时因疏漏所带来的不便。毛巾的色彩最好是白色的或浅色的。

民宿与旅馆不一样的地方是有家的感觉，所谓民宿就是一般平民的家，在农村则是农民的家。农家的装饰应符合农家特点，突出乡村特色。利用干燥后的农作物装饰农家内外环境是个很好的方法。

民宿大门入口的装饰很关键，是反映主人审美情趣的窗口，装饰得美观得体，会引来众多客人。民宿大门入口设计要体现个性，不要雷同，这样可以使村庄民宿风格多种多样，既容易识别，又美化了村庄，增添了乡村旅游的内容，给留宿的客人留下观赏体验的好印象。民宿的招牌以朴实大方为主，一般用木质等自然材料做成，用自然植物装饰入口门面，能发挥植物之美，体现农家的独特品味。

以莫干山民宿为例。作为我国民宿业发展较早的地区，浙江省民宿业发展势头强劲，2017年已有5 600余家民宿，数量仅次于云南省，位居全国第二。当年，莫干山地区民宿业经营总收入22.7亿元，占浙江省民宿经营总收入的42.4%。也正是因为当地民宿业的迅速增长，使其在可持续发展方面出现了一些问题。通过深入剖析莫干山地区民宿业在发展中面临的困境，解决民宿业发展的前瞻性问题，探索可持续发展的路径，意图推动莫干山地区乃至全国民宿业的健康发展。

（一）莫干山地区民宿业发展现状

莫干山位于浙江省湖州市德清县，因春秋末年吴王阖闾派干将与莫邪在此铸成举世无双的雌雄双剑而得名。其地处秀美丰饶的杭嘉湖平原，享有"江南第一山"之美誉，是中国四大避暑胜地之一。自2007年第一家民宿"裸心谷"兴起至今，莫干山民宿发展迅速。

1.基础环境较好，品牌知名度高

莫干山位于上海、南京和杭州三座城市形成的三角区域的中心，304省道贯穿全境，104国道、宣杭铁路、杭宁高速公路旁侧而过。倚靠莫干山的迷人风光修建民宿，通透的玻璃墙与屋外山景相融，巧妙利用空间设计制造框景，山中别墅推窗见林，山脚建筑临溪听水，屋内万元床垫、奢华洗护、高端卫浴一应俱全。这使"一生总得去睡一次莫干山"的消费热潮被频频引爆，莫干山成为大量"民宿鼻祖""网红民宿"的发源地。仅在2018年春节期间，莫干山接待国游收入1.96亿元，其中民宿接待游客5.46万人次，实现直接营业收入6 100万元。

2.数量增长较快，辐射带动作用大

截至2018年6月，莫干山已经聚集了650家民宿，床位数超过8 000张，精品民宿有150余家，为乡村旅游发展配套的饮食、交通等相关行业吸收当地从业人员超过10 000人。据德清县旅委会统计，2017年德清县以莫干山民宿为主要吸引点的乡村旅游接待游客658.3万人次，同比增长17.9%，实现直接营业收入22.7亿元，同比增长36.7%。同时，民宿数量的激增对经营场所用地面积提出了更大的需求。大量年久失修的老宅被修缮补建，投入经营使用中。民宿经济的崛起发挥着强大的辐射作用，不仅带动了农村劳动力中就业人数的增加，还促进了闲置资本和土地的空间转移，促进了经济发展和产业升级。

3.产品更新迭代，形成"2+3+3"全方位布局

以特色民宿为抓手，将设计创意融入乡村资源，莫干山民宿的产品种类和体系不断丰富，逐渐形成"2+3+3"的全方位布局。

莫干山民宿业的两种经营模式分别为度假酒店模式和艺术民居模式。度假酒店模式以法国山居、后坞生活等为代表，其主要特征为建筑规模较大，设施高端奢华，多数提供国际化服务；艺术民居模式以大乐之野、云溪上等小型本地民居为代表，以"小而精"为主要特点，侧重于民宿建筑的原生态性和乡村文化的在地性。莫干山民宿业的3种开发类型：规模巨大的山谷开发型，将"点状供地"融入山林开发建设中；乡村老屋改建型，在尽可能保留房屋原结构的基础上结合市场需求进行合理改建；乡村原址重建型，完全放弃原本建筑，在房屋从无到有的建设过程中寻找开办民宿的着力点。

（二）莫干山民宿可持续发展面临的困境

2018年上半年，通过实地调研对莫干山民宿的发展现状进行研究。以消费者为对象，通过调查问卷法收集数据，共发放200份调查问卷，回收有效问卷168份，有效调查率为85.7%。通过对云溪上、清研等20家民宿经营者和莫干山民宿行业协会成员进行访谈，对当地原生居民进行走访发现，莫干山民宿发展存在如下问题：

1.消费体验感单一，忽视"商业性友谊"建设

高端休闲产品应由优美的自然景色、过硬的基础设施和细致的个性服务共同打造而成。但通过实地访谈调查发现，均价千元的入住价格背后只有相差不大的高规格基础设备和家居装饰，彰显"家"的体验和细

节感的服务、氛围不足，在消费者的体验反馈中，只有 14% 的游客感到非常满意。

忽视建立紧密的主客关系是导致消费者体验感不佳的主要原因。莫干山民宿的经营者中近一半都是来自周边大都市的建筑设计师、酒店管理者、乡建爱好者等，具备相当的资金实力、多元的行业背景和较高的审美水平。破旧老的建筑被改造成独特精致的住宿地。但民宿不同于工业化流水线式制作出来的传统酒店，民宿经营不单是一种以取得经济效益为目的的商业交易，更是一种特殊的社会文化。经营者要有"和消费者一起在乡村生活"的经营理念，让消费者充分体验当地文化，认识当地产业，感受当地人情，建立感情基础，以增加消费者复购的可能性。

2. 同质化现象严重，本地经营者缺乏专业知识、技能

许多投资者单凭个人喜好和拿来主义开发建设，对民居进行简单改进式模仿，缺乏独有的主题风格和经营定位，导致开办民宿现象的井喷式出现，遍地都是"莫干民宿"，这一问题在本地经营者中尤其突出。整个莫干山面积仅为 91 平方千米，扣除居民生活区、农业用地和山林保护区，可开发面积有限，相互雷同的民宿风格只会减少游客流量。

受先入者高额利益的驱使，本地经营者或是对传统的农家乐进行升级改造，或是利用宅基地优势进行房屋修建，成为民宿业主。但经过访谈发现，本地经营者中只有不超过 20% 的人员具有设计师类专业背景，另有约 70% 的业主有非民宿相关类从业经历，还有 10% 左右的业主是长期务农的村民。经营者缺乏专业知识，将会增加许多额外支出，建设成本的不断追投最终会分摊到消费者身上，这对莫干山民宿的定价准则和可持续发展都是一种威胁。

3. 村民参与度较低，缺乏利益联结机制

莫干山镇是德清西部较落后的山区，自改革开放以来，矿产与竹制品加工是当地经济发展的主要依托产业，但环境污染严重且收入并不乐观。民宿作为逆城市化的产物随之发展。一方面，它对当地环境保护提出了更高的要求，周边工厂关停，致使部分村民失去就近工作的机会和收入来源；另一方面，土地等稀缺要素价格不断抬升，早期低租金的房屋租赁在民宿市场成熟后容易造成农民心理失衡，部分村民会无视合同规定，提出涨租要求，甚至提前终止合约，导致出现各种矛盾。

当地原生居民参与度较低造成物质和精神方面"获得感"不强，民宿经营者与当地居民之间缺乏有效的利益联结机制，是矛盾频发的主要原因。虽

然不少村民家中有茶果蔬菜园等农作物种植基地，但因未能找到合适的切入点参与到民宿产业中而丧失就业、创业机会。民宿产业的发展所需的保洁、保安、服务员等职位处于产业链底端，当地居民参与积极性并不高，而且无法获得心理上的满足。此外，农村"三留守"群体日益扩大，这都在一定程度上加大了物质空间和地方社会网络间有机融合的难度。

4.单体民宿缺乏竞争力，行业协会作用不显著

莫干山地区大多数民宿在发展战略上仍是单枪匹马、各自为政，单体民宿在接待服务、风险应对方面明显存在不足。由于受市场信息的繁杂性、人脉资源的有限性、开发服务的周期性等因素影响，一般的民宿经营者个体很难做到游刃有余，这就需要专业的行业协会组织来提供服务。

行业协会未能充分发挥"多重服务提供者"的作用，是造成当地单体民宿竞争力较弱、缺乏区域联合化发展的重要原因。作为经营者和政府之间的重要一环，行业协会的主要职能为联合开拓市场业务、提供专业知识信息、进行行业自我管理、提供教育培训服务等。走访发现，相关民宿协会在日常运营中存在活动数量少、形式单一、针对性低等问题，未能遵循成立初衷，没有为民宿单体提供有效服务，使经营者难以在互帮互助的环境中求得共同发展。

5.政策制度不完善，监督管理不到位

从 2014 年至今，浙江省及德清县出台了一系列关于民宿业管理发展的相关政策，但消防安全、卫生、环保等具体方面的政策仍不够细致和完善，造成部分民宿处于模糊管理状态。现行的民宿标准只是推荐性标准，不是强制性规定，执行效力有限。2016 年 11 月，德清县旅游委员会公布了 6 家首批精品民宿和 75 家"五证齐全"的民宿名单，而实际上当时整个山区共有 400 多家民宿，"五证齐全"的民宿比例却不到 20%。管理方面存在漏洞，忽视了市场秩序的维护，弱化了行业的进入壁垒，给当地民宿业的健康有序发展带来了极大的不利影响。

（三）莫干山民宿可持续发展路径建议

在实地访谈调查莫干山民宿发展状况的基础上，通过深入剖析其存在的主要问题及原因，结合经营者、当地原生居民、管理者三大主体特征，从以下五个方面提出建议，以实现当地民宿业的绿色健康发展。

1. 建立新型主客关系，打造"微型目的地"

莫干山民宿发展至今已进入 3.0 时期，硬件上保持高端酒店化的同时，更强调融入民宿的核心要素——在地文化和主人意识，吸引志同道合的人一起住在村里，建立起亲密的"商业性友谊"。首先，在意识层面，经营者要完成从"顾客是上帝"到"顾客是朋友"的理念转变，尤其要注重经营者和消费者因在个人喜好、生活方式、乡村情怀等方面产生共鸣而形成的特殊友谊。其次，在服务内容上，经营者应跳出传统住宿地所提供的"吃饱睡好"的禁锢，带领消费者全面感受乡村的生产、生活、文化，通过参与耕种、秋收等活动增加消费者的在地性体验。再次，在交流互动上，除了游客在民宿店内与经营者的当面沟通外，离开后的关系维持更为重要。经营者应充分利用现代通信技术，通过互相关注社交账号、建立微信群聊、开设公众号等分享生活日常，为主客之间、客客之间搭建一个互动平台，从而获得更高层面的互惠。最后，要利用莫干山的先天资源，丰富消费者的自然体验、运动体验、工艺体验等，使乡村民宿渐渐从以住为核心功能上升成为以住为基础，以类型多样的体验活动、独特的生活方式为主要服务内容的"微型目的地"。

2. 创新营销管理模式，做好个性化产品设计

民宿的精彩在于独特性和差异化。就当地经营者而言，只有彻底摆脱"跟学模式"，完成民宿的"内外兼修"，才能有效解决同质化现象严重的问题。在民宿的外在建筑造型上，可以采用引进外部与自身学习相结合的形式。邀请具有建筑设计经验的专业人士进行合作指导，加之经营者自身对造型设计等相关方面的不断研习，打造出特色鲜明、风格各异的民宿房屋。在民宿的内在核心内容上，充分彰显乡村田园风。当地民宿经营者可凭借独有的农业种植、竹艺编织、茶艺烘焙等经验，为特色民宿注入"草根"元素。此外，当地经营者也需要创新营销方式，从市场前瞻的角度考量消费者的潜在需求，做好个性化产品设计。

3. 探索"乡村共生模式"，实现绿色可持续发展

在期望、信念与机会被影响的前提下，村民自发的行动是民宿产业从外部支持向内部发展转化的关键。尝试乡村共生模式，挖掘就业、创业机会，实现与农民共建共享乡村民宿。一方面，将一产和三产有机融合，借助村民的经验型优势，建立农业生态园进行养殖和种植，构建有机循环农业，进行农产品的售卖和二次加工，向外输出有机蔬菜。另一方面，实现在民宿内就业，村民可成立合作社作为房屋资产持有方，负责房子的改建施工；民宿品牌开发者作为民宿的运营管理方，负责营销、培训和管理。除了合作社、房

主，力求让其他村民也从中获得收益，而依靠民宿发展起来的公共交通业、零售业等都能有效解决过剩的人力资本问题。

4.强化协会组织有机联动，实现区域资源共享

莫干山民宿业的发展速度较快，单纯以地方政府为主体的公共服务供给难以满足当地发展需求，激活协会组织活力有助于解决当前民宿单体孤立无援的困境。作为民宿经营者的利益集合体，协会组织应该在完善自我管理的基础上强化联动合作。在人力资本的提升上，可以与浙江乡村民宿学院等教育机构合作，以"课程＋游学"为主要形式，定期为当地民宿经营者提供解惑答疑和系统培训；在产业链的完善上，可与来自其他各地的民宿规划专家、营销专家等从开办民宿的前期调研、实地选址、客源分析、装修设计、推广运营等方面逐一进行分享交流；在内部资源的整合上，可以成立客房预约群、游客接送群、竹艺茶艺体验群等，在客源分流、民宿服务与当地文化特色等方面发挥作用。

5.规范行业竞争秩序，健全相关政策制度

首先，针对莫干山民宿市场存在的模糊管理问题，政府部门应尽快出台具体的市场准则，细化消防安全、卫生、环保等方面的政策措施，不断更新完善法律规章。相关管理者要坚决维护、规范市场秩序，加大对民宿品质和发展的监管力度，营造公平公正、公开透明的市场环境。其次，基层单位要做好土地政策、法律意识、契约精神等意识形态的宣传与普及，在法律制度不完备的情况下，充分发挥市场契约作用。再次，当地政府也要以市场需求为基础，坚持全域规划，分区建设，打造不同特色园区，实现差异化经营，加大莫干山民宿业的品牌建设力度。

第二节　乡村旅游旅行社开发与设计

旅行社是典型的服务行业，其间的竞争从根本上讲就是服务质量的竞争，尤其是在以买方为主的市场条件下，服务质量就是旅游企业巩固并扩大客源、提高经营绩效、获取竞争优势的主要途径。

纵观我国乡村旅游的发展历史，可以看到我国乡村旅游业起步虽晚，但发展速度惊人。在乡村旅游业高速发展的同时，我们必须清醒地认识到，尽管政府有关部门和相关旅游企业近年来采取了积极措施，做出了很多努力，但我国乡村旅游服务质量整体水平仍不理想，旅游服务质量的评价仍差强人意。

2006 年 3 月中旬，零点调查公司与《东方企业家》杂志联合发布了《零点旅游服务传播指数——中国公众旅游服务传播指数 2005 年度报告》。该报告显示，2005 年中国公众对国内旅游业的信任度为 67.6 分，具有随团旅游经验者的评价仅为 67.4 分。调查还发现，68.5% 的人在最近一次旅游中有不愉快的体验，包括"约定项目减少"（38.1%）、"付费参观项目增多"（19.5%）、"导游擅自改变约定行程"（34.3%）和"导游安排了过多的购物活动"（30.3%）。因此，有必要对乡村旅行社的服务质量问题进行研究，从而找出解决对策，使我国乡村旅行社健康有序地发展。

一、我国旅行社旅游服务质量现状

近年来，我国旅行社数量发展迅猛，但在服务质量上不尽如人意，主要表现如下：

（一）超范围经营，变相出卖经营权

根据《旅行社管理条例》规定，国际旅行社准许经营国内游、港澳游及出国游业务，国内旅行社只准许经营国内游业务。但现实经营过程中存在不少违规情况，如国内旅行社经营国际旅游业务、部门承包、个人挂靠等。

（二）旅游合同制作条款模糊，广告虚假

一些旅行社常利用双方信息量的不对等及游客法律法规知识的欠缺，蓄意在旅游合同条款上做文章；或玩弄文字游戏，使合同内容模棱两可，以减轻或规避本应承担的责任；或将行政法规的有关原则规定直接作为格式条款合同，以免除自己一方的责任。

此外，在旅游过程中，为了揽客，旅行社常常做出诱人的承诺，发布含糊不清的广告。例如，标明七日游，实则第一天晚上出发，第七天一早返程；标明三星级或准三星级酒店，然后在准三星级酒店上大做文章；等等。

（三）私自降低服务标准，更改行程

根据北京 2007 年第一季度旅行社服务质量投诉情况，我们可以看到，旅行社违反合同约定，降低游客服务等级标准的投诉占有较大比重，占投诉总量的 70% 左右。投诉内容主要集中在降低住宿标准、交通标准和餐饮标

准等方面。由于利益驱使，在旅游行程中，地接社擅自降低服务等级标准，缩短旅游行程，增加购物时间，强迫旅游者购物或参加自费项目，没有征求旅游者的同意而擅自拼团、转团，在发生意外时推来推去，严重损害了游客的利益。

（四）导游人员缺乏责任心，甚至诱使旅游者购买伪劣商品

我国导游的年审一般是走过场，很少进行职业道德方面的教育，加之导游监管乏力，因此在一些导游的心中，购物成了带团的中心，有的导游甚至在拿到带团旅游行程的开始，就盘算着在何时何地以何种方式去"扎店"，诱使游客购买伪劣商品，或以"老乡店"为幌子骗取游客信任，然后以超低价格或以"赠送礼品"为名，变相强迫游客购物；在带团过程中讲解少，活跃气氛技能差，甚至违反作业指导书，增加或减少景点，克扣餐标。

（五）旅游安全存在隐患，组团报价设置价格陷阱

旅游中，"黑车""黑导"及旅游车船严重超载损害了游客的人身和财产安全。甚至有些旅行社在出行时，不给旅游者购买人身意外保险。

组团过程中，报价存在价格陷阱，如报价低于成本，或采取"零团费""负团费"等削价方式争夺客源，但在旅游过程中采取各种各样的办法变相收费，导致旅游服务质量降低。

二、我国旅行社旅游服务质量问题产生的原因

（一）旅游市场发育不成熟

我国旅游市场是 1978 年改革开放后才正式成长起来的，市场发育不成熟，主要表现在三方面。第一，市场秩序混乱。主要表现为低价招徕，高额回扣，损害旅游者利益，其中最为突出的一个表现是恶性价格竞争，竞争的结果不是刺激产品质量的改进，而是忽视产品质量。第二，经营者不成熟。旅游经营者主要靠削价竞争争夺客源，擅自降低服务标准、增减活动项目、不履行合同约定等。第三，消费者不成熟。游客在选择线路和旅行社时往往只比较价格，一味追求低价格，对相应的法律法规了解不多，缺乏必要的维权意识，加上我国各乡村旅游地的软、硬件尚不完善，难以

达到其较高的旅游期望值，于是往往会将其失望情绪转化为对旅游从业人员的抵触情绪。

（二）旅行社行业内部管理混乱，服务标准化管理水平不高

目前，从旅行社行业内部看，旅游职能部门监管体系极不完备，导致承包、挂靠、非法设点、转让经营权、买团卖团、低价竞争等现象不断发生，而且对导游人员的开发管理不够重视，从而使从业人员没有稳定感、安全感和归属感，影响了导游队伍的稳定和整体素质的提高。

旅行社产品是以服务为核心的综合性产品，涉及旅游过程中的"食、住、行、游、购、娱"等环节，工作面大，工作内容多，在标准化管理方面还处于粗放型阶段，缺乏一整套完整的旅游服务质量管理体系文件，从而导致服务过程中不规范行为时常发生。譬如，目前许多旅行社存在不规范合作的行为；进行合作之前，很少对对方人员的资信能力、组团信誉等基本情况进行具体了解；甚至没有签订合同来规定双方的义务、权利及违约责任、处理方式等；合同的变更没有形成行业模式，基本上是由旅行社负责计调的人员自行决定的，因此一旦出现问题则无法确认责任的归属，从而常常以旅游者作为挡箭牌，采取"甩团、扣人"的非法手段，损害旅游者的合法权益。

（三）导游薪酬制度不健全

目前，国内导游人员的收入主要由基本工资、带团津贴、"回扣"和少量小费构成，劳动保险由旅行社代买或自己购买。而且，在这些组成部分中，"回扣"是大多数导游人员的主要收入来源。这种不合理的薪金制度严重损害了旅行社的服务质量。首先，司陪人员私拿"回扣"暗箱操作，其实质是窃取了游客的一部分利益。其次，以"回扣"为主的导游薪金制度进一步加剧了旅游产品供给企业的恶性竞争，为了保证能有高额回扣的产出，旅游产品供给企业不得不抬高物价，以次充好，甚至向游客出售假冒伪劣商品，严重扰乱了旅游市场秩序。最后，不合理的导游薪金制度也严重造成了导游人员职业道德和业务素质的下降。由于经济利益的驱动，有些导游人员不是把服务放在工作的首位，而是想方设法甩景点、压缩旅游行程、缩短旅游时间，人为地挤时间引导游客购物，以获得更多的回扣，其结果是损害了游客利益，严重背离了导游职业道德。

（四）旅行社从业人员素质相对较低

据《中国旅游报》发表的"全国导游人员、旅行社经理人员人力资源状况调查"结果得出以下几点。第一，导游队伍、旅行社经理队伍学历层次偏低。在导游队伍中，高中（中专）学历占41.7%，大专以上学历只占48.3%；旅行社经理队伍中，大专及以下学历者超过73.1%，本科以上只占26.9%。第二，导游队伍等级结构严重不合理。低等级（资格和初级）导游人员占导游队伍的绝大多数，为96.3%；中、高、特级导游人数尚不到4%，特级导游全国只有27人。

从业人员整体素质低，不但使其服务水准难以达到标准化、规范化要求，导致服务质量的下降，而且对以享受服务为主要条件的旅游者来说更没有吸引力。

（五）旅行社产品的特殊性

旅行社企业生产的产品是将相关企业提供的旅游各个环节的产品组合在一起形成的。由于旅行社本身并不生产各个环节的产品，如交通运输、饭店等，加上旅游产品本身的质量只能在消费过程中加以检验而不能事先体验，因此旅行社很难把握整个旅游服务过程的质量。

三、提升我国乡村旅行社旅游服务质量的途径

（一）培育规范的旅游市场

我国旅游市场是1978年改革开放以后才正式发展和成长起来的，市场发育相对欠成熟，存在低价招徕、高额回扣、损害旅游者利益现象，以削价竞争为主的恶性价格竞争现象尤其突出，竞争的结果往往是使旅游经营者擅自降低服务标准，增减活动项目，不履行合同约定，等等。因此，要根除旅行社市场乱象，关键要强化旅行社的优胜劣汰机制。

首先，对于虚假广告、零负团费、承包挂靠、超越经营范围、非法转让经营权、不按规定和旅游者签订旅游合同、不参加旅行社责任保险、私设旅行社部门等各种违规行为，要严肃查处。

其次，引导旅游者消费，强化旅游者的自我保护意识，使旅游者能从旅

游市场角度对旅行社提高服务质量产生一定的压力，对整顿治理旅游市场秩序起到监督与促进作用。

（二）加强旅行社服务的全过程质量管理，建立旅行社全过程服务质量管理体系

旅行社服务质量涉及旅行社的前台服务、导游服务、旅游配套服务、游览安排服务等，整个旅游过程中的每一项服务都影响着游客对旅行社服务质量的评价。因此，旅行社在加强本企业的服务质量工作外，还应与旅游过程中所涉及的"食、宿、行、游、购、娱"6大要素的企业建立协作网络，选好旅游合作伙伴，尽量避免 100−1<0 的情况发生。建立旅行社全过程服务质量管理体系，实行全过程的质量管理和全员参加的质量管理。

旅行社的全过程质量管理，就是对旅游产品的开发、使用和反馈的全过程实施系统管理。即从旅行社企业与旅游者发生业务关系的"旅游前、旅游中、旅游后"3个阶段入手，根据不同阶段的工作特点，实施不同的质量管理手段。譬如，游中阶段是旅游者旅游体验形成的关键阶段。旅行社应该重点做好导游服务质量和旅游要素服务提供商的工作；必须对导游人员的服务态度、服务水平、语言、仪表和职业道德等方面实行标准化、程序化和规范化管理，通过导游人员的优质服务让游客对企业产生信任和好感。

（三）制定和实施服务规范，保证服务质量

目前，我国关于旅行社的服务规范主要有《导游人员管理条例》《导游服务质量》《旅行社国内旅游服务质量要求》和《旅行社出境旅游服务质量标准》等，这些条例和标准对旅行社和导游人员的工作性质、工作内容、操作标准、基本程序、服务质量的监督和改进、投诉处理等多个环节进行了规范性说明。旅行社应严格遵守这些服务规范，将其作为旅游服务的基本标准，同时应结合自身情况，制定更加细化的标准和细则，以便旅行社对能够直接控制的因素进行合理化、标准化、规范化的管理。在强调标准化、规范化的同时，要结合不同的服务目的、范围和对象，在保证旅行社整体战略和利益的前提下，授予员工一定的灵活处置权，允许他们在实际服务过程中随机应变，满足顾客的特殊需要，提供相应的特色服务，以适应游客需要的多样性特点，使游客产生愉悦的心情，从而达到精神和物质的满足。

（四）建立健全有效的激励机制

我们知道只有满意的员工，才有满意的顾客。因此，旅行社应该建立健全有效的激励机制，创造满意的员工，从而提供优质服务。比如，旅行社应为导游人员创造一个良好的和稳定的工作关系及工作环境，以提高其责任心和归属感，这样才能激励导游人员不断自我完善，保证较高的导游服务质量。上海春秋旅行社在导游激励机制上的一些做法很值得其他旅行社借鉴，该社对导游的培训和管理有一套独特而成功的做法，对服务质量的管理有非常严格的要求。虽然用的都是兼职导游，但多年来一直坚持"每团必访、每人建档、每周必报、每月兑现"制度，改变了导游交人头费的不合理做法，给导游带团的补贴也非常高，每人每天达 100 ~ 200 元，目的是高薪养廉、高薪养优，让导游安心做好导游工作，不要把心思放在多带游客购物以获高额回扣上。上海春秋旅行社的做法比较充分地保障了导游、游客和旅行社三方的利益。

（五）加强培训，建设一支高水平、高素质的员工队伍

要使旅游者得到优质服务，关键在于旅行社要拥有一支高水平、高素质的员工队伍。所以，旅行社要立足于培训，提高从业人员的素质和能力，把竞争手段从恶性的价格竞争提升到改进服务质量上来。通过专题报告、旅游业务、标准规范等一系列的知识培训，提高从业人员的素质，增强其职业道德和服务技能，提高他们的业务管理水平，解决实际工作中存在的各种问题，为旅游者提供标准化、程序化、规范化的服务，让旅游者切实感受到高质量的服务。

互联网环境中消费者对乡村旅游旅行社从业人员的素质要求越来越高，不仅要求他们具备专业素质，还对他们使用新技术提出了更高的要求。

抖音、短视频、5G 等硬件和软件的不断成熟，方便了每个人的表达。很多旅行用户边走边拍，边剪辑边发，尤其不少女生的手机里都有视频剪辑软件，这对旅行社来说是机会也是挑战。机会在于早期做得好的会享受到一些产品红利，挑战在于今天很多司机和领队还不具备这样的能力。在现有的旅游从业环境里司机和领队的平均技能和素质普遍不高，领队无趣、司机"油条"是很多人对这个群体的普遍印象。而今天，如果一个领队会使用无人机、单反相机，会帮助客人找角度拍照，会带领游客了解乡村的自然与文

化，将会受到大大欢迎。只不过目前具有这样素质的司机和领队是稀缺的，除了技能的欠缺，还有素质和认知的欠缺。

另外，新技术、新媒体的发展也给旅游从业者提供了新的平台和机会。今天的小视频、抖音、公众号、微信都给能够真正做好一件事的人提供了机会。在川西、云南、新疆和西藏等旅游目的地上不少司机、领队、导游都成了各自领域里的"小网红"，通过互联网能够找到足够的存在感。他们活跃在头条、抖音、公众号里，凭借对目的地的了解获得不错的平台流量。一个人做了 3 ～ 10 年的旅游，积累了一定的客户和资源，凭借自己的能力和优势获得了客户的信赖和认可。因为成本低、接团少，个人反而能够获得更多的推荐，甚至有不少的"网红领队"开始接团反交给旅行社。从在旅行社、公司里等着被派团到主动分配自己接不过来的团给旅行社，这巨大转变的背后是互联网提供给每个人的机会。

对乡村旅行社来说，如何利用"互联网 +"更好地提升从业人员的素质和专业技能，也是摆在他们面前的新课题。

（六）关注游客期望，履行对游客的承诺

根据 Gronroos 的观点，游客根据旅行社传统的营销传播手段、过去的经历、企业形象、口碑传播、公共关系及自身需求等会对旅行社提供的服务质量产生一种心理预期，并经过与实际质量体验的比较，对旅行社的服务质量产生特有的认识。旅行社可以通过对以上可控因素的控制直接或间接满足游客的期望，提供给游客总体感知良好的服务质量，使游客满意。

此外，在服务过程中，旅行社必须明确自己的角色与责任，对做出的承诺要全力履行，以获得游客的信任。比如，要使游客清楚了解旅游过程中的各种消费标准，如用餐标准、住宿标准、用车标准及游览计划等相关安排，做到住宿标准不笼统、用车标准不含糊、用餐标准不降低、游览时间不减少，从而获得游客对旅行社各项服务的认可。

（七）建立和完善旅行社服务质量的补救体系

根据美国技术研究规划院的一项研究，如果顾客对服务不满，那么 91% 是不会再来光顾的。但是，如果他们的投诉能立即得到回复和解决，其中的 82% 还会回来。妥善的投诉可以将顾客流失率从 90% 降低到 18%。对于一些不严重的投诉，倘若能处理好，就可以把顾客流失率控制在 5% 以下。因

此，旅行社要建立全面的服务质量补救体系，重视游客投诉，并在处理投诉的过程中，着重考虑两个重要因素：时效性和妥善性。时效性是指旅行社在处理投诉的过程中，要做到尽可能高效迅速地受理投诉。因为时间拖延得越久，流失率就会越高。妥善性是指及时地找到顾客投诉的根源，并进行积极妥善地处理以给顾客满意的答复，从而提高顾客满意度。

（八）建立旅行社质量信息循环反馈系统，坚持服务质量管理体系的持续改进

旅行社的质量信息是保证企业提供高质量旅游产品的基础。如果旅行社在实行质量管理的同时，能够正确而及时地进行质量信息的收集、处理、传输、存储和决策反馈，不但可以及时对全体服务人员进行质量教育，加强对旅游产品软、硬件的管理，而且可以充分发挥质量检查的督促、整改功能，使全体服务人员的工作都处于一种良性的受控状态，从而推动和保证优质服务的实现。

四、旅行社在开发乡村游市场的过程中应该注意的几个问题

（一）注重产品的体验性和文化性

乡村游的旅游者重休闲、重体验，旅行社在产品设计时应多关注休闲的成分，满足游客的需求。相比普通的团队旅游，如观光团队游，乡村游往往要求一定的自由度，以便能有更深入、更好的体验。

（二）注重产品的市场定位

市场细分是市场成熟的需要，目前乡村游市场开始出现细分的趋势，而且乡村游的市场需求本身具有层次性。旅行社应针对顾客需求设计出差异化产品，一方面让各自的产品定位与相应的客人需求很好的对接；另一方面突出产品的差异，形成差异化竞争，从而避免乡村游市场上的恶性价格竞争。

线路设计上注意项目的搭配，打造特色产品乡村游。

目的地提供的东西大同小异，这也是旅行社面临的难题。旅行社需要在此基础上设计出自己的特色化产品来吸引游客，将各类项目和旅游要素进行合理搭配，同时挖掘乡村游的文化内涵，赋予产品以鲜明主题。

注重散客游和单位团体游的开发。除了报名参加旅行团开展乡村游，不

少旅游者还会选择散客和家庭式乡村游以及单位团体式乡村游等出游形式，而且选择这两种形式的旅游者不在少数。旅行社应关注这两种出游形式的市场开发，在一定意义上需要转变角色，适应市场需求。

具体地讲，针对乡村游散客，旅行社需要在产品设计、代理服务、咨询服务等方面做出相应的调整，满足乡村游散客的需求。比如，进一步提高产品组合的灵活度，为游客提供专业的线路设计意见；提供一些代理服务，而不一定是包价旅行服务；提供方便快捷的专业化咨询服务；等等。针对单位团体乡村游，旅行社则应该加强与单位的联系，完善客户管理，根据单位情况量身定做产品，并且通过优质服务吸引回头客。

（三）适度关注乡村游的延伸性项目

乡村游不只局限于农业旅游，还可以开发一些拓展性项目。比如，林业旅游，观赏林业；渔业旅游，海上鱼类养殖的观光；乡村池塘、溪流的垂钓等。这些都可以作为乡村游的延伸性项目融入旅行社的产品中，丰富产品的内容，增强产品的趣味性。

（四）乡村气息、旅游体验与城市生活方式相结合

乡村气息要突出"土"味，如天然的山水、原汁原味的农村风情等。再加入一些体验性元素，让旅游者深入体验乡村气息，体验浓浓的乡情。但是，在一些与生活密切相关的旅游基础设施等方面，则需要与城市生活相吻合，而不可一味求"土"。比如，卫生间的设施、基本的住宿条件以及目的地的卫生状况等与城市保持一致，使游客可以保持城市生活方式。

尽管随着交通越来越便利，人们自由行和自驾游确实会不断增长，给跟团游带来一定的冲击，但是从现实情况看，跟团游仍然被需要。两者差距的背后原因远远不只是旅行形式。

人们在选择乡村旅行时其实不会拘泥于其是哪种出行形式，而更在乎产品和服务的设计有没有很好地满足体验，一切对跟团游的误解都来源于现有跟团游的产品设计和服务体验没有击中用户的需求。

一个自由行的用户依靠攻略得到的对目的地的认识是相对片面的，攻略是游客写的，游客只去过一次目的地，他自以为自己玩得好，其实找到合适的跟团游体验会更好。

一座古庙、一条河流、一座山脉、一片砖瓦，文化、历史、地理、习

俗……经人解读和引领后的娓娓道来，和自由行的擦身而过，是截然不同的两种体验。

第三节 乡村旅游餐饮开发与设计

近年来，乡村旅游得到蓬勃发展。数据显示，2012—2018年中国休闲农业与乡村旅游营业收入增长十分迅速，2013年、2015年、2016年我国乡村旅游游客营业收入都达到30%以上。初步统计，2018年全国乡村旅游收入超过8 000亿元。2019年，我国乡村旅游发展态势一片大好。仅上半年乡村旅游总收入达0.86万亿元，同比增加11.7%。在乡村旅游的带动下，乡村餐饮业获得较快发展，但因对乡村餐饮产品开发利用的不重视，资源丰富、文化悠久和特色鲜明的乡村餐饮无法成为乡村旅游发展的核心动力。目前，乡村餐饮产品的吸引力较小，餐饮消费在乡村旅游消费中的比例也较小，与国际旅游餐饮消费比例相差甚远。其实与其他形式的旅游产品相比，乡村餐饮产品开发具有投资小、重复利用率高、效益明显和游客接受程度高的特点。随着游客观念的转变，乡村餐饮不仅是乡村旅游的有益补充，更可以成为一种原动力。"吃"从旅游业的一个供给要素逐渐转化为一种新的乡村旅游吸引物，并日益成为乡村旅游重要的卖点。在其他乡村旅游要素缓慢更新的情况下，更加要注重乡村餐饮产品的创新开发，以此为契机推动乡村旅游业的升级换代，促进农村经济发展。

一、乡村旅游餐饮的概念及特征

（一）概念

乡村旅游特色餐饮是指植根于乡村餐饮文化，能激发人们产生消费动机，具有地方特色或有一定知名度的菜品、点心、饮料、餐饮原材料及饮食习俗、特色加工烹调方法等。

（二）特征

1.地域性

由于地域、气候环境不同，不同地区的主副原料之间存在明显差异，各地在原料的选择、口味、烹饪方法、饮食习惯上也产生了很大差异，这种差异性正是乡村旅游特色餐饮的特色吸引力所在。具体表现在以下几个方面。

第一，乡村旅游特色餐饮产品原料多以当地的农产品为主，绿色天然无污染，充分体现野生、家养、粗种的特点。

第二，乡村旅游特色餐饮的菜肴以民间菜和农家菜为主。一方面，烹饪技法简单，盛器不花哨，做法简便、纯朴，以煮、煲、蒸和炖等烹调方法居多。另一方面，菜肴注重本味，香料用量少，口味调配简单大方不油腻，以家常口味见长，保持菜肴的原汁原味。

第三，乡村旅游特色餐饮体现乡村乡土主食特色。仅仅是寻常的米饭，就有"玉米粒焖饭"（俗称"金裹银"）、"火腿豌豆焖饭""红薯（或南瓜）焖饭"等众多形式，既有乡村特色，营养丰富，又好吃不贵。

2.文化性

乡村旅游特色餐饮的文化性是由地域特征所决定的，地域差异性折射出了不同地区人们的生活习惯、消费行为、宗教信仰等方面的文化差异。

3.审美功能

乡村旅游特色餐饮中风格各异的就餐环境，用心而富于创意的烹调方式，菜品的色、香、味、形、器、名及形形色色的饮食典故等，无不具有审美、愉悦价值，使旅游者可以获得物质和精神上的双重享受。

二、乡村旅游餐饮产品创新开发的必要性

随着旅游观念的转变，肠胃经过大鱼大肉"洗礼"的城市游客越加青睐乡村美食，乡村美食成为了解乡村历史、文化和生活的重要载体。甚至一些缺少特色景观的乡村凭借特色美食成为人们追捧的旅游地，如日本十胜、北京怀柔、溧阳天目湖。经过长时间沉淀而形成的乡村餐饮对城市游客有很大的吸引力，但是还没有成为乡村旅游的核心要素。在个别乡村，餐饮已经成为乡村旅游发展的重要一极，但受餐饮产品生命周期的制约，很难保持长期的吸引力。因此，如何深入挖掘乡村餐饮资源，创新性开发旅游餐饮产品以保持乡村美食的持续吸引力具有重要意义。

（一）餐饮产品增强乡村旅游吸引力

乡村餐饮产品不仅要满足顾客的饮食需求，更要凸显旅游地的吸引力。现在的游客不再仅仅满足于去乡村欣赏美景、放松心情，而渴望更多地体验乡村生活，在异质的乡村文化中寻找乐趣。受旅游时间和方式的限制，品尝当地的风味美食就是了解乡村生活和乡村文化最好的途径之一。乡村美食最大的特点在于地域性，本地原材料、本地烹饪工艺保证了乡村美食只有在本地才能享用到。同时，乡村美食可以保证游客在"潜移默化"中感受当地独有的文化。无论是为了舌尖上的味觉享受，还是为了了解乡村人文气息，游客都愿意"不远千里"去乡村品尝地道美食。可见，平凡乡野的民间美食也可以成为一种原动力，吸引众多的新老顾客，而毫无特色的乡村餐饮会冲淡游客的兴趣。

（二）餐饮产品凸显乡村的旅游特色

乡村具有不同于城市的景观，乡村餐饮也有别于城市。来自城镇的游客吃着新鲜绿色的饮食产品，看到古朴的菜肴器皿，坐在乡味十足的就餐环境中，可以回归自然、返璞归真。在品尝乡村小吃、特色糕点和绿色菜肴中可以了解当地的气候环境条件、地方物产、各种烹调工艺和当地的历史渊源。在接受相关餐饮服务时，通过特有的乡村饮食习俗、用餐礼仪和饮食典故可以领略到乡村特有的生活习惯、生活方式、人情和民风民俗。通过参加乡村的部分农事体验活动，可以了解农村的"自然生态"和"简单朴实"。这种为乡村所特有的有别于城市的乡土饮食，在体现浓郁的地域性的同时，折射出不同乡村的文化差异，进而能让游客心情愉悦，也与迤逦的乡村风光相得益彰，相映成趣，让游客流连忘返。

（三）餐饮产品增加乡村旅游效益

自古旅游与美食都是紧密相连的，不管是城市旅游还是乡村旅游，"吃"都是旅游的有机组成部分，因此乡村餐饮成为乡村旅游收入的重要来源。相比较其他旅游形式，乡村旅游收入较少来自景点，而更多依赖于乡村餐饮。乡村餐饮产业关联度高，通过乡村餐饮能够带动旅游地其他相关产业的发展。美国北部乡村旅游研究发现，美食旅游对乡村居民收入的乘数效益为1.65，对乡村就业的乘数效益达到1.29。此外，随着游客收入和消费水平的提高，游客对特色乡村餐饮产品的接受程度也会提高。整合乡村餐饮资源与文化、消费心理开发出多种旅游餐饮产品会吸引更多游客前来。如果能把富有文化内涵的乡村特色菜肴、风味小吃与特定的文化氛围、协调的环境和良好的服务有机结合起来，可以进一步提高乡村餐饮的附加值。如果进一步延伸产业链，开发出可供游客带走的餐饮产品和特色农产品，旅游地的经济效益会进一步提升。

三、乡村旅游餐饮产品创新开发存在的问题

尽管乡村餐饮具有很多优势可以带动乡村旅游的发展，但是由于乡村餐饮产品开发意识和认识等因素的制约，乡村餐饮无法成为旅游地的重要卖点，即使部分乡村餐饮已经成为拉动旅游发展的一极，也因为创新开发而影响其持续的吸引力。

（一）注重旅游资源开发，忽视乡村旅游餐饮产品开发

尽管我国乡村饮食文化悠久，餐饮资源丰富，但乡村旅游餐饮存在产品雷同、服务千篇一律、百店一格的现象。其原因是旅游开发者过分强调景观在旅游中的作用，忽视乡村饮食对乡村旅游的显著带动作用，因而将旅游的重心放在乡村旅游景点的开发上。乡村饮食仅仅只能成为乡村旅游的必要构成要素，而无法对乡村旅游起到锦上添花的作用。此外，对乡村餐饮资源概念认识的局限性也影响了乡村餐饮产品的创新性开发，旅游开发者较多注重满足游客的物质需求，而忽略了游客的精神需求，在乡村旅游餐饮产品开发中重视的是产品形式，而忽略了餐饮产品中的文化内涵与外延。因此，很少乡村能充分挖掘和梳理当地的餐饮资源，将乡村所独有的餐饮文化融入乡村餐饮产品开发中，影响了乡村旅游餐饮产品的丰富程度和吸引力。

（二）乡村餐饮产品开发与旅游业黏合度低

除乡村美丽的自然景观外，独具特色的乡村美食对游客也很有吸引力。旅游者希望品尝到地道的美食来体验乡村生活并获得精神享受，但目前乡村的餐饮与旅游没有有效结合起来开发，导致餐饮产品无法满足游客需求。游客眼里的乡村美食特色在于本地独有和不可替代，而乡村餐饮产品开发过程中却一味模仿城市餐饮，没有立足于地方产出、地方工艺和地方特色，这样

开发出来的乡村餐饮产品仅能满足游客的口腹之欲。同时，乡村餐饮开发中只注重产品外观、花色品种的开发，没有挖掘乡村餐饮中的文化性，开发出来的餐饮产品缺少足够的文化内涵。乡村餐饮特色的迷失使乡村餐饮对游客的吸引力有限，难以成为乡村旅游地的特色和卖点。

（三）乡村餐饮产品推陈出新速度慢

乡村餐饮经营多为家庭式管理，大部分经营者缺乏管理知识，没有营销观念和创新意识，也不知道如何进行产品创新，更无力承担开发风险，这是乡村餐饮产品推陈出新速度慢的主因。部分经营者缺乏开发意识，或过分迷恋"名小吃""名菜"的头衔，希望能"一招鲜，吃遍天"，使乡村餐饮开发缺少足够的动力；过分强调开发的风险则影响了餐饮开发的速度；经营者对餐饮产品开发的误解，制约了餐饮产品开发的形式和种类，现有的餐饮产品开发主要集中在烹制方法、口味和材料上，较少在餐饮环境、餐饮器皿、餐饮外形、就餐环节、就餐体验等方面进行创新性开发。种种因素都制约了乡村餐饮产品的推陈出新，游客缺乏新鲜感，长此以往，乡村餐饮也就缺少持久的拉动力。

（四）乡村餐饮产品开发中忽略游客体验

目前，乡村餐饮产品往往注重为"食"而"制"，除自助烧烤外，游客只能被动地品味已经制作好了的美食。但游客消费的不仅是乡村餐饮产品本身，更重要的是一种精神层面的愉悦经历和独特的体验，缺少美食相关的体验环节，大大减少了乡村餐饮的新鲜性和趣味性。在乡村餐饮品尝过程中，没有色、香、味、形、器的感觉体验，游客就无法真正获得感官的享受和刺激；没有特色用餐环境和氛围的体验，游客就无法了解特定乡村的习俗、礼仪和信仰。在乡村餐饮制作过程中，没有餐饮材料的制作和农业活动的参与，游客无法获得材料采摘和美食制作的乐趣，也就无法体验美妙的乡村生活，进而无法真正领会乡村文化。

四、乡村餐饮产品创新开发的重点

（一）结合旅游资源，因地制宜选择乡村餐饮产品开发形式

各个乡村地区旅游发展的速度不尽相同，拥有旅游资源和餐饮资源的丰富程度不一，乡村餐饮产品的创新开发可不拘泥于任何形式，而要因地制宜地选择乡村餐饮产品开发的形式。

1. 建设特色饮食区

旅游发展起步早、旅游餐饮资源丰富的乡村可以利用餐饮红火发展的聚集效应，在知名景点附近和交通便捷的区域规划建设特色饮食区。在政府引导和协会推动下，将分散的自然景点、人文景观、特色农场、休闲设施及餐饮企业连接起来，形成特色饮食区。在集合乡镇优势资源的基础上使餐饮行业不断向集约化、特色化、休憩化发展。特色饮食区需要整合吃喝玩乐，由旅游专家和餐饮专家联手开发很有必要。怎样在特色饮食区中体现餐饮的休闲娱乐性、趣味感、文化特色是吸引游客前来的关键所在。

2. 主办美食节庆活动

不少缺乏特色自然资源或经济不太发达的乡村，却有着难得的特色美食。此类乡村餐饮产品开发要摆脱传统的"资源观"，寻找比较优势的餐饮资源，将地方文化与美食结合起来，创办乡村特色的美食节庆活动。乡村美食节庆活动不仅能够集中展示美食文化，在短时间内迅速扩大乡村旅游地的知名度，更能有效延伸当地餐饮产业链，把特色农业、食品加工、餐饮业和旅游业很好地对接起来，显著提高旅游收益。乡村美食节庆活动时间可长可短，浓厚的地方色彩和鲜明的个性特征是乡村美食节庆活动的生命力所在。目前，较为知名的乡村美食节有江苏盱眙的"龙虾节"、阳澄湖的"螃蟹节"等。

3. 推出乡村美食线路

我国自古就有"美食在民间"的说法。乡村美食种类繁多，但散落在四面八方，由于信息有限，游客想前往寻求美食享受，但往往不知道从哪里开始，结果自然是蜻蜓点水式地品尝各地小吃。因此，旅游条件成熟、餐饮资源丰富的乡村可以推出以体验美食为主题的旅游线路。美食线路能将散落在各个乡村的地方美食串成一条线路，让游客有序品尝。根据餐饮资源可以设计出不同主题的美食线路，如古城美食之旅、养生之旅、药膳之旅、减肥之

旅、茶道之旅、餐饮企业考察之旅、烹饪修学之旅、海鲜之旅等。游客可以根据各自的喜好自行选择线路，并且通过美食线路不断地听、看、尝、思、乐，进而获得一种更加完整、丰富的生活体验和精神享受。

4.推出各种乡村特色的主题餐厅

游客吃的不仅是食物，更是一种环境。当游客对美食越来越挑剔的时候，乡村主题化成为必然的发展趋势。主题餐厅因其明确贯彻始终的主题、独特的环境，能带给就餐者别具一格的体验而受到城市游客的追捧，当目标游客较为成熟时，此类乡村可适时推出乡村主题餐厅。乡村主题餐厅经营关键是主题要有特色，并体现乡村资源优势，让游客感受乡村的美好，远离现代都市的喧嚣。从乡村农耕文化、现代农业科技、农村生态系统、乡村地域文化和乡村社会变迁等方面创造出各种个性化的乡村餐厅主题。餐厅主题一旦确定，乡村餐饮企业的一切其他活动和产品就必须紧紧围绕着主题进行。

5.开发乡村夜间餐饮

随着人们休闲时间和收入的增加，夜间外出聚会就餐和休闲娱乐成为都市人的一种生活方式。受多种因素制约，具有乡野特色的乡村，白天热闹非凡，但单调的夜晚却让游客无处可去。为了填补乡村夜间旅游的空白，夜间旅游餐饮应运而生。夜间餐饮不仅能让游客有更多的时间体验乡村多元化的餐饮产品，也能让游客感受到乡村夜晚的别样风情。夜间餐饮主要是游客与其亲戚朋友同事为了维系亲情和友情边玩边吃，游客比较关注餐饮产品的特色及口味，最关注的是用餐环境的舒适性和休闲性。如果开发出有特色的乡村夜间餐饮，那么在丰富乡村旅游产品的同时，会进一步增强游客的旅游意愿，并促进游客的深度消费。

（二）在保持地方特色的基础上不断加快餐饮产品的更新速度

美国著名管理学家彼得·德鲁克曾说，在变革的年代，经营的秘诀是没有创新就意味着死亡。由于市场竞争的加剧，一些特色餐饮向顾客推出后，其所谓的特色能维持的时间越来越短，游客更多地是追求没有吃过的地方美食。这要求政府或协会指导并协助乡村餐饮经营者在保持本土特色的基础上不断推陈出新，吸引新老游客。餐饮产品开发要大胆创新，从当地历史文化、传统习俗中找灵感，在把握传统饮食特质的基础上不断用科学的方法去校正和改造传统饮食。同时紧跟时代步伐，对餐饮产品的提供方式进行变革，对餐饮服务方式进行改进，对餐饮环境进行特色装修，在用餐环节增加民俗和餐饮烹制过程的表演。只有加快餐饮产品的更新速度，才能在多元化的乡村美食中提高顾客的新鲜感，在不断丰富乡村美食内涵的基础上提升乡村餐饮价值。

（三）乡村餐饮产品开发注重体验

除了在产品上进行创新以外，相关单位还要在与美食相关的活动方面进行创新，以增加乡村餐饮产品的体验性和趣味性。游客美食消费所追求的不仅是感官刺激，还希望能舒缓压力，找回新的生活体验。与此对应的是乡村旅游餐饮产品不能只是为"食"而"制"，更要以"食"而"解"。因此，基于顾客体验消费的餐饮产品创新开发应以食物产品为道具、以餐厅环境为布景、以餐饮服务为舞台，设计出满足游客情感需求的餐饮产品。在乡村餐饮产品创新开发中需要重视餐饮产品色、香、味、形等对游客感觉刺激的设计，使之为游客带来美的享受；要重视挖掘餐饮产品的文化内涵，通过饮食文化博物馆、美食培训讲座、美食论坛，让游客获得新知，让文化与美食更好地相融；要重视游客趣味体验活动的开发设计，让游客亲身参与到美食的制作过程中，体验美食的安全与健康。比如，将餐饮娱乐节目和烹调技艺前台化，好让游客参与其中，如云南的"三道茶"和"锅庄舞"都融入了游客的互动，游客在娱乐中愉悦了身心、放松了自我。

第四节　乡村旅游娱乐文化开发与设计

乡村是中国文化传承数千年的重要载体，乡村文化是传统文化的生命家园，有着深厚的文化底蕴，也是维持乡村秩序、加强乡村治理的重要基础。党的十九大报告指明乡村振兴的总要求：产业兴旺、生态宜居、乡风文明、治理有效、生活富裕，要求通过乡村文化建设，为乡村振兴提供精神动力、智力支持和道德滋养，健全自治、法治、德治相结合的乡村治理体系，不断提升农民的精气神，增强农村凝聚力。发展文旅产业能更好地传承乡土文化，改善农村教育的落后状况。乡村旅游发展传承乡村农耕、村俗、服饰、餐饮、宗祠、建筑、民约等物质和非物质乡土文化，能不断促进我国乡村全面振兴。

在乡村振兴中，相关部门不能忽视对传统文化的保护，要用现代的、灵活的、市场的形式和载体充分挖掘传统文化的潜在价值，让乡村文化保护与乡村文化产业培育相得益彰，实实在在地增加农村群众在物质与精神上的双重幸福感和获得感。国家旅游局（现文化和旅游部）统计数据显示，2017年全国乡村旅游达 25 亿人次，旅游消费规模超过 1.4 万亿元，旅游成为扶贫和富民的新渠道。

深入发掘历史文化资源，推动富有地方文化特色的文化创意产品开发，既有利于形成新的经济增长点，又有利于促进文化的传承传播，提高文化自信。相关部门要注重打造乡村文化体验项目，让优秀文化融入生活、走进现实，使人们在实践体验中进一步认识历史、传承智慧，以推动沉淀在文物保护中的文化资源真正留下来、活起来，变得灵动。同时，要重视乡村优秀传统文化作为独有的历史记忆和思想表达，充分发掘乡村传统文化的底蕴、精神和价值，并赋予其时代内涵，发挥其在凝聚人心、引导村民、淳化民风中的作用，使之成为推动乡村振兴的精神支撑和道德引领。

一、文创产业概述

文化创意产业（Cultural and Creative Industries，简称"文创产业"），是一种在经济全球化背景下产生的以创造力为核心的新兴产业，强调主体文化或文化因素依靠个人（团队）通过技术、创意、产业化的方式开发、营销知识产权的行业。就这个产业本身而言，不同于传统的工业化、规范化思维，而是与品牌化、个性化具有极为紧密的联系，特别是在与追求体验和品质的旅游相结合的过程中，产生较高的契合度。

文创产业的形成初期，离不开各类主题园区的打造，包括艺术设计园，如北京 798 艺术区、上海老码头创意园；影视动漫主题园，如横店影视城、常州嬉戏谷；主题游乐公园，如欢乐谷、方特欢乐世界；演出娱乐园，如北京天桥演艺区、杭州宋城；历史文化街区，如北京南锣鼓巷、浙江乌镇等。

在此基础上出现了依托文创实现的区域细分，不同地区在文创符号的烘托下，突出每个区域和景点特色，尤其是当地文化特色，进而衍生出当地旅游发展的最大 IP。例如，台湾地区的文创特色，即把古典历史的元素灌入到日常生活用品，从历史文化中截取一些重要元素，并趣味化地运用到生活中以吸引人们的注意力，从而使文创产生真正重要的意义。又如，延安旅游中的红色文化、黄山两递、宏村内含的徽派文化等，甚至部分地区的新派文创景区，已经有超越传统旅游景区之势。在 2017 年春节期间，袁家村单日接待游客 25 万人次，7 天共计 136 万人次，远超周边兵马俑的游客等。

二、文创与乡村的结合

在当前城镇化进程中，乡土文化的衰落是客观存在的现实，但其蕴藏着悠久的历史，如果任其凋亡，就会造成不可挽回的损失。因此，将文化创意引入村落，挖掘与开发乡村相关的历史传统、建筑形制、传统商品等资源，打造具有乡村特色的文创产品，既可以保护传统文化形式，又可以给乡村发展带来新的生机。

可以看出，文创农业是继观光农业、生态农业、休闲农业后兴起的一种新的农业产业模式，是将传统农业与文化创意产业相结合，借助文创思维逻辑，将文化、科技与农业要素相融合，从而开发、拓展传统农业功能，提升、丰富传统农业价值的一种新兴业态。

在具体实现层面，本书认为"地域性""生态性"和"创新性"是文创产业与乡村旅游结合的重要连接点。

一方面，文创的表达要立足于当地，不同村落的乡土文化和工艺产品各有特点，发掘地方特色需要学会就地取材，如运用地方历史、文化故事等来体现乡村文创产品的特点、美感与价值；另一方面，尽量采用生态的方式让游客去感知，允许游客去指定的林地、菜地或鱼塘中种植、养殖或获取食材，允许游客向农民租地进行种植或养殖，这样假日里游客就可以携带亲友到乡下"自家地里"翻土耕种、锄草捉虫、施肥浇水，还可以开展禾田插秧、草原放牧和牛棚挤奶等活动，增加游客真实的农业生产体验。当然，全面的结合需要在工艺与感受方面不断推陈出新，不但将工艺品融入日常生活，而且能让游客通过观光工厂、现场 DIY 等多种形式参与其中。

在此基础上，根据不同经营个体的本地特征及现场受众，开展具备其特色的经营活动。例如，针对亲子教育，可开发文创式乡村游学，以感悟性体验式学习为手段，建立游学营地，结合夏令营、冬令营、周末营及青少年第二课堂的形式，把自然生态教育、趣味知识教育、传统国学教育、手工技能教育、艺术特长教育、职业体验教育等融为一体。

三、文创资源的选择

在具体实践中，人们可能会遇到这样的问题，究竟哪类乡村资源适合向文创商品转化？转化出来的商品形态又该是什么？

有"魂"的商品：商品有独特的地域文化特征，与旅游地具有历史或现实的关联，特别是能够依托旅游地存在，才能激起游客对商品的认同，这类商品较多的是标志性元素衍生品。例如，台北故宫的翠玉白菜衍生品、法国故宫的埃菲尔铁塔衍生品等，它们都具有当地最显著的特征，而文创商品就是依托这类元素。

有"根"的商品：也就是人们通常所讲的"老字号产品"，这类产品通常是地方特产，经过长年累月的发展传播，拥有良好的品牌。最初意义上的旅游商品也是指该类产品，这类商品在转化上有先天的优势。

有"用"的商品：文创商品不仅是个人情怀的抒发，若能将其与游客的实际需求相结合，还有可能激发购买行为。例如，人们常见的食品类特产，因为具有最好的实用价值，即可以吃喝送礼，所以销量最好。

有"感"的商品：景区最好的营销是内容，最好的内容是服务，最好的服务是体验，游客实际上在景区购买的是"体验"。因此，景区人员可以先罗列出区域有什么特色资源，哪些能满足哪一类人群的体验需求，在里面找到特殊品，营造一个环境，加上生活美学，选择景区想要的目标客户，把体验和故事放进去，建立"场地"与"故事"之间的关系。

四、文创产品的转化与实践

（一）从游览服务层实现在线化

借鉴"智慧景区"建设经验，文创乡村旅游景区可以为游客提供建立在无线通信、全球定位、移动互联网、物联网等技术基础之上的现代辅助导游系统。在线游览服务的主要功能是提供文创园的导游数字地图，支持无线上网和全球定位系统，完成自助导游讲解。

（二）从产品价值链延伸实现转化

从价值创新角度看，文创乡村旅游景区可以从延伸入园消费群的参与性体验入手，围绕在相应领域里有一定专业基础或深度喜爱的游客，设计出更具有针对性且有一定专业技术含量的体验性产品或服务。例如，台湾有一家种芒果的休闲农场，一产是种植芒果；二产是简单加工，将芒果做成芒果冰等；三产是用芒果皮做面膜、芒果籽做肥皂，延展了芒果的产业链条。此时，普通的芒果就成为文创商品。

（三）从 C 端诉求实施有效延展

为何故宫文创商品这么受欢迎呢？

首先，故宫文创兼具了故宫文化的底蕴和流行时尚的元素。故宫的设计师们将独特的创意和箱包、服饰、首饰、手机壳等相结合开发出具有较高文化附加值的产品，并且产品的类型多样，能够满足多种消费群体。对普通的消费者来说，可以根据生活的实际需求，购买鼠标垫、服饰、冰箱贴等好玩有趣的产品。现在故宫的手机壳已经高达 480 多种，其中每次的展览都会配置一套文创的产品，如在《千里江山图》展出时，一大批有关文创的产品随机上市，引发了抢购热潮。

其次，全新的线下商品的销售模式。随着"朕偷偷溜出宫的"一则新闻火遍了各大北京网络媒体，故宫的首个快闪店迈进了三里屯，也把故宫的文创产品带进了线下，其中的售卖产品火爆异常。这样不仅提升了消费者的线下体验，更好地宣传了故宫的文化，还能培养用户的终身消费习惯。

再次，故宫的文创营销手段也结合了新媒体的形式，将微信、微博、公众号与电商相结合。比如，故宫在天猫和京东都有旗舰店。为了能够更好地扩大商品的销售产量，故宫将社交媒体与电商平台进行链接，减少了故宫购物的烦琐性。

最后，强大的研发团队和投入成本。故宫的文化创业产品现如今已经高达 1 万种，其中种类和数量的繁多让人感到惊讶。在故宫的产品研发中，不仅与大量的企业进行合作，还不断地吸收大量的人才，成立了产业的联盟团队，满足了市场的需求，设计出了更好的产品。不仅如此，故宫在研发产品上更加愿意投入大量的成本和资金，故宫每年文创产品的研发成本上亿，产品的开发投入也高达 20 万左右，研发的周期大约为 8 个月。

故宫文创产品的成功，也是值得很多乡村旅游文化企业借鉴和学习的。故宫文创产品满足了市场的需求，通过线上和线下的运营、强大的研发团队和投入大量的成本资金，使故宫文创闯出了一片新天地。

（四）从体验感悟中切入产品的核心 IP

近年来，受到高度关注的中国台湾粮商品牌——掌生谷粒，是中国台湾农业利用文创创造品牌的典型案例。从 2006 年起，该品牌的发起人探访中国台湾各地用心耕作的稻农，并以文字书写、影像记录的方式，表达对耕作的印象与感悟，发掘台湾农业的特质，而后通过品牌包装的创意设计、诚恳感人的农家记录传播，建立起"掌声谷粒"的品牌个性与品牌形象。

事实证明，掌声谷粒品牌在传统产业中加入创意，并以创意为核心，实现文化再生、创造品牌的品牌经营模式，不仅迎合了精致消费、文化消费、象征消费时代，成为一个贩卖"中国台湾生活风格"的品牌，还使其成为产业创新的先驱者。

这正如品牌创建者所言："我们穿上了农业的灵魂，领悟文化创意的生命。"

（五）从产品形态体现文创主题与风格

产品是资源实现的最终形态，在实践中，通过其主题风格体现。例如，文创主题农庄，其以一个特色鲜明的主题贯穿，以农业要素为主体和题材，以建筑为核心，辅以花园、果园、田园、菜园、树园、牧园等农业生态环境，主要为游客提供农事活动体验、农业文化欣赏、居住、游乐、休闲、养生、养老等功能服务为主要目的的一种休闲农业开发模式。各个农庄一定要有自身独特的主题文化，如石林万家欢蓝莓庄的蓝调文化、云烟印象烟庄的烟草文化、两山香草芳林的草文化、东川太阳谷的彝族文化等。

又如，文创亲子农园是采用亲子农园模式，以生态农业景观、农作物、禽畜动物、农事活动等为主要元素，供亲子家庭游乐、体验的一种农业乐园。同时，农园可以把剧本、故事里的人物转化为公仔、小玩偶及其他衍生性的商品，这块市场就国际视野来说非常具有商机和意义。另外，景区可以借助一些特殊的售卖模式，体现文创价值的有效转化，如"地产地销"模式，即本地的产物在本地销售，不用运到外地去，不但低碳节能，而且因为只能在当地消费，大家慕名而来，效益良好。比如，日本冲绳就曾推出许多当地限定商品，只有冲绳才买得到。

综上所述，乡村旅游要想获得高质量发展，需要从以下几方面下功夫。

1. 优化资源环境，夯实发展基础

良好的生态环境与资源条件是乡村地区的宝贵财富，是实现乡村旅游高质量发展的前提和基础。因此，在乡村旅游发展过程中，必须把保护生态环境资源放在优先位置，尊重自然、顺应自然、保护自然。在战略思想上，要牢固树立和践行"绿水青山就是金山银山"的发展理念，科学考量区域资源环境承载力，把握开发原则与底线，避免因盲目追求短期经济利益而对自然生态环境造成不可逆转的破坏；在行为主体上，引导大众节约、全民环保等社会共识的形成，培育开发商、社区居民、游客等的生态环保意识与环境责任行为，唤醒其自我规范、勇于监督的责任与担当，形成良性传导机制；在具体行动上，创建绿色宜居的生活环境，落实垃圾和污水治理等农村人居环境整治的三年行动计划，强化资金与技术支持，推进乡村旅游垃圾、污水的资源化利用与无害化处理，使乡村空间从整体到局部、外延到内涵与区域生态环境相得益彰；在资源要素上，保护和美化乡村景观资源，善于挖掘富有传统文化与风土人情的乡土景观之美，权衡现代化建筑与乡土性景观的协调性。在景观的规划设计中，顺应乡村空间的整体布局和结构，遵循天然肌理，传承地方文脉，营造"情景交融、引人入胜"的美好情境；盘活农村闲置土地资源，完善城乡建设用地增减挂钩的政策法规与管理机制，探索闲置土地出租、入股、合作等多种土地流转方式，变资源为资产，在挖掘土地利用潜力、保障旅游用地的同时增加农民收益。

2.挖掘乡村文化，培育特色品牌

我国乡村在历史演进与时代更迭中孕育出极具地区特色的物质文化、精神文化、制度文化，是中华文化的发源地和基因库，蕴含着乡村居民的价值追求和精神信仰，寄托了怀乡人士的乡愁情感和心理依恋。因此，正确认识并充分发挥乡村旅游地的文化价值，保护和传承乡村民俗文化，推动乡村旅游向精品化、品牌化发展，是实现高质量发展的应有之义。首先，创新表现形式，推动传统民俗文化的现代化、多样化、生动化表达。在保护的基础上，发挥古村落、乡村景观、农业文化遗产的人文辐射作用，建设"乡土博物馆""乡村美术馆"等文化设施，修整或重塑祠堂、宗庙、学堂等乡土文明的载体，传承并弘扬优秀宗族文化和乡贤文化。同时，将传统文化与现代信息技术相结合，引进数字化模拟技术，搭建智慧化解说服务平台，给游客带来更好的视听感受，提升其文化体验。其次，文旅融合发展，激发产业新动能。重视扎根农村并掌握传统工艺和民间绝活的手艺人，发掘乡土人才的潜力与价值；依托乡村旅游文创基地，将特色民俗技艺、传统工艺打造成可供体验、观赏、消费的旅游产品，使乡村民俗文化既得以妥善保护，又提升经济价值；同时，要加大政策扶持力度，吸引高素质人才"返乡创业"，为文旅融合提供智力支持。再次，提炼文化精髓，打造特色品牌。文化是品牌之魂，因此要结合最具地方精神和象征的文化内涵，塑造品牌形象同时针对市场需求，找准品牌定位，提高乡村旅游在市场竞争中的识别性与区分度。最后，通过别出心裁的营销推广手段，不断增强旅游品牌的知名度和美誉度，形成鲜明的品牌效应。

3. 协调农户参与，强化旅游服务

农户参与是乡村旅游发展的必要环节，是实现乡村旅游高质量发展的重要保障。作为乡村社区最基本的组成单元，农户的有效参与对乡村经济体系的正常运转、乡村旅游开发效益与发展质量具有至关重要的作用。反过来，乡村旅游强大的吸附和带动能力也有助于农民脱贫致富，实现自我价值。因此，在乡村旅游发展过程中要切实保障农民权益，探索农户有效参与机制，助力乡村旅游向高质量发展。首先，加强教育培训，提高参与效益。我国农民普遍教育水平有限、缺乏旅游相关的专业知识、参与旅游活动的能力不足。一方面，要提高农民对旅游资源、生态环境、风土人情的价值认知，调动其参与旅游开发经营、保护自然生态环境、弘扬乡土文化的积极性与责任感；另一方面，要加强农户经营管理能力、接待服务技能及综合素质的教育培训，促进旅游服务标准化、规范化、现代化，形成自身的核心竞争力。其次，落实政策保障，注重农民受益。相关政府部门应尊重农民在旅游开发经营中的主人翁地位，保障其话语权、知情权、决策权、管理权等基本权利；充分考虑并完善农户参与的相关政策，使乡村旅游发展的经济、社会、文化等综合效益惠及普通村民，尤其是贫困农户，不仅实际增加农户的当期经济效益，还要增强农户的长期可持续发展能力，切实提升农户的获得感、满意度和幸福感。最后，完善参与机制，推进共建共享。相关部门要建立灵活多样的集体决策、信息公示、民主监督、意见反馈等农户参与机制，抵制并防止本地旅游企业和农户、农户个体之间的恶性竞争，营造出政府引导、政策支持、市场规范、运行有序的良好发展环境，从而为游客提供更优质、更高效的服务。

4. 引导创新创业，增强发展动能

创新是引领发展的第一动力，是乡村旅游实现高质量发展的必由路径。近年来，乡村地区凭借其低廉的创业成本、优惠的政策扶持、丰富的资源赋存等得天独厚的条件，成为有理想、有活力、有情怀、有担当的创客能人施展才华的汇聚高地，在促进乡村旅游产业结构升级、增强旅游发展内生动力、丰富旅游业态等方面发挥了积极作用。新时代以创新驱动为引擎、创业为支撑，不断增强乡村旅游发展动能，还需做好以下几点。首先，树立创新创业观念。当前不乏惦念诗和远方的怀乡人士，缺少的是有激情、有魄力、敢打敢拼、勇于尝试的创业人才，因此要从各个层面的国家机构与政府部门、企业、学校、社区、社会团体等组织出发，培养大众创业万众创新的观念和技能，提升教育资质，提供系统化、专业化、重实操的培训课程，并加强乡村旅游创新创业实训和孵化平台建设，提供实践支持，掀起全社会乐于创新、勇于创业、注重实效的热潮。其次，培育创新创业主体。支持优秀乡村及新兴技术人才返乡创业，鼓励身怀绝技的乡土人才打造旅游产品，优化创新创业环境，释放乡村活力，加大创业补贴、财政税收、投融资渠道等优惠政策的扶持力度，吸引青年大学生、专业艺术人才、青年创业团队投身到乡村旅游创客活动中来。再次，丰富创新创业形式。以乡村旅游创客基地为引擎，吸引文创活动、艺术体验、康养研学等多元业态集聚，培育发展网络化、智能化、多元化现代乡村旅游产业新模式，发挥"旅游 +"产业融合的双效驱动力量，创新打造体育小镇、康养小镇、观光农业公园等旅游发展新形式。

推动文化和旅游融合发展，要把文旅产业放在经济社会发展的大局中去谋划和推动。要在打造品牌和深挖内涵上下功夫，进一步加强规划设计、完善景区景点配套设施、规划精品线路，注重细节品质，推动文旅产业提档升级；要认真研究消费市场，转变景区运营理念，运用市场化手段持续提升景区服务品质；要加快补齐短板，打造文化和旅游精品工程，推动文旅产业高质量发展。

第七章 国内外成功案例研究

第一节 国内成功案例

乡村旅游目前已在全国许多省市展开，各地在发展过程中逐渐形成了自己的发展模式，如北京的"民俗游"模式、云南以丽江为代表的"特色小城镇"模式、贵州的"村寨游"模式和四川成都的"农家乐"模式等。从乡村旅游开发的依托上来看，我国乡村旅游的类型主要分为两种：都市依托型和景区依托型。

一、北京"民俗游"的发展模式

20世纪80年代后期，在昌平十三陵首次出现了观光桃园之后，京郊民俗旅游经历了以下几个时期。①农家乐时期（1994年以前）：郊区农村观光、学生体验农村生活和农家乐等活动是当时北京郊区农村旅游的主要形式。②民俗旅游接待专业户时期（1995—2000年）：1995年北京世妇会之后，大量宾馆饭店和旅游区（点）在郊区崛起，郊区民俗旅游户、民俗旅游村以吃农家饭、住农家院、体验传统生活习俗、采摘果品菜蔬、垂钓等丰富的民俗旅游活动为特点，吸引了越来越多的旅游者。③规模经营阶段（2001年至今）：黄金周长线旅游过热产生消极后果后，郊区民俗旅游作为一种理性旅游消费的最佳选择，也是新颖的休闲度假方式。

经过10多年的发展，其内涵正逐步发生"3个转变"：一是由最初的自发式发展向规范式标准化转变；二是由单纯的"农家乐"向多类型、广分布、综合性的"乡村游"转变；三是由粗放的外延式发展业向内涵式提高转变。"十一五"期间北京市旅游局（现北京文化和旅游部）实施了"一村一品"工程，用以提升京郊乡村旅游的品质。打造特色是北京乡村旅游升级的核心，各区县要实现"一区（县）一色"，民俗旅游村要实现"一村一品"，民俗旅游接待户要实现"一家一艺"。"一区（县）一色"要求区县发掘各自优势，差异化发展。打造特色沟谷带是实现特色化的重要手段，一切升级的落脚点是"村"，重点突出"一村一品"，打造特色新村。

北京乡村旅游产品主要分为农业观光休闲园，包括观光果园、观光垂钓园、观光养殖园和乡村度假园；民俗文化休闲，节庆活动以自然资源的物候时令为依托。休闲度假包括滑雪场、游泳温泉、卡丁车、射击场、赛马场和高尔夫等。

二、云南以丽江为代表的"特色小城镇"模式

云南有着丰富的旅游资源，不仅有世界闻名的自然遗产、文化遗产、记忆遗产，还有吸引大游客的自然景观、人文景观。丽江古城融合了纳西、白、藏、汉各民族建筑艺术的精华。城内保存着完整的古城风貌，不仅把经济和战略重地与崎岖的地势巧妙地融合在一起，还拥有古老的供水系统。在进行了十多年的发展之后，现在已经成为令世人瞩目的著名胜地。

（一）保存完整风貌，提供旅游资源

丽江古城依托三山而建，与大自然有机而完整地统一。丽江古城从城镇的整体布局到民居的形式及建筑材料、工艺装饰、施工工艺、环境等方面，均完好地保存了古代风貌。丽江古城的道路和水系维持原状，五彩石路面、石拱桥、木板桥、四方街商贸广场一直得以保留。民居仍是采用传统工艺和材料在修复和建造，古城的风貌已得到地方政府最大限度的保护，所有的营造活动均受到严格的控制和指导。丽江从政府当局到城内的居民都非常注重对古城的保护，都极力维持古城的古老风貌，这就为古城旅游的发展提供了很好的旅游资源。

（二）根据市场发展成功推出旅游线路

丽江根据市场发展，先后推出古城—长江第一湾—巨甸—塔城线、古城—老君山线、古城—玉龙山线、古城—虎跳峡环线、古城—泸沽湖线、古城宝山石头城线等主要旅游线路。旅游开发的重点是以"一城（丽江古城）、两山（玉龙雪山、老君山）、一江（金沙江沿线）、一文化（东巴文化）、

一风情（少数民族风情）"为主的自然旅游资源和人文旅游资源及旅游元素相关的其他开发项目。

（三）不断创新，适应市场需求

在旅游产品上，丽江根据市场要求和客源需求不断调整产品，推出了一系列旅游产品，并在此基础上不断开发推出新的后继旅游产品，使得丽江在旅游市场上的吸引力和竞争力不断提升。丽江人在宣传营销特别是对外宣传上下了大功夫，先后制作出版了一大批能充分展示丽江特点的优秀宣传品；为充分展示民族文化和提高丽江的知名度，他们集中精力抓好外部工作和精神文明建设的重点战役。神奇的东巴文化和纳西古乐成为他们对外宣传丽江、让世界了解丽江的一个重要窗口。"机场通航庆典""丽江的回音"等一系列大型活动及丽江新的旅游品牌（如《丽水金沙》大型歌舞晚会等）使国内外许多重要媒体争相报道，大大提高了丽江的知名度，引发了丽江持续增温的旅游热，极大地带动了相关产业的迅速发展，有力地促进了对外开放和经济社会的全面进步。

三、贵州的"村寨游"模式

（一）特色

贵州省开展的民族乡村旅游主要是依托特色村寨及其群落开发的乡村深度体验型产品。这种旅游产品文化特性非常突出，前期主要吸引的是一批文化探秘的境外游客和研究学者，但是随着国际乡村旅游市场的发展，国内旅游者"返璞归真，回归自然"需求的增加，这种结合了传统的文化旅游活动与村寨田园风光的乡村旅游产品表现出特有的发展潜力。这种模式属于景区依托型，主要依托民族村寨或其他大型旅游景点来开展乡村旅游。

（二）典型

1.西江千户苗寨模式：在文化保护与传承中受益

西江千户苗寨是中国历史名镇、省级风景名胜区、中国民间艺术之乡，依托其丰富的苗族文化，利用2008年10月26日贵州第三届旅游产业发展大会在西江举办的契机，基础设施得到了改善，知名度大幅提高，游客量也获得了较大的增长。

投融资模式：与贵州其他乡村旅游发展中资金比较缺乏的状况不同，西江在投融资方面广开渠道，通过向农业发展银行、国家开发银行贷款，整合各部门专项资金（如省水利专项资金），并积极鼓励外来投资，提供小额贷款等，使其基础设施、接待设施方面都取得了长足的进步。

各方参与模式：逐步形成了"景区管理局＋景区公司＋农户＋外来投资＋旅行社"的西江模式。景区管理局在整个模式中处于主导地位，主要负责管理，对道路进行改造、河堤景观改造、房屋包装等；景区公司则主要经营电瓶车、歌舞表演；农户则根据自身资源情况，以经营餐饮和住宿、销售手工艺品、出租店面等形式参与旅游业；外来投资则对农家院住宿档次不高进行了很好的补充，经营级别相对较高的宾馆；旅行社负责景区的宣传、促销，组织客源。

文化保护与传承者的收益：西江景区从 2009 年 4 月开始收取门票，将70% 的门票收入用于实施《文化保护评级办法》，从房屋年代、面积、屋主个人文明程度、服装、粮仓等富于民族特色的文物保护情况进行评定和奖励，以平衡村民的收益情况。此种收益分配方式改变了不直接参与旅游业的村民只承受旅游带来的负面影响而无法从中受益的局面，提高了居民保护有形和无形文化的积极性，使旅游获得了可持续的发展动力。

西江属于景区依托型乡村旅游的代表，依托其深厚的苗族村寨文化，大力开展乡村旅游，其在文化保护和传承方面进行了有益探索，走出了一条乡村旅游与文化保护相辅相成的道路。

2. 巴拉河模式：人人参与，家家受益

在经营主题上可以将"巴拉河模式"概括为"社区农民组织＋农户"。在贵州乡村旅游的发源地——雷山县郎德上寨，自 20 世纪 80 年代中期开展乡村旅游以来，最主要的旅游项目——苗族歌舞表演由村寨集体举办，所有村民均可参与旅游接待并按贡献大小记工分进行分配。村旅游管理小组由全体村民选举产生，负责旅游接待的组织管理。管理和分配制度也是在乡村旅游发展过程中经过村民反复讨论逐步制定和完善的。

尽管郎德工分制运行至今，受到形式单一、效率低下的批评，但"人人有权参与，户户能够受益"的观念在巴拉河沿线陆续崛起的南花、季刀等乡村旅游村寨中得到认可和体现。

在距离郎德仅几公里的凯里市三棵树镇季刀苗寨，村民自发组建的老年协会承担了乡村旅游的组织和管理事务，形成了"协会＋农户"模式。按

"人人有责，各尽其才"的原则，协会下设情歌组、刺绣组、古歌组、绿化组、治安卫生组等功能小组，动员全体村民参与村寨建设管理、旅游接待和文化传承。"协会＋农户"模式的成功运作，为村民深入参与村寨建设与发展提供了广阔平台，功能小组的设置更是极大地调动了村民献智出力的积极性。协会秘书长潘年春还组织村里的"知识分子"，将季刀世代传承的古歌歌词收集整理，印刷成册。

"社区农民组织＋农户"模式使"资源共有，家家有责"的意识深入人心，有效保护了被确定为国家级文物保护单位的村寨建筑。

3. 天龙屯堡模式："政府＋公司＋农村旅游协会＋旅行社"模式

与东部巴拉河模式遥相呼应，在西部，天龙屯堡在乡村旅游发展中也走出了一条值得称道的路子。2001年，依托明代遗存的典型屯堡村落的特殊优势，天龙屯堡乡村旅游起步。三个土生土长、创业有成的屯堡精英共同出资100万元组建旅游公司，从当地政府手中获得50年经营权。之后，村民组建农民旅游协会参与决策。"政府＋公司＋农村旅游协会＋农民"的天龙屯堡模式初具雏形，开创贵州省利用市场机制集合各方力量开发乡村旅游的先河。2006年，天龙屯堡模式进一步拓展，与旅行社和媒体捆绑为更大的利益共同体。

多主体开发模式：天龙屯堡模式中，各方角色清晰。政府负责旅游规划和基础设施建设，优化发展环境；旅游公司总揽投资管理、营销推广等市场运作；农民旅游协会负责组织村民参与地方戏的表演、导游、工艺品的制作、提供住宿餐饮等，并负责维护和修缮各自的民居，协调公司与农民的利益；居民则主要参与旅游接待、制作销售旅游产品和自主经营餐饮、运输、农副产品。居民的意愿主要通过旅游协会表达。旅行社负责开拓市场，组织客源。

收益分配：参与旅游接待的居民领取工资，自主经营项目且自负盈亏。公司统一收取的门票收入除支付各种成本外，为当地居民购买医疗保险，并按一定比例投入农民旅游协会基金，支持协会可持续运作。

这模式的特点是发挥旅游产业链中各环节的优势，通过合理分享利益，避免了乡村旅游开发过度商业化，保护了本土文化，增强了当地居民的自豪感，从而为旅游可持续发展奠定了基础。天龙镇从2001年9月开发旅游以来，政府旅游综合税收收入113万元，公司直接门票收入410万元，旅行社收入786万元，安排给农民旅游协会资金34.4万元，全村旅游综合收入1 370多万元，参与旅游开发的农户人均收入提高了50%，同时推进了农村产业结构的调整，在参与旅游的农户中有42%的劳动力从事服务业，并为农村弱势群体（妇女、老人）提供了旅游从业机会，最大限度地保存了当地文化的真实性，使古老的民族文化呈现出勃勃生机。

四、成都"农家乐"乡村旅游发展模式

成都是"中国乡村旅游的发源地"，其多年的乡村旅游发展实践，形成了"政府主导，部门联动；社会参与，市场带动；基地生产，企业经营"的各方参与模式。"五朵金花"是其中的典型代表。

"五朵金花"是指三圣乡东郊由红砂、幸福、万福、驸马、江家堰、大安桥等6个行政村组成的5个乡村旅游风景区，作为成都乡村旅游的成功典范，是"中国花木之乡"和国家级AAA级风景区，被誉为"永不落幕的花博会""永不谢客的花之居"。景区以"花香农居"进行多个休闲观光农业区的打造，在乡村休闲的一个主题下，按照每个乡村的不同产业基础，打造不同特色的休闲业态和功能配套，将乡村旅游与农业休闲观光、古镇旅游、节庆活动有机地结合起来，形成了以农家乐、乡村酒店、国家农业旅游示范区、旅游古镇等为主体的农村旅游发展业态，最终取得旅游市场的巨大成功。

（一）"五朵金花"模式

三圣乡乡村旅游铸造的"五朵金花"模式包括"幸福梅林""花乡农居""江家菜地""东篱菊园""荷塘月色"，其以规模化的花卉培育基地为基础，由政府主导规划建设，集花卉销售、生产、科研、信息和观光旅游于一身。其主要特点是规模大、生产性强、投资风险小、综合效益高。

（二）建设方式

第一，农房改造景观化。由农户出资，政府补贴，按照"宜散则散、宜聚则聚"的原则，对城市通风口的农房实施就地改造。第二，基础设施城市化。按照整体规划，以城市道路、污水处理、天然气等生活设施标准，完善乡村基础设施。第三，配套设施现代化。实现户户通光纤，村村有卫生服务中心。第四，景观打造生态化。打造湿地，新建绿地，建成既实现微水治旱，又能传承文化的人文自然景观。第五，土地经营规模化。

（三）5个景区的功能定位

第一，花乡农居：发展科技花卉产业和小型农家乐。依托2平方千米左

右的花卉种植规模，发展以观光、赏花为主题，对花卉的科研、生产、包装、旅游等方面进行全方位深度开发的复合型观光休闲农业产业。第二，幸福梅林：发展梅花种植产业、农家乐和旅游商品（梅花），重视科普教育功能。农居建筑风格充分借鉴了川西民居的特点，景区内建有梅花知识长廊、照壁、吟梅诗廊、精品梅园、梅花博物馆等人文景观。第三，江家菜地：发展蔬菜种植产业，开展生态体验旅游和度假旅游（乡村酒店和乡村客栈等）。依托面积达 2 平方千米的时令蔬菜、水果种植基地，以"休闲、劳作、收获"为形式，吸引游客认种土地、认养蔬菜，在体验农事中分享收成，把田间耕作的过程变成全新的健康休闲方式。第四，荷塘月色：发展乡村艺术体验旅游，开展国学传统（锦江书院）观光旅游。依托数百亩荷塘形成的优美风景，利用自然的田园风光打造人文环境，在景区内道路两边设立姿态各异的艺术雕塑，吸引了中国著名油画家、国画家等入驻从事艺术创作，逐步形成了"万福春光画意村"，使荷塘月色散发出自己独有的艺术气息。第五，东篱菊园：发展菊花观光养生养老和乡村休闲度假。东篱菊园契合现代人返璞归真、回归田园的内心愿望，其精美的乡村酒店，形成集居住、休闲、餐饮、娱乐于一身的特色产业，为城市人、旅游者、退休老人提供可供长期包租亦可短居的乡村酒店，让人们有更多的时间品味快乐的乡村休闲时光。今天的东篱菊园是一处拥有绚丽菊花美景和丰富菊文化的观光休闲农业、乡村旅游度假胜地。

（四）发展方式

第一，以文化提升产业。挖掘幸福梅林的梅花传统文化，赋予荷塘月色音乐、绘画艺术内涵，再现江家菜地的农耕文化，展现东篱菊园"环境＋人文＋菊韵＋花海"的菊花韵味，变单一的农业生产为吸引市民体验、休闲的文化活动。第二，以旅游致富农民。鼓励、支持观光道路两侧的农户，依托改造后的农房，采取自主经营、与别人联营、出租给有实力的公司等方式，发展乡村旅游，推出赏花、休闲、体验等多种形式的旅游项目。第三，以产业支撑农业。对花卉龙头企业在资金、技术和政策上扶植，开发出梅花系列旅游产品，形成产业规模。第四，以品牌塑造形象。成都"农家乐"是都市依托型乡村旅游的代表，"五朵金花"相距较近，但各具特色，错位发展，避免了低水平重复建设和发展过程中的恶性循环。其主要特点是依托城市大市场，发展周末休闲度假旅游。"五朵金花"模式通过塑造异化的产品，避免了乡村旅游的低水平重复建设和同质化竞争，实现了乡村旅游产业升级。

第二节　国外成功案例

在一些发达国家，乡村旅游已具相当规模，并走上了规范发展的轨道。例如，英国、法国、西班牙、澳大利亚、美国等，政府把乡村旅游作为发展经济、扩大就业、避免农村人口向城市过度流动的重要手段，在资金、政策上给予大力支持。许多国家和地区在乡村旅游发展的资源保护、产品开发、管理体系方面走出了成功之路。

一、英国

以高度城市化著称的英国，大力开发乡村旅游始于 20 世纪 50 年代。经过 20 世纪 90 年代至今多年的不断研究和改进，其乡村旅游业已日趋成熟。英国东南乡村旅游集团（Tourism South East，TSE）成立于 2003 年，成为英国伦敦市郊最大的旅游公司，由东南部旅游总会（South Tourism Board）和东南英格兰旅游协会（South East England Tourist Board）合并而成。这个集团的成立标志着英国旅游业结束了群雄逐鹿的局面，区域集团化兴起。这个集团的资金主要来源于东南英格兰发展署（South East England Development Agency，SEEDA），这意味着它的大多数投资来自地方政府，其自身具有明显的国有性质。TSE 每年的投资高达 700 万英镑，成为以伦敦为核心的最大的乡村旅游集团，开发区域覆盖 19 000 平方千米。英国的乡村旅游是多方位的，包括乡村生态旅游、体育旅游和商务旅游，而丰富多样的乡村旅游产品延长了游客的逗留时间。例如，TSE 在 2006 年推出了以水上旅游为主的乡村旅游产品，其主要特点是高度参与性和体验性。水上项目不再仅仅是躺在沙滩上感受夏日的阳光和海滨乡村的宁静，而是以划水、帆船训练等体育健身项目为主。TSE 还在乡村开展娱乐类旅游项目，如夜访古堡（化装舞会）、海盗寻宝等，既有很强的表演性，又有很强的娱乐性，一经推出便深受有想象力的年轻人的喜爱。

（一）发展模式

1. "多景点联合互补"开发模式

英国土地面积小、城市化程度高，各个旅游区联系紧密，旅游资源十分有限，这使英国人采取多景点联合互补的开发模式发展乡村旅游。由于各村落地理位置不同，形成了各具特色的历史文化、民风民俗，每一个村落都是独一无二的。在开发时，应该突出各地的特色，形成鲜明的主题。英国的乡村旅游逐渐形成了旅游规划复合系统（Tourist Planning Composite System，TPCS）。TPCS 包含一定区域内各村落发展联合旅游活动的现象与通过延伸和扩展而形成的关联系统，它必须以一个完整的旅游地为基础，具有相应的空间吸引范围和较明确的界限，并且具有明显的区域互补特征。英国东南乡村旅游区不是简单的重复建设，而是各个景点有各自的主题，如水上体育、古堡探险、酒馆文化等。以当地的旅游资源为基础，英国东南乡村旅游区的主题旅游成为现今比较时尚的一种立足于细分旅游市场发展的旅游方式；主题旅游的发展必须依赖与主题旅游产品相应的游客群体，吸引比较专业的兴趣和爱好的旅游者成为发展主题旅游的基础之一。以伦敦为核心，伦敦与各景点都由高速公路连接，路程不超过 1 小时。正是这些高速公路，把更远距离的村落联系在一起，组合成一个整体。

2. 坚持农业主体地位不动摇，规范运作

英国的乡村旅游大多采取以农场为主体的经营方式，一般一个农场旅游景点聘用的全日制工作人员在 10 名以内，为发展旅游进行投资的规模也在 5 万英镑左右，年接待游客四五万人，规模并不大。英国的乡村旅游大多定位于"农业开展多种经营的一个方面"的层面上，乡村旅游紧密依托于农业生产活动的开展。虽然为了开展旅游进行了有针对性的建设，但农业的主体地位并没有被削弱。农业生产本身可能为了方便旅游者观光进行了一些必要的调整，但这种调整没有改变农业生产的性质。

3. 分时度假交换系统和乡村俱乐部的广泛建立

随着信息化时代的到来，英国强大的目的地营销系统的建设使旅游网络营销处在创新前沿。英国乡村旅游的分时度假交换系统和乡村俱乐部的广泛建立，保持了乡村旅游的长期生命力，促进了英国本土乡村旅游的发展。

（二）经验借鉴

1. 政府扶持，政策鼓励

纵观世界各地乡村旅游的发展壮大，无不与政府的支持和鼓励密切相关。英国是最早发展乡村旅游的国家之一，早在 20 世纪 60 年代，英国就兴起了乡村旅游。到 20 世纪 90 年代，农业和畜牧业类的旅游景点已成为与手工艺品中心、休闲类景点、主题公园、文化遗产中心、工厂景点齐名的时髦景点。英国有近1/4的农场都开展了旅游活动。为了支持乡村旅游的发展，英国中央政府农村发展委员会自1991年以来，提出向包括景点在内目的明确的私人开发项目提供资金；农业、渔业及食品部也按计划对一些以农业为基础的景点开发给予财政支持，同时向通过发展旅游来努力使经营多样化的农场主提供资助。乡村委员会也向改善乡村地区旅游设施的项目提供资助。这些政策对于推进英国乡村旅游的全面发展起到了积极作用。政府只对自然生态保护方面进行干预。政府在乡村旅游发生危机时总是起主导作用，英国口蹄疫危机时，政府对受到沉重打击的乡村旅游提供了宣传、促销、减息减税、培训等支持。

英国在2001年大选后将原农业、渔业及食品部改为环境、食品和农村事务部，增加了"环境"与"农村事务"，采取了更具有竞争性、灵活性且对环境更加负责的政策并全面推行以下方案、计划等来提升乡村旅游的产业。①农村管理方案：提供给农场主和土地管理者费用开展管理活动，以此来改善和保持农村风光，保护野生动植物及生活环境。②有机耕作计划：通过资助农场主从传统的耕作方法向有机方法的转变，激励有机农业生产的扩张。③农村经济多样化：吸引适应当地环境的新商业，并为当地所有人提供机遇和工作岗位，提高收入水平；政府每年投入约5亿英镑改善农村基础设施；同时为了继续提高对农村事务的支持水平，到2007年预计拨付16亿英镑来支持英国农村发展计划。

2.多方协作，整合形象，整体促销

乡村旅游的小规模和分散化经营特点导致了单个旅游企业营销力量的有限性，发达国家和地区比较成功的做法是，在形象整合和市场一体化的基础上进行整体化营销。由政府、同业联盟或企业出面组织的非营利性乡村旅游服务和营销网络，在乡村旅游的发展过程中起到了很大作用。这些行业协会积极开展宣传促销，帮助农户寻找客源，还根据各地不同的习俗组织有地方特色的旅游活动，划拨专项经费进行整体促销，建立完善的预定系统，使游客可以通过网络预定系统、电话或旅行社预定行程，电子商务被普遍应用。同时，政府划拨专项经费帮助促销。

（三）案例：英格兰东南部乡村旅游战略规划

1.背景

2001年，在英国爆发了大规模的口蹄疫，这场灾难给英国带来了巨大损失，同时暴露出一个长期以来被忽视的问题：乡村旅游对农村经济的重要性。当游客纷纷选择避开疫区，受到打击的不仅是与旅游业密切相关的部门，许多貌似不相干的行业也由此一蹶不振，充分体现了旅游业突出的相关性和乘数效应。

因此，政府在"农村白皮书"里制定了一系列优先发展策略，认定乡村旅游是一个"关键的农村产业"，同时东南英格兰发展署（SEEDA）协同多个部门为英格兰东南部的乡村旅游发展制定了一套战略规划，对危机过后的乡村旅游起到了积极的引导作用，可谓乡村旅游危机管理的典范。

2. 英格兰东南部乡村旅游发展的斯沃特（SWOT）分析

（1）优势

该地区有多样迷人的乡野风光、变化曲折的海岸线、特点鲜明的小城镇、顶级的文化遗产、便利的人行道路网，又临近伦敦，充当的是"门户"的重要角色。此外，它也是一个文化活动和体育盛会的集中地。

（2）劣势

该地区给人的印象是过于拥挤，并且缺乏鲜明的自然特征；住宿设施良莠不齐且价格偏高；缺乏品牌产品，营销薄弱；东西部交通联络差；旅游业存在招聘困难和技术缺陷等瓶颈，尤其反映在餐饮上。

（3）机会

该地区有很大的潜在市场可以挖掘，而且有机会发展农场住宿品牌产品。有两个富有前景的国家公园，而原有的许多资源尚未被充分发掘出来，如泰晤士河等。人们日益增长的对健康生活方式和自然的时尚的追求，使该地区面临开发乡村旅游的良好机遇。

（4）威胁

不恰当的发展可能导致特色流失、环境恶化、平静丧失；旅游的季节性较强；海外及美国市场的挑战严峻；"9·11"事件的影响仍然存在，使其很难吸引到远程游客。

3. 战略规划主要框架

这个战略规划针对某一目标提出具体的解决方案，主要从以下几个方面着手，分点详细讨论：影响和促进旅游；丰富旅游经历；促进旅游企业的发展；改善乡村目的地的管理。

4.具体方案措施

（1）影响和促进旅游方面

①强化"SOUTHEAST（东南）"的品牌形象。

进行乡村旅游产品的营销；在东南部各地张贴关于口蹄疫的通告（表明情况已得到控制）；深入研究从伦敦及周边地区来的一日游游客，定位目标市场，评估过夜游的潜力及这些游客到乡村游玩的可能性；把东南部作为一个首要的步行旅游目的地进行宣传；提高区域的承载力，使其成为潜在的自行车游和骑马游目的地；发展品牌产品和特色乡村包价游，配套高品质的住宿、餐饮、游览产品，辅以良好的可达性和针对特定市场需求提供一系列的休闲选择；深入开发分区品牌产品；重点开发并营销农场旅游；鼓励区域内的旅游社团发展。

②增强本地旅游信息的影响力。

改进信息交流技术，通过引进旅游信息中心（TIC）或其他系统来实现；开发综合性的当地信息资源包（如旅店里的床边浏览器），推介当地的各项旅游活动、提供公共交通等信息；采用交互性旅游信息营销管理系统。

③提高游客的可进入性。

协同相关部门调查判断哪些道路上有最大的人流量及最高的消费量，给出相应对策；为游客顺利寻找住宿措施和联系乡村管理者提供意见和建议；在针对流动性较弱的游客方面，对住宿供应商进行专门的培训。

（2）丰富旅游经历方面

①提高区内住宿品质，扩大住宿选择范围。

开展供给和潜在需求的研究，包含综合包价游的潜在市场；活动型乡村旅游如步行、自行车游、骑马游和学生假期实践等，普及更多的经营者去获取国家质量保证计划规定的乡村住宿接待许可证；鼓励和发展农场旅游，满足规划中的需求和指定标准；改进住宿供应商之间、旅游景点与景点之间的联系，鼓励当地旅游社团的发展。

②促进当地的美食游。

在东南部农村中推广促进当地美食；借鉴法国"农场客栈"的经验，在东南地区开展类似旅游；强化当地食品生产商和旅店宾馆等的联系。

③最大限度地利用参与型活动的机会来发展旅游。

在当地乡村旅社和主要的步行/自行车道沿途推广"PACKHOUSE"风格的高质量包价服务；利用区域内的主要河流开展亲水型假日旅游；对特定的伦敦顾客群体开展具有保健功能的"压力宣泄"放松运动；把东南地区作

为一个首要的步行和户外探索的目的地进行推广和营销；把东南地区作为一个首要的钓鱼和射击目的地进行推广和营销。

（3）促进旅游企业的发展方面

①为旅游业提供更集中的商业技术支持。

对区域内技能培训情况进行审查，找到差距和今后的努力方向；发展技能组合系列培训；改善商业联系，提供农场商务顾问服务、乡村发展服务，使有志于多样化发展的企业能得到专家的意见作为参考；寻求定位资金来源，如英国环境、食品农村事务部下属的职业培训计划或乡村企业计划等。

②提供关于乡村旅游区域规划的建议。

对包含于区域旅游规划中的乡村旅游规划进行答疑解惑；为土地所有者和相关规划部门提供可持续乡村旅游发展方面的特别指导。

③加强旅游企业间的网络化。

鼓励当地旅游社团及协会的发展，增加市场调查、联合促销、批量采购、经验分享的机会，提高当地旅游业的影响力。

④改善旅游企业对环境及当地社区的影响。

实施绿色审计和环境信托计划；监控和评估相关计划，如怀特岛的游客回馈项目；促进当地社区和旅游协会的合作。

（4）改善乡村旅游目的地的管理方面

①选定乡村旅游目的地，示范综合质量管理。

与知名国际组织合作，在东南地区两个被提名的国家公园建立综合质量管理示范点。

②加强集市城镇的旅游业潜力。

和集市城镇管理者共同合作实施"健康检查"，判断优势及劣势，制定当地旅游发展战略及营销策略；根据策略及周围的乡村环境发展相应的旅游产品，如高品质的旅店、酒吧、餐厅和潜在旅游景点等；提供知识和技能培训来发展集市城镇内的商务旅游和配备会议设施；建立区域乃至全国的集市城镇联合营销联盟；协助城镇联谊的有关安排。

③改善游客管理及交通管理。

和当地的火车运营公司合作，深入发展"无汽车"一日游和假日游；鼓励火车运营公司和巴士公司提供专门的自行车车厢、自行车行李架及租赁服务；提供更好的整体交通服务，以及快捷有效、普及的时刻表，包含促销的信息，如票价或者整体包价旅游的价格；呼吁当地的经营者提供游客在目的地停留时的自行车租赁服务；继续关注公路及铁路的瓶颈问题，尝试通过区域交通规划来克服此问题；发展针对游客管理的公共交通综合规划，识别机遇，把交通规划的大笔资金花在刀刃上；推广各地交通管理的有效经验，如"HOPPERBUS"项目和"无交通旅游"项目等；为游客管理规划提供实用的建议。

二、法国

（一）发展概况

法国既是欧洲第一农业大国，又是世界旅游强国，这两者的结合为法国的乡村旅游发展提供了坚实的基础。20世纪70年代，法国开始发展乡村旅游，这种与乡村紧密结合的新型旅游方式在法国国内被称为"绿色旅游""生态旅游""可持续性旅游"。在法国的乡村旅游中，旅游活动主要集中在农场美食品尝、农场参观、骑马和遗产、文化类参观等方面。

成立于1953年的法国农会常设委员会（APCA），在1998年专门设立了"农业及旅游接待服务处"，大力推销农业旅游。作为推广农业旅游的中央机构，该委员会结合法国农业经营者工会联盟、国家青年农民中心和法国农会与互助联盟等专门农业组织，建立"欢迎你到农庄来"网络，涵盖农场客栈、点心农场、农产品市场、骑马农场、教学农场、探索农场、狩猎农场、暂住农场和露营农场九大系列，组织法国各个大区的农场，形成法国农场强有力的促销策略。

在法国的乡村旅游中，旅游企业特别注重提供相关的活动或服务引导游客体验和享受乡村旅游的乐趣。例如，在农场边开辟小径以供游客漫步欣赏羊群或牛群，或让游客体验挤牛奶的乐趣，或在接待处提供单车出租服务等。

（二）产品形式

法国的乡村旅游也不外乎食、住、行、游、购、娱六大要素，但其产品和服务有明确的规定和指引，同时有相关的行业指标约束。以下主要论述在餐饮、住宿和购物方面的组织安排。

1. 餐饮

乡村的餐厅一般提供有地区特色的菜肴，烹饪的原料来源于周边农场和牧场，因此特别受游客欢迎。同时，法国乡村餐厅非常注重获得各种称号或认证，这些称号或认证是招揽客人的重要保证。在法国农村的葡萄园和酿酒作坊中，游客不仅可以参观和参与酿造葡萄酒的全过程，而且还可以在作坊里品尝，并可以将自己酿好的酒带走，体现了知识性和参与性。

2.住宿

法国乡村旅游的住宿呈现多样化的模式，主要包括乡村别墅、露营和乡村酒店等。乡村别墅作为一种能在法国乡村享受假期而又不算昂贵的方式非常受欢迎。从简单的农居到奢华的城堡，各式各样。在 20 世纪 60 年代，法国成立了全国乡村住宿协会，通过乡村别墅认证对乡村别墅进行规范和管理。为保证质量，该认证每年淘汰一些不符合标准的乡村住宿设施，同时以每 2 000 家的速度更新名单。另外，法国乡村别墅注重特色化。根据不同的地带，乡村别墅被划分为不同的主题，如美食、钓鱼、骑马等，并分设了一些具体的商标，如"鱼屋""雪屋""农屋"，根据其不同的经营性质，所提供的服务别具特色。露营是法国乡村住宿最普遍的形式，价格低且形式多样化，可以是帐篷、房车或者是四周有游廊的二层矮楼的度假小屋。但这些住宿的地点有严格的规范，住宿活动必须在专门设立的露营地开展。乡村酒店包括连锁酒店和独立酒店。为了规范酒店的经营管理，法国对 2 万多家乡村酒店进行了重组和规划，颁发质量认证书和共同的商标，收到了很好的效果。

3.购物

法国乡村旅游的特产很大一部分是地区性的农产品。大多数是周边地区和省内的特产，并且绝大部分产品都有健康产品认证。当然，要通过商标认证，其产品必须通过相关机构的严格检验。游客在购买时也会偏向选择一些印有"绿色食品"或"健康食品"标签的产品。

（三）发展模式

1.政府干预与市场经济整合

"假期绿色居所计划"是政府支持乡村旅游发展的代表，"欢迎莅临农场"的网络组织是非政府组织，支持乡村旅游发展。法国政府和法国农会常设委员会加强了对乡村旅游开发和管理的措施，主要包括以下几项。

（1）恢复发展传统建筑文化遗产

对象主要是典型的、特色的古老村舍，通过政府公共资金补贴、银行贷款等手段鼓励农民修葺房舍，发展乡村旅馆。

（2）加强对乡村旅游业质量的管理

游客住宿、餐饮场所必须取得印有"欢迎莅临农场"标志的资格证书，同时确保具有特色的乡村旅游活动合规展开，如严格规定不得贩卖和采购其他农场的农产品、农场的建筑必须符合当地特色、必须使用当地特色的餐具等。

（3）运用互联网技术建立客房预定中心

对乡村餐饮、旅馆进行营销，以方便游客选择和预定，同时保证业主的经济来源。此外，2001年法国成立了乡村旅游常设会议机构来促进乡村旅游的发展，2003年成立了部际小组，开始在全国规划自行车道和绿色道路，2000年至2006年国家共将拨款5 300万欧元为乡村旅游景点修筑公路。

2."农户＋协会＋政府"的供给模式

农民可以加入国家的"欢迎你到农庄来""农家长租房"和"农庄的餐饮与住宿"等几种协会型组织中。法国家庭农舍联合会专门监督和推销农舍；乡村旅游的主要规范、质量评级标准由法国农会下属协会制定；农会常设委员会下属成立了农业及旅游接待处，并研发了"欢迎你到农庄来"的组织网络；农会常设委员会与农业及旅游接待处制定严格的乡村旅游管理条例。政府少量干预，只参与规划，提供制度保障与财政支持。法国的农业及旅游接待处制定了严格的乡村旅游管理条例。例如，提供饭店餐饮的农家乐必须使用当地生产的农产品，除了酒和奶酪，不得使用罐头食品，且必须使用本地的烹调方法，呈现本土乡村美食特色；餐饮提供的主要食品必须是当地的新鲜食品，不得用冰冻食品。这些做法保证每个农家都有自己独特的产品，也减少了农家之间的同质恶性竞争。农家乐经营者的组织"法国农家乐联合会"负责监督管理农舍出租的标准，定期派人检查农舍质量和卫生条件。早在1974年法国就颁布了《质量宪章》，根据农家乐的周边环境、软硬件设施、房间舒适度及各项服务，以麦穗为标志，将它们分为5个等级，最低等级1个麦穗，最高级别5个麦穗。要想获得5个麦穗十分不易，要有私家花园、停车库，还要有包括网球场、游泳池、桑拿及音乐设备在内的休闲设施。可以说，行业自律是保证法国农家乐服务质量的一个重要因素。

3.推行乡村旅游品质认证制度

法国不论是对餐饮、住宿，还是对购物，都通过认证来进行规范和管理。

4. 围绕"乡村特色"开发产品项目

法国的乡村旅游地正在有意识地"乡村化",甚至以人工手法添加乡村特色,如购置一些古旧的家具,布置一间有传统法国风味的餐厅等。法国政府要求在乡村旅游开发和管理措施中恢复、发展传统建筑文化遗产,主要是典型的、特色的古老村舍,并要求农场的建筑必须符合当地特色。

5. 营销和开发并重

法国乡村旅游的参与者并不是各自为政、独立经营的,往往需要地方政府、地区居民和乡村旅游企业在意见和行动上统一协调、共同规划。同时,发展乡村旅游必须考虑到对当地居民生活上的影响,因为发展乡村旅游最根本的目的是推动地区经济的发展、造福当地居民,这也是乡村旅游产品设计的前提。法国乡村旅游企业营销模式多样,它们往往通过和行业对手及政府性旅游组织合作,扩大营销的层面和影响力,如出版专门的宣传和指导手册,大力促销乡村旅游产品。法国鼓励农民参与乡村旅游开发,加强培训和引导,新兴的"绿色度假"每年可以给法国农民带来的收益相当于全国旅游业收入的1/4。

6. 拓展旅游细分市场

在产品种类方面,从普通的观光产品到种类齐全的休闲农场(农产品农场、骑马农场、教学农场、探索农场、狩猎农场、露营农场等),再到不同主题文化类型的旅游产品,法国旅游部门都有与其相符合的品牌和政策。在住宿类型方面,从一般到特殊(乡村别墅、乡村酒店、特色房间等),从豪华到廉价(城堡驿站、露营地、途中驿站、青年旅馆等),形式多样,完全能满足不同层次的不同需求。

(四)案例:法国普罗旺斯乡村旅游——薰衣草的国度

1. 发展现状

法国东南部地中海沿岸的普罗旺斯不仅是法国国内最美丽的乡村度假胜地,更吸引着来自世界各地的度假人群到此感受普罗旺斯的恬静氛围。彼得·梅尔的《重返普罗旺斯》一书介绍道:"普罗旺斯作为一种生活方式的代名词,已经和香榭丽舍一样成为法国最令人神往的目的地。"它几乎是所有人"逃逸都市、享受慵懒"的梦想之地。

2. 发展概况

普罗旺斯旅游形象定位是薰衣草之乡,功能定位是农业观光旅游目的地。旅游核心项目及旅游产品有田园风光观光游、葡萄酒酒坊体验游、香水作坊体验游。在业态方面设置家庭旅馆、艺术中心、特色手工艺品商铺、香水香皂手工艺作坊、葡萄酒酿造作坊等。

3. 模式经验

凸显立足本土、独具特色的乡土植物——薰衣草。薰衣草几乎成为普罗旺斯的代名词。在普罗旺斯不但可以看到遍地薰衣草紫色花海翻腾迷人的画面，而且在住家常见各式各样的薰衣草香包、香袋，商店也摆满由薰衣草制成的各种制品，像薰衣草香精油、香水、香皂、蜡烛等，在药房与市集中贩卖着分袋包装好的薰衣草花草茶。而薰衣草花海同时也赋予了普罗旺斯浪漫的色彩，使其成为世界上最令人向往的度假地之一。

（1）农业产业化——游客体验，乐在其中

在法国农村的葡萄园和酿酒作坊，游客不仅可以参观和参与酿造葡萄酒的全过程，还可以在作坊里品尝，并可以将自己酿好的酒带走，其乐趣当然与在商场购物不一样。同样，游客在田间观赏薰衣草等农业景观的同时，可以到作坊中参观和参与香水、香皂制作的全过程。

（2）生产景观化——有机结合，增加业态

运用生态学、系统科学、环境美学和景观设计学原理，将农业生产与生态农业建设集旅游休闲观光有机结合起来，建立科研、生产、加工、商贸、观光娱乐、文化、度假、健身等多功能于一体的旅游区。

（3）活动多元化——大众参与，感悟乡村

旅游活动多样化，真实体现乡村生活，增加乡村旅游的大众参与度。可通过庄园游、酒庄游等乡村旅游让游客体会到真正的乡村生活，这得益于旅游区开展的项目丰富多彩，集中体现了乡村地区居民的生活特征。因此，在开发过程中要力求旅游活动和产品的多元化。

（4）节庆多样化——节庆举办，特色凸显

普罗旺斯地区的活动之多，令人目不暇接，几乎每个月都有两至三个大型节庆举办，从年初2月的蒙顿柠檬节到7月至8月的亚维农艺术节、欧洪吉歌剧节，再到8月普罗旺斯山区的薰衣草节，呼应着无拘无束的岁月，更吸引着来自世界各地的度假游客。

三、美国

（一）发展概况

美国有着悠久的乡村旅游传统。美国旅行行业协会（Travel Industry Association of America）在 2001 年对 1 300 位乡村旅游者的抽样调查表明：亲近自然的乡村旅游最受旅游者青睐。第二次世界大战以后，乡村旅游成为中产阶级生活的一部分。他们的假期经常在城边不贵的乡村食宿接待设施和私人农场中度过。旅游食宿设施的形式一般是乡村旅馆和农场中的私人闲置房间。

美国的"世界农业冠军"地位与政府长久以来利用各种政策工具保障支持农业发展是分不开的。自 1929 年以来，美国政府出台了系列农业调整法案，如农产品价格支持法案、农业和食品法案、农业及消费者保护法案。和其他发达国家一样，美国十分重视生态农业、有机农业的发展。截至 2008 年，美国已有 1 900 多个社区支持农场。政府鼓励家庭农场结合有机农业、生态农业开展旅游活动。很多小型生态农场的旅游经营活动可以享受到美国农业部农业旅游基金的资助。这一系列的法规政策为美国乡村旅游的蓬勃发展提供了有力的政策保障和指导。

（二）产品形式

美国的乡村旅游形式多样，产品丰富，森林、水乡、渔乡、农业耕作、人文景致等都开发出了不同类型的旅游产品，能够满足不同需求的消费者。

美国的乡村旅游大致可以分为观光型、休闲型和文化型三类。观光型乡村旅游是指以优美的乡村景观和田园风情及农业生产过程作为旅游吸引物吸引城市居民前往观看、参与和游玩。美国建立了多处供游客观光的基因农场，用基因方法培植马铃薯、番茄，在发展农业的同时向游客普及基因科学知识。休闲型乡村旅游是指以乡村旅游资源为载体，以形式多样的参与性旅游活动为主要内容，以满足游客休闲娱乐、身心健康等需求的旅游类型。如美国的农场、牧场旅游能使游客不仅欣赏到美丽的田园风光、体验到乡村生活的乐趣，还能在专人授课的农场学校学到很多农业知识。文化型乡村旅游是以乡村民俗、乡村民族风情及传统民族文化为主题，将乡村旅游与文化旅游紧密结合的旅游类型。

观光休闲农场是集观光旅游和科普知识于一身的农场，家庭旅馆代表了一个50亿美元的产业，主要分为乡村家庭旅馆和城市家庭旅馆。20世纪60年代末，两种形式的家庭旅馆在美国都很盛行，尤其到80年代后得到了迅速的发展。外出用餐、购物、自然旅游、游览古迹、划船、打猎、骑马、骑自行车、登山、节庆活动都是美国游客喜爱的乡村旅游活动。

佐治亚州乡村旅游的兴起主要是在农业经济效益下滑、农民净收入5年内下降了12个百分点的背景下，许多农场主积极寻求改善经营模式的途径，用基因方法培植马铃薯、番茄等，专人授课，向游客普及基因科学农业知识。这种兼有娱乐和教育培训意义的参与式的乡村旅游形式深受旅游者的欢迎。每当瓜果成熟的季节，城里人就纷纷涌进各大农场自租自种或参加摘水果的度假活动。后来，在地方农业推广服务中心（Cooperative Extension Service）的推动下，农民成立了自己的合作组织，联合促销和推广佐治亚州乡村旅游目的地的形象。

（三）经验借鉴

美国不仅是世界经济强国，更是世界旅游大国，美国的旅游收入高居世界第一位，而乡村旅游作为美国旅游业发展的一个重要组成部分近年来呈现出发展势头强劲、旅游产品丰富多样、旅游客源多元化的发展态势。以美国的乡村旅游形式为例，其旅游产品的丰富程度是举世瞩目的，主要包括农业旅游、森林旅游、民俗旅游、牧场旅游、渔村旅游和水乡旅游等。人们通过参与乡村的观光度假既可以观赏田园景色，又可以参与田园、牧场等的耕作，还可以分享丰收的果实，参与具有浓郁地方特色的娱乐项目。既可以陶冶情操，又可以强健身心。自20世纪70年代初期开始，美国的这种独具特色的乡村旅游开始迅猛发展，到20世纪80年代初期，乡村旅游甚至被视为一种带动乡村经济发展的有力武器。

1.加强立法，规范管理

从1958年起，美国国会和各州议会频频颁布法律，加大了对旅游业的规范管理和支持力度。随着美国旅游业及其管理体系的发展和完善，国会又加强了对发展乡村旅游的支持力度。例如，1973年美国国会颁布了《国家旅游法》，该法成为此后美国政府推动乡村旅游的法律依据，为乡村旅游创造了良好的发展环境。美国为了促进乡村旅游业的发展，对申请开办乡村旅游经营的个人或组织、经营规模大小、土地房屋租用、生态环保、安全规定等都建立了相关的法律程序和规定，对民宿农庄也有专门的法律规定，如1999年7月，美国加州政府通过了《加州农场家庭住宿法案》，对允许农场和牧场提供游客过夜服务做了法律规定，为农场和牧场旅游的开展铺平了道路。

2. 合理规划，分层扶持

美国的乡村旅游之所以开展得比较成功，与美国各级政府对旅游业的合理规划和政策支持是分不开的。美国将乡村旅游纳入了农村可持续发展的总体战略，出台了各项优惠政策措施，从县、州一直到联邦的各级政府对乡村旅游业都有合理的规划和一系列的扶持政策。比如，地方政府在制定一个地区的发展规划时会有意识地将乡村旅游纳入其中，有意识地鼓励乡村旅游的发展，甚至为乡村旅游创造交通、住宿等配套设施；在联邦一级政府，美国农业部设有多个基金，有合适项目的乡村或个人在开发乡村旅游时都可以申请。基层政府还对申请发展乡村旅游的村庄或个人在申办手续上予以简化。比如，加利福尼亚州于1999年通过了一项《加州农场家庭住宿法案》，法案中明确指出农家旅馆在最低规模和要求方面可以低于商业旅馆，这是对农家旅馆这种形式的乡村旅游的典型扶持。

在美国并不存在一个实体的国家级别的旅游行政机关（美国旅行与旅游管理局曾经是国家的官方旅游行政机关，1996年国会取消了美国旅游管理局，改由国家商务部下设的"旅游产业功能组"来接替其职能），这在全球200多个国家当中可以说是独一无二的。因此，美国政府对旅游管理权限的下放程度非常高。对乡村旅游的管理和开发权限也是如此，上级主管部门对旅游的限制非常少，既不干预也不参与各地政府的旅游产业发展，将主要权力都下放到了基层政府。基层政府大都能根据自己本地区的实际情况合理开发出具有比较优势的迎合游客需要的旅游产品，从而不断发展壮大当地的乡村旅游产业。各地政府对每一寸土地的开发都有详细的规划，以便能充分利用好本地的自然环境、文化资源来发展乡村旅游。

美国各级政府部门从信息引导、业务培训、资金支持等方面向乡村旅游发展提供支持和优质服务。例如，美国联邦政府在进行旅游业骨干人才培训时，以"农村旅游发展基金"为基础的金融支持及高等院校关于乡村旅游方面的基础性研究等方面对乡村旅游的发展提供了强大的支持和帮助。美国商务部于1992年和1993年分别在密苏里州和南达科他州举行了"全国农村旅游业发展会议"，对全国农村旅游业骨干人员进行培训；联邦"农村旅游发展基金"向各个地区发放旅游优惠贷款和补贴；20世纪末，美国联邦旅行与旅游管理局和明尼苏达大学旅游研究中心合作出版《乡村旅游发展培训指南》，为乡村旅游提供旅游规划指导和建议。

而美国的地方政府会有意识地鼓励发展乡村旅游，为旅游业创造交通、住宿等配套设施，提供旅游信息服务等。例如，位于美国中西部的密歇根州发展乡村旅游的经验是在农业厅下面设立专门的乡村旅游委员会，为发展乡村旅游提供各种资讯和帮助。在帮助乡村旅游开拓市场方面，州政府会进行专门的市场调研，为农民提供市场供求信息，并把优秀的乡村旅游资源集中起来向外推广，建立乡村旅游信息特色网站等。每年美国的一些地方政府或农民协会还会举办乡村旅游的相关活动，如农业博览会、赛马比赛、乡村游行等，通过活动展现乡村的特色和风情，吸引城市旅游者的到来。

3."乡村旅游基金（NRTF）"支持模式

由于美国并不存在国家一级的旅游行政管理机关，所以美国的旅游业发展除了以丰富的旅游资源禀赋为基础，还是典型的以市场为导向、以广泛参与的社区和行业协会等非政府组织为主要推动力量的促销运行机制。美国各级旅游管理部门除了在合理规划、制定旅游政策和旅游法规等方面起引领作用，一般不会过多干预乡村旅游的发展。乡村旅游行业标准的制定、监督检查和评估等工作都是由行业协会来负责的。由于政府对乡村旅游管理留有空间，所以美国的非政府组织有大量的活动和服务空间。美国的旅游行业协会是国家层面一级的主要非政府性质的旅游组织，是一个非营利性机构，充当美国旅游行业各个部门及协会的统一组织。针对乡村旅游的发展，美国于1992年专门出台了关于乡村旅游发展的国家政策，建立了一个非营利性的组织——国家乡村旅游基金（NRTF）。该基金成立至今，已经在鼓励乡村旅游的可持续发展、提高联邦旅游和休闲场所的知名度、提供网络信息服务、执行州旅游合作计划、推广国际旅游项目、开发全美森林服务项目等方面发挥了非常积极的作用。除此之外，美国的各种农业协会组织也发挥了积极的作用，主要为试图发展乡村旅游的民众提供信息咨询、项目指导，同时提供其他地方的成功经验介绍等。美国的社区会通过定期或不定期地举办乡村旅游巡回展览、专题研讨会为农牧业生产者提供乡村旅游知识培训，并鼓励所有农牧业生产者加盟协会和组织等。正是这些与旅游业服务相关的、根植于基层、贴近居民的大量非政府组织的快捷有效的服务有力地促进了美国乡村旅游的发展。

4.科学经营，注重营销

许多农场主致力于学习各种与乡村旅游开发相关的课程，世界著名学府康奈尔大学还为农场主开设了如何成为农业企业家的课程和讲座；农场主还在乡村旅游的内容和项目上不断推陈出新，除了采摘果品、露营野炊、"绿色食品展"、乡村音乐会、破冰垂钓、饲养小动物等传统活动，还新增了"玉米田迷宫""珍稀动物展览""农场博物馆"等活动内容。

美国的乡村旅游在起步阶段也是以近郊游客为主要客源，客源区域相对狭窄，但发展至今，其客源已经从区域性、小范围城镇居民向跨区域、跨国界发展。这主要是源于美国一些重要的乡村旅游目的地日益注重品牌建设和宣传促销，一些知名的乡村旅游目的地吸引了中远程的国内游客及境外旅游客源；发展乡村旅游也要切合实际，更多地瞄准国内市场，特别是周边城市的居民。乡村游的发展主要是靠国内居民，特别是周边城市居民带动的。美国在选择乡村旅游目标市场上着重打好"本地牌"，注意突出地方特色，在市场定位和宣传上从本地资源特色和文化历史中挖掘题材，突出与众不同的"卖点"。

美国的节会营销在乡村旅游市场的拓展方面起了非常重要的作用。据相关统计数据显示，1980年以来，美国的年度性节庆活动年均增加5%以上，很多乡村旅游正是以这些节庆活动为纽带来组织进行的。例如，威斯康星州是美国著名的"汉堡之乡"，1998年在该州烹制出重达2.5吨的汉堡包，载入吉尼斯世界纪录，从此该州每年都会举行享誉全球的"汉堡盛宴"，世界各地的旅游者都慕名前来，该州的乡村旅游也因此获益匪浅。目前，美国越来越多的地区已经开始依赖年度节庆活动所带来的品牌效益，而这也成为许多地区宣传的特色以及吸引大量游客的有力武器。

（四）案例：美国纳帕溪谷——理想田园

1.项目简介

距旧金山以北80千米，长48千米、宽3千米左右的葡萄园，其历史可以追溯到1886年，从家庭或小作坊生产的葡萄酒到大托拉斯酒厂有近200家，出产的是美国品质最高的葡萄酒，近年来此地出产的葡萄酒连续夺得世界第一。当地风景美丽、淳朴自然，不但很适合葡萄的生长，而且已成为以红酒文化、庄园文化而极负盛名的旅游观光度假地，它是电影《云中漫步》的外景拍摄地。

2. 发展概况

美国纳帕溪谷以"葡萄园、乡村庄园、小镇"为依托，采用六大元素构建理想田园生活：当地特色的建筑风格、开阔的田园空间、原汁原味的农业作坊、舒适现代的生活设施、雅致脱俗的艺术品位和处处渗透的文化历史。

3. 发展模式

标杆农庄一户一特色。具有便利的配套设施，如环境优美的户外购物中心、提供高品质的食住行娱的 NAPA 小镇和其他休闲娱乐活动设施。游客也可以享受到专门的游客服务：信息齐全且服务细致的游客服务中心、独特的交通体验、精致系统的博物馆以及专门的高端服务、精致农业为游客提供高品质的红酒和精致的衍生工艺纪念品等。

四、日本

（一）发展概况

日本的乡村旅游创始于 20 世纪 70 年代，近些年得到大规模发展。日本借鉴了法国、丹麦、德国等欧洲国家的先进经验，于 1991 年制定了《市民农园整备促进法》，大型农园的规模较大、设施较齐全。

1. 第一产业衰落，催生新的经济增长点

随着工业化和城市化的发展，青壮年外流，日本出现了农业生产力降低、农业过疏化发展、农民收入急剧降低等一系列问题，农业地位日益下降。这一现象引起了政府和学者的关注。为了提高农民收入，改善村民生活质量，振兴乡村经济，当地政府出台了一系列政策措施鼓励、支持、引导发展乡村旅游，既可以带动地方经济的振兴，又可以保持、发展乡村和地方的文化传统与文化形貌。

2. 基于"本土化"回归的旅游需求

日本文化的"自生性"（原生性）休闲活动一直在民间进行着。特别是到了当代社会，日本文化出现了向"本土化"回归的一种趋势，这种文化趋势在日本国内旅游中表现得很充分。它的一个重要表现就是日本乡村成了日本人民通过旅游方式寻找和重现传统社会和文化的一个地方。在快速的城市化与工业化进程中，日本城市居民产生了"故乡丧失"的感觉，他们意识到需要通过缓解压力、提高生活质量来恢复工作热情，因此促进了日本乡村旅游的发展。

3. 乡村精英的示范联动作用

乡村精英指的是在经济资源、政治地位、文化水平、社会关系、社区威信、办事能力等方面具有相对优势，具有较强的自我意识与参与意识，并对当地的发展具有较大影响或推动作用的村民。日本上野县四贺村的村长，在当地蚕业和烟业失去竞争力、农民生活状况日益低下的情况下，利用废弃的桑园地等带领四贺村居民开发了逗留型市民休闲农园，取得了良好的经济效益，也促使其他村民积极参与到乡村旅游接待中来，从而实现了四贺村经济的复苏。

20世纪60年代，日本工业经济飞速发展，越来越多的农民离开土地进城成为工人，导致日本农村地区普遍出现了农业高龄化和过疏化的严峻局面。为了解决这一问题，日本政府采取了一系列措施以提高农业的机械化、集群化水平。在政府的引导和扶持下，农村地区的兼业化程度也普遍提高，有许多农民开始兼营蔬菜、水果和花卉等，有的还转向经营园艺和畜牧水产业。与此同时，飞速发展的经济使都市人渴望充实的精神生活，希望有更多、更好的休闲场所。于是，城市近郊的观光果园、休闲农场等简易型乡村旅游形式应运而生并迅速发展起来。20世纪70年代，日本农村地区（包括山村）开始出现相对规模化、专业化的"农村观光"经营场所，如专业农庄、农家果园等，大量城市居民开始走向乡村度假。20世纪80年代，日本各地农村出现了利用民间资本大规模开发乡村度假村和进行农村旅游建设的热潮，一大批可以容纳500～1000人的大型休闲度假村相继建成，如北海道的"农业综合休养地"、长崎县的农业主题公园"荷兰村"、熊本县的"老年农村公寓"等。进入21世纪，日本的"农家乐"旅游更是迈入了高速发展期，呈现出多元化、专业化、社会化、精品化的特点，其经营范围相当广泛，经营成效日益显著，已发展成为前景良好的新型旅游业态之一。

（二）产品形式

经过近半个世纪的发展，日本乡村游取得了显著成绩，处于世界先进水平。日本乡村游主要分为两大类型，即观光娱乐型和休闲度假型。观光娱乐型主要是以城市人所陌生的乡村农林牧副业生产过程和当地独特的人文景观为卖点，在城市近郊或景区附近开辟有特色的菜园、果园等，游客可以采摘，享受田园乐趣。在日本的一些水果和花卉产地，农园就是观光旅游地。从时令果园的分布情况来看，70%集中在关东、甲信越地区，80%为个人经营，其他多为"农协"共管。从果园经营类别来看，既有专营某一种类的，也有实行两种或多种兼营的，大多根据自身的经济实力、技术条件和市场需求等情况进行开发。休闲度假型的乡村旅游是利用优美的山水自然环境和不同的农林资源向人们提供各种休闲度假服务。目前，这种形态的乡村游已成为日本城市居民休闲度假的主要形式。休闲农场是最具代表性的经营业态之一，它以生产蔬菜、瓜果、茶蚕或其他农作物为主，在具有多种优越自然资源的条件下，开展极具特色的乡村旅游活动。日本最多的还是各类综合性的休闲农场，一般在农场内规划有服务区、景观区、花卉区及活动区等，分别开展综合经营活动，为游客提供农业体验。

1. 时令果园

果园经营者在果蔬成熟时节定期向市民开放果园，吸引旅游者前来观光游览，并为其提供优质的旅游服务。游客在时令果园里可以观赏、采摘果蔬，了解其生长、生产过程，在欣赏乡村景色的同时，收获劳作的乐趣。

2. 专业农场

将农业生产、农产品消费与休闲旅游相融合，并依据不同农场的自然条件和农产品的类型因地制宜进行开发、经营，形成了各种独特的风格。专业农场又分为以单一农产品为主构成的专业农场和集服务区、景观区、草原区、森林区、水果区和花卉区等于一身的综合性专业休闲农场。

3. 休闲农庄

它是"农家乐"旅游的最佳度假住宿场所，是都市人群度假旅游的会馆。农庄经营者必须按照酒店法的规范进行经营管理，参加旅馆协会，每月定期接受行业协会的指导，由协会为其分派旅客。

4. 乡村农园

它是针对城市儿童农业知识教育的体验性旅游。城市儿童利用假期到农村体验生活，可以学习乡土知识、生态知识，开展野外活动等。

5. 农村公寓

这是专为老人们提供疗养、保健、休闲等服务的乡村公寓。日本于20世纪90年代初进入"老龄化社会"。老年人非常注重健康养生，喜欢通过接触大自然达到修身养性的目的，加之他们有足够的闲暇时间，退休金也充裕，因此成为了农村公寓的重要客源。

从以上分析可以看出，日本的乡村旅游项目多以休闲型旅游为主，旅游项目具有娱乐性强、互动参与性强、表现形式新颖等特点。

（三）经验借鉴

1. 立法支持，行业规范

日本发展乡村旅游的相关政策最早可以追溯到 1970 年。当时，山村振兴基本问题咨询委员会制订了"山村振兴和开发计划"，提出"山村地区将长期承担保护日本自然生态环境的责任，为社会经济的发展做出贡献"。1992 年，农林水产省出台新政策，并在 1999 年颁布《食品农业农村基本法》。利用法律、规范对乡村旅游进行规范化管理。日本的农家住宿一般由家庭成员进行经营，按酒店法的规范进行管理，在进行乡村旅游资源开发和规划时非常重视在原有的一些遗址上进行复原和整修，尽可能使民俗景点或博物馆保持其传统的、旧式的、古董的、原貌的特色，使之成为乡土式的综合博物馆。

2. 政府重视，协会监管

日本政府直接参与旅游规划和行动，由农林水产省负责其管理、咨询、提供补助经费和贷款等相关事宜。日本各级政府认为，在农村人力外流、农业生产萎缩、公害污染严重等不利情况下，发展乡村旅游一方面可以稳定农村人口、增加农民收益，另一方面可保护环境，满足消费者旅游的愿望。

旅游行业协会的活动可以分为两个方面。一方面，立足于旅游市场的自由企业制度和公平竞争的基本秩序，行业协会先服务于内部成员，为成员企业提供国内外旅游形势的各种情报，帮助企业培训人才，对企业的经营管理进行指导，密切本行业企业或相关产业间的交流，进行信息沟通和经营协调；另一方面，行业协会立足于本行业在国内产业结构和国际关系中的地位进行考察，向政府提出意见和建议，派代表参加政府的各种会议，谋求对政策的制定产生影响，以使本行业获得更大的发展空间。现以长野县四贺村乡村旅游发展模式为例进行简要介绍。四贺村在 2001 年度第 4 次综合规划中提出21 世纪的基本目标是创造与环境和谐的新生活和城市，在实践上则致力于把有机农业和有机堆肥制作结合起来，有效利用太阳能和风力发电等清洁型能源。2000 年，该村建设了四贺有机中心，把发酵处理后的家畜粪便和生活污泥制作成土壤改良堆肥，并用于休闲农园和村内其他地方的有机农业中，从而构建了生态循环农业系统。四贺村的有机处理中心主要利用"山村振兴等农林渔业特别对策项目"的拨款，总投入 55 900 万日元以上（其中国库补助率 50%）。需要补充的是，上述农园和有机中心的建设除了国库补助金，剩余一半资金的约 70% 通过发行地方债券和征收地方税收补偿；对农园的管理则由村行政等出资建立的一个股份公司（株式会社）负责。

3.政府推广"生产、研发、休闲"农园农业模式

日本的农村生产加工、科技研发、休闲农业等都体现了一种模式,即日本式农园农业。其主要特点有三点:一是农业、农村、农民一体化经营管理,营造的是无围墙的公园,农民在公园里生产、生活、休闲,这也可以看作是新农村建设典范;二是生产、加工、销售一体化运作,提升了农产品附加值和经营效益,让弱势的农业变大,日本农民收入不比市民低就是最好的证明;三是政府、村委会、财团协会三位一体,扶强村级经济,使当地农民致富。许多市民同样渴望了解农业、参与农业。因此,应运而生的市民农园通过推广和宣传吸引了市民租地经营,全程自己劳动、管理和收获,在真正意义上参与农业、体验农业。

(四)案例:日本水上町工匠之乡

1.项目概况

走观光型农业之路的日本乡村水上町的"工匠之乡"包括"人偶之家""面具之家""竹编之家""陶艺之家"等近30余家传统手工艺作坊,其旅游概念的提出吸引了日本各地成千上万的手工艺者举家搬迁至此。1998年至2005年间,每年来"工匠之乡"参观游览、参与体验的游客达45万人,24家"工匠之家"的总销售额达3 116亿日元(约合271万美元)。

2.主要项目及产品

核心旅游项目有胡桃雕刻彩绘、草编、木织(用树皮织布等)、陶艺等传统手工艺作坊,形式多样,异彩纷呈。水上町群山围绕,当地人以务农为生,如种稻、养蚕和栽培苹果、香菇等经济作物。区域整体定位为公园,探索农业和观光业相互促进、振兴地方经济之路。目前,水上町已经建成了农村环境改善中心、农林渔业体验实习馆、农产品加工所、畜产业综合设施与两个村营温泉中心以及一个讲述民间传说和展示传统戏剧的演出设施。

水上町的旅游产品包括田园风光观光游、乡村生活体验游、温泉养生度假游、传统工艺体验游。业态设置包括特色餐馆、传统手工艺体验活动中心、水果采摘、品尝体验活动中心、温泉中心等。

3.模式借鉴

水上町的"一村一品"特色旅游产业发展模式极大地提高了农民的生产生活水平,促进了地方经济的活跃和产业化发展,它们承载着当地人振兴家乡的"农村公园"构想,为建设现代化新农村、发展地方经济做出了贡献,其经验值得思考和借鉴。游客不仅可以现场观摩手工艺品的制作过程，还可以在手工坊主的指导下亲自动手体验。"工匠之乡"以传统的特色手工艺为卖点进行产业化发展和整体营销，提供产品生产的现场教学和制作体验，大力发展特色体验旅游，获得了极大的成功。

五、西班牙

（一）发展概况

西班牙是欧洲除瑞士之外山最多的国家，发展乡村旅游有着良好的自然条件。西班牙的乡村旅游在 1986 年前后开始起步，1992 年以后快速发展，目前增长速度已经超过了海滨旅游，成为西班牙旅游中的重要组成部分之一。西班牙人非常重视乡村旅游，有 36% 的西班牙人的休假是在 1 000 多个乡村旅游点度过的。除国内游客外，一些来自欧洲其他国家的游客也开始逐步到西班牙的乡村享受与大自然亲密接触的乐趣。

西班牙发展乡村旅游最初源于 20 世纪 90 年代农村部门为适应全球化的冲击，通过政府支持改造了农村的基础设施。在这个过程中农业部门做出了非常大的贡献。1992 年，西班牙只有 36 家乡村旅馆（而当时法国有多达 36 000 家），现在合法的就有 7 000 多家，还有 15 000 ～ 20 000 家非法（即没有经过政府根据标准认定）的。1992—1998 年，西班牙政府投入了很大精力进行乡村旅馆建设，使乡村旅游设施有了很大的改善。但在 1998 年以后，西班牙乡村旅游实际上不是设施增长最多，而是乡村旅游的形象得到了很大提升。乡村旅游的发展让全社会的人都认识到了有必要更好地利用农村的设施，以促进经济和社会的发展。

在最近 12 年中，西班牙乡村旅游的工作重点从乡村旅馆的建设转移到了旅游形象的创立。由于有了乡村旅游，西班牙的农村发生了相当大的变化。旅游不仅促进了农村经济结构的变化，还使农村的设施和环境都得到了很大改善。目前在西班牙没有农业问题，只有农民问题，因为农民只占全国总人口的 4%，但农业产值却比任何时候都要高。当然，发展乡村旅游促进农村的变化更主要的是农民头脑的变化。在农村，农民观念的变化基本上是由乡村旅游带来的。比如，一个农民在 3 年内接待了 300 个客人，他 3 年后的思想观念和 3 年前肯定是不一样的。

（二）产品类型

西班牙是欧洲乡村旅游的发源地和世界上著名的旅游大国，最早改造废弃的城堡并使用其开展旅游活动，主要有房屋出租型、别墅出租型、山地度假型、乡村观光型等，开展了徒步、骑马、滑翔、登山、漂流等多种休闲活动，85%的乡村旅游者会周末驾车前往 100～150 千米以内的农场休闲度假。

（三）发展模式

在西班牙，农村直接经营乡村旅游的农户比例很小，据西班牙专家比德罗·希尔在中国开办培训班时介绍，一个有 1 000 人口的村镇上只有 3 户有乡村旅馆。虽然直接经营乡村旅游的农户不多，但从卖农产品、经营手工艺品等生产制造中受益的农户则不少。因此，整个村子都会非常关注这 3 家的经营情况，尤其是他们接待游客的情况。由于旅馆年入住天数一般不超过120 天，所以西班牙乡村旅游业主 60% 的收入以上都是非旅游收入，其他农户的旅游收入就更少了。因此，西班牙乡村旅游直接的经济收益并没有想象中的那样多，但间接的收益却非常多。比如，通过开展乡村旅游，农民对城市、经济、政治、生活方式等的看法都会发生变化，农民思想的变化促进了社会的变化。

西班牙乡村旅游协会是一个民间的联合体，它和政府有着良好的合作关系，在推进西班牙乡村旅游发展中起着非常重要的作用。它使很多业主自发地联合在一起，西班牙超过 60% 经营乡村旅游的业主都加入了这个协会。该协会有一个内容非常丰富的网站，网站上有各个会员单位的介绍，游客可以直接在网站上进行预订。协会还把各个会员单位组织起来，通过预订中心、报纸广告和互联网等手段进行统一的营销推广。为了保证乡村旅游的质量，协会还自行规定了一些标准，要求会员单位执行。

西班牙政府对乡村旅游的发展比较重视。在西班牙，每个地区政府都有乡村旅游方面的立法，从立法上确立乡村旅游的地位。西班牙国家和地方政府还就乡村旅游制定了很多标准，其中有一些是必须执行的强制性标准，从而在标准上确保了西班牙乡村旅游的质量。比如，对乡村旅馆，法律规定必须是具有 50 年以上历史的老房子，而且最多提供 10～15 个房间（现在也有一些专门化的划分，如专门接待残疾人的旅馆），开业需要申请，经过政府审核合格，才发给开业许可证。不符合上述标准的就拿不到开业许可证。

如使用只有20年历史或新建的房子经营乡村旅游是不合法的，因为这样做是没有营业执照的。政府有督察，督察如果查到了非法开办的旅馆，不但这些旅馆要关门，而且业主要罚款。当然，现在西班牙政府也正在着手修改法规，以建立乡村中不同类型旅馆的区分制度，解决那些不合法的旅馆的身份问题。

政府还通过减免税收、补贴、低息投资贷款（有时仅为1%）等对乡村旅游给予特定的支持和帮助。贷款主要用于改善乡村旅游的基础接待设施，有10年的长期贷款，也有在2年以后即开始还款的短期贷款。政府的补贴只用于修缮那些具有50年以上历史的老房子，帮助农民把它们改造成乡村旅馆。另外，政府也会在区域上对乡村旅游进行合理的规划，根据市场需求开展有关方面的建设，以免造成过度的竞争。

西班牙政府还通过技术上的帮助或培训引导和促进乡村旅游的发展。在培训中教育当地的农民要懂得保护自身的文化，认识到保护农村自然环境和生态环境的重要性。如果因为发展乡村旅游，自身的文化和农村的环境被破坏了，那将是一件得不偿失的事情。乡村旅游业不能代替农业，否则就会失去乡村旅游的本意。

（四）经验借鉴

我们应注重主客交流和生活方式的体验，在农舍内游客可以与农场主人共同生活，参与体验性较强。

经营形式应灵活多样，在农场范围内，游客可以把整个农场租下，远离农场主人，自行料理生活上的事务，也可以在农场范围内搭帐篷露营或者利用旅行车旅行。

我们应重视文化的复兴和传统习俗的渗透，保持乡村旅游的独特魅力，开拓国际市场。

（五）案例：西班牙政府发展乡村旅游举措

1.用行业标准确保乡村游质量

西班牙国家和地方政府就乡村旅游制定了很多行业标准，在开展乡村旅游的过程中，政府要对参与乡村旅游开发的农户进行严格考核，向具备条件的接待户颁发"旅游接待许可证"。

2.改造城堡或大农场，建成乡村旅游社区

政府早在 1967 年就启动了农户度假规划，规划要求如下：公众性，要求农户要有适当的组织；官方支持（法律和财政）；乡村吸引城市人口的信息传播。

六、奥地利

（一）发展概况

奥地利的乡村旅游起步较早，在 19 世纪 80 年代就得到了大规模的发展，目前已走上了规范化的发展道路。2004 年，奥地利乡村旅游人数占旅游总人数的 18%，收入占旅游总收入的 25%。

山城茵斯布鲁克是与维也纳、萨尔斯堡齐名的三大旅游胜地之一，举办过两届冬季奥运会，为蒂罗尔州的首府，又称为"阿尔卑斯山的首府"，是典型的阿尔卑斯风景区。茵斯布鲁克的乡村度假近几年来的国际口碑日益升温。共有 25 个度假村围绕着茵斯布鲁克，分布在城区、南部度假区、西部度假区和赛尔林山谷度假区 4 个区域。由城区出发，仅 10 分钟的车程即可到达度假村。茵斯布鲁克及其周边的 25 个度假村镇每年酒店过夜次数达到约 2 200 万次，仅茵斯布鲁克每年就接待 500 万游客。

（二）发展模式

奥地利的乡村旅游主要体现为"质量分级与主题化"开发模式。

1.奥地利的农场度假（Holiday on Farms）

以质量分级与主题化作为开发与营销手段，促进乡村旅游发展与农村建设。

2."绿色村庄计划"（Green Villages）

在全国范围尤其是农场推广旅游生态标签运动（Austria Eco-label for Tourism）。

第三节 乡村旅游未来发展方向

乡村旅游是随着经济的发展和社会的进步而逐步兴起的一种全新的旅游模式，这种旅游模式一方面可以拉近城市和乡村之间的距离，使城市中的人走进乡村，感受美丽的自然风光，放松精神，陶冶情操，达到休闲放松的旅游目的；另一方面可以对乡村资源进行有效开发，改善乡村环境，提高村民经济收入。但是，随着乡村旅游的不断向前发展，各种问题逐渐凸显出来，如乡村生态环境的污染和过度开发、景区缺乏特色、模式单一等。面对这种状况，乡村旅游应该进行积极调整和模式转换，不断向前发展，适应人们的旅游需求。

从总体上来看，乡村旅游的发展趋势主要是发展特色旅游，提升景区的独特性和辨识度；规范乡村景区管理，实现管理的规范化和正规化；扩大乡村旅游景点规模，提升景点品质；树立景区的品牌意识，彰显自身色彩。针对乡村旅游的这些发展趋势，在进行乡村景区开发时，应该不断改进景区质量，增强景区的创新意识，寻找适合乡村的开发点，提升乡村旅游的吸引力。乡村旅游的未来发展趋势从整体上来看，主要有以下几个重要方向。

一、立足乡土，发掘乡愁文化

在很多人的思想观念中，故乡是充满美好回忆的一方圣土，而"故乡"和"乡愁"相结合，则构成了中国人普遍的心理图示。可以说，时代越往前发展，人们对故乡的回忆和追寻就越显得突出和重要，对于 70 后、80 后还有更年长的长辈们来说，乡愁不仅是怀念童年和思念家乡，更是他们对青春的总结和美好的回忆。因此，在进行乡村旅游景点规划和理念设计时，应该着眼于乡村风情，发掘景点的乡土气息，营造乡土韵味。在对乡村进行景点开发和改造时，应该突出乡村的乡土风情，在对乡村乡土风情的打造上应该注意保存一些辨识度比较高的符号性景点和物象。抓住能够引发人们的"乡愁"，引起游客的共鸣，拨动人们心弦的个性化东西，少搞千篇一律、"大家都有"的东西。"乡愁"能唤起人们心中的家乡情怀，能使人回忆起过去的生活经历，能让人了解乡村独特的文化。所以，乡村旅游在乡愁文化建设上才是重点。建设以乡愁文化为主题的文化旅游，不仅能提升乡村旅游竞争力和吸引力，还能对中国传统的乡村文化进行继承和弘扬。不同的区域应当因地制宜地寻找各自的特色乡愁文化，如特色建筑、特色生活方式、特色历史事件等。各地在开发特色乡愁文化的同时要避免与其他区域雷同，这就需要政府旅游开发部门的协调和控制了。

二、加强政府保障监管，推进品牌化发展

目前，我国的乡村旅游大部分是自发性的，缺乏统一的规划和行业管理，导致低水平发展和恶性竞争普遍存在。因此，政府要高度重视乡村旅游的发展，统一规划指引。在激励政策上，要加强财政支持力度，通过资金补贴和税收减免等政策为乡村旅游发展提供资金保障，通过多元化渠道融资，扶持完善乡村旅游基础设施建设；在行业约束上，要加强法律法规体系建设，对乡村旅游进行严格的质量把控和服务监管，通过建立健全相关标准体系，使中国乡村田园景区建设向规范化、标准化方向发展。对于不良商家和恶性竞争进行严肃惩处，净化乡村旅游环境，推进乡村旅游优质化发展。政府要加强对从业人员的教育培训，提升从业技能和服务水平。要加强对自然生态环境的保护，树立绿水青山就是金山银山的发展理念。通过政府的保障监管，推进乡村旅游发展向品牌化和集团化发展。

三、挖掘乡村文化，体验淳朴的乡村民俗，捕捉乡土旅游的灵魂和本质

乡村旅游除了包含着丰富多彩的自然和人文景观，更蕴含着深厚的民俗文化。在多数乡村中，保存着很多历史遗迹及独具特色的民间风俗，这种历史遗迹和民间风俗，是中华民族悠久历史的缩影，是中国民俗的精华。在进行乡村旅游的开发和设计时，对历史遗迹和民间风俗进行挖掘和探析，对增添景区特色、提升景区品质有着不可估量的作用和价值。就乡村历史遗迹而言，它们是乡村历史的见证者，凝聚着深厚的精神和文化内涵，对这种精神和文化内涵的开发利用，不仅可以丰富景区的意蕴，还可以加深村民对本村文化的理解和认识，激发人们的遗迹保护意识。

在乡村中，很多有价值的历史遗迹由于本身建筑的破败或者其他方面的原因，很少受到人们的重视和保护，而对这些遗迹进行开发和利用，对历史及本身来说，在使其得到必要的保护的同时，还可以促使人们了解它们的历史，挖掘它们的内涵，使它们获得新生。而乡村中古老而神秘的民间习俗，

不仅可以提升景区本身的神秘感、历史感，吸引游客前来一探究竟，还由于有些民俗本身具有很强的观赏性和参与性，使游客可以在游玩过程中身临其境地感受民俗的魅力，在获得乐趣的同时，激发起游客保护民俗的意识和责任感。

在这里，乡村文化作为一种体验性的资源，让游客进行付费消费，就排除了资本的主导作用，使文化作为主导，也就实现了乡村旅游基于情感性的特性，保持了乡村旅游的独特性和异质化。

四、整合乡村旅游资源，使其由分散走向集中，扩充游览内容

由于受到经济发展的限制和历史因素的制约，我国乡村旅游在发展过程中存在诸多问题。例如，开发模式较为粗放，对景区的开发和设计不够细致，缺乏新兴产业，发展观念落后，开发程度不一，对乡村自然景观和原始风貌的破坏较为严重等。这些都不利于乡村旅游的健康持续发展。

针对这种发展状况，乡村旅游在未来的发展中应该注意从整体和大局出发，在景区的开发设计过程中应有整体意识，注意景区设计的整体性和统一性，对分散的乡村旅游资源进行有效的全方位整合，规划出一条完整的、系统的开发和发展体系。在进行景区规划时，注重对景区食宿水平进行提升，在进行景区规划时，可以通过设计旅游基地和餐饮基地等方式，整合相关资源，使乡村景区能够为游客提供更好的后勤和住宿服务。对景区的开发也应该由局部走向整体，扩充游览内容，建立不同景点之间的内在联系，使景区发展和当地的农业生产发展相协调，提升乡村旅游的景点质量和辐射范围。

五、建设多元化、附加产业旅游

过去的乡村旅游都大同小异，单调又单一，游客没有丰富的旅游体验，毫无乐趣可言，更谈不上吸引力。特色旅游的主题就是特色、体验，方式不仅是特色化还得是多样化，更得是独特化。

针对游客多元化的需求，旅游产业必须使自己的产品多元化。例如，针对"活力老人"的养老需求，开发出了"旅居养老"服务产品；针对佛教游客的修禅养心需求，开发出了"禅修小镇"服务产品。当然，游客还有更多多元化需求，需要我们提供相应的服务产品。

多元化还可以从附加产业方面体验，如花卉园附加赏花、摄影、采摘等

服务，橘子园附加自助采摘、自助野营等服务，这样不仅可以增加农民的收入，还能提高乡村旅游的体验感。

积极拓展其他相关产业，发展配套产业，形成旅游相关产业链。文化旅游、体育旅游、工业旅游、农业旅游、水上旅游、商业旅游、科学旅游等产业跨行业整合将不可避免地将旅游业从单一类型转变为复合型。"旅游+"必定是以后的大势所趋。

六、发展乡村红色旅游

我国不少乡村曾经是革命的圣地和摇篮，红色旅游资源丰富，但一直没有得到充分开发和利用，导致旅游业发展滞后，当地居民至今生活水平较低。究其原因，一是地方政府财力有限，对旅游业投入较少，无法打造有影响力的特色旅游景点；二是基础设施不完善，交通不便，游客进入条件差。所以，应大力吸引社会资本投入，打造特色乡村红色旅游产品，完善旅游配套设施。此外，还应进一步加强爱国主义教育，增加人民群众对革命历史文化的认同感，发挥旅游的带动性，使乡村农业发展与红色旅游紧密结合，促进乡村红色旅游快速发展。

七、加强乡土文化的挖掘、保护、传承、活化

在乡村旅游的发展过程中，应注重乡土文化的挖掘、保护、传承、活化。乡土文化是乡村地区独有的文化内涵，承载着无数中国人的乡村记忆和乡愁情感，见证了乡村发展的历史进程，蕴含着厚重的历史文化气息。乡村旅游正是凭着独特的乡土文化气息、恬静优美的自然生态环境满足了现代人亲近自然、返璞归真的精神文化需求。乡土文化多以村落建筑、民风民俗、民间工艺、民族信仰、宗教节日等形式展现出来，也是我国宝贵的文化遗产。因此，首先，要充分挖掘本地区独有的文化内涵，分析现有文化资源，突出最具代表性的乡土文化元素和最鲜明的地方文化特色。其次，要提升对传统乡土文化保护和传承的自觉性，传承延续乡土文化，推进旅游与乡土文化的深度融合发展。再次，乡土文化的活化要通过旅游项目的带动，将乡土文化内涵与项目有机结合，要以提升游客体验为核心，保持乡土文化的原真性和特色性为原则，创新旅游产品文化内涵展示方式，融合科技的力量，通过民风民俗、传统礼仪、特色饮食、村落建筑、特色服饰等展现出来，实现乡土文化的活化利用。

八、游客对乡村旅游服务要求更高，安全和卫生、无接触旅游服务成为关注点

由于新冠疫情的影响，未来旅游形式及旅游消费趋势将发生变化，安全与卫生将成为影响游客选择景区和观光设施的重要因素，无接触旅游服务需求将增加。疫情防控对旅游业的危机管理能力提出了更高要求，业界应建立健全危机应对能力更强的旅游产业生态链，形成涵盖官、产、学、研等相关主体在内的坚强合作网络，在培养优秀旅游从业人员方面提供更多支援。

九、"无预约不旅游"将成为出游常态

中国旅游研究院发布的调研数据显示，2020 年端午节期间，全国有81.7% 的受访游客体验了预约，和"五一"假期相比提高了 4.3%，其中71.4% 的游客认为预约体验很好。

受疫情影响，旅游业开启"预约模式"，这既是疫情防控之需，更是安全之需。当前，各地正以预约旅游为契机，加快推进智慧监管。例如，上海科技馆、上海自然博物馆自端午假期开始实施全员实名制分时段预约参观；在上海欢乐谷，除了入园时游客需出示预约信息，游乐项目也实施"虚拟排队"，既节省时间，又可以避免人群聚集带来的隐患。与此同时，山东利用A 级旅游景区门票预约平台，实现各大景区资源整合和预约服务；贵州推出"一码游贵州"全域旅游智慧平台，方便游客预约；河北省 431 家 A 级旅游景区已全部实现通过省平台线上预约。

预约旅游可以让游客做到错峰、避峰出游。游客通过微信公众号预约"下单"，既可以省去排队购票的麻烦，又无须担心门票售罄。预约旅游更有利于景区加强精细化管理，提升整体服务水平。游客提前预订预约，既有助于保护自身健康和安全，又有助于增加对旅游目的地文旅资源的了解，让旅游体验更丰富。

让"无预约不旅游"成为出游常态，需要国民养成计划和预约的良好习惯。各地方和相关部门应鼓励文旅市场主体进一步探索"科学分时"，根据不同季节、不同时段的客流规律制定分时方案，优化文旅资源供给配置。要推进智慧旅游建设，完善技术和服务，将旅游调度、预约、产业运营监测、公共服务信息发布、行业管理、旅游资源管理等一系列信息嵌入智慧景区服务系统，实现旅游景区门票、餐饮娱乐、住宿等服务的线上实时预约、在线

支付和线上排队。此外，还要考虑"触网"程度相对较低的老年游客等群体需求，优化现场售票和网上预订预约配比，让老年游客出游也能更加便利。

十、"微旅游"的概念将在乡村旅游中推广

"乡村微旅游"总结起来应该做到三点。一是做好设计，就是要做好顶层设计，立足于全域旅游，做系统性规划，布局长远发展。要完善支持乡村微旅游发展的体制机制，研究制定有关土地、项目、资金、财税、金融、人才、考核等系列制度和措施。同时，要强化品牌意识和宣传意识。二是搞好服务。任何旅游，做到最后就是文化和服务的竞争。游客看到的、吃到的、买到的都是有形的、可复制的，但文化和服务是无形的，在一定程度上是不可复制的。因此，乡村微旅游要在提升服务质量、文化内涵上下功夫。三是抓好经营。乡村旅游与景区旅游最大的不同，就在于乡村旅游业态的小微性。小微乡村旅游业态（如民宿、农庄、乡村营地、艺术空间、研学基地、乡村婚恋基地等），因其个性化和体验性，更容易受到新兴旅游者的追捧。

乡村旅游发展要适应散客化发展趋势，瞄准小微市场，对旅游产品进行精雕细琢，开展定制化服务，以满足不同游客群体的个性化需求。

结　语

　　本书通过阐释乡村旅游与乡村振兴的关系及战略背景，对我国乡村旅游产业的现状进行了分析，指出了目前我国乡村旅游发展中存在的不足，并以此为基础，结合国外成功经验提出了乡村振兴背景下乡村旅游高质量发展的对策和保障措施。所得结论可以为研究乡村旅游提供理论依据，而且具有一定的推广意义，对我国乡村旅游产业的发展起到积极的作用。

　　主要研究结论如下：

　　第一，从总体发展来看，在政策的推动和市场的需求下，我国乡村旅游产业正蓬勃发展，很多地区的乡村旅游发展快速。从发展趋势来看，我国乡村旅游产业潜力巨大，不仅成为城镇居民休闲度假的重要方式，还成为推动农民增收、农业增效、农村经济社会发展的积极力量。

　　第二，我国乡村旅游总体上仍处于谋划阶段，缺乏全域性、整体性、系统性和长远性的旅游规划，乡村旅游产业发展仍存在盲目跟风、立法管理尚不健全、品牌意识薄弱、设施落后、服务能力弱、人才匮乏、管理水平低、利益相关群体之间不协调等问题，乡村旅游产业结构有待优化。目前，乡村旅游虽然已初具规模，但从旅游产品规划、开发、营销、服务与管理来看，尚处于初级阶段，真正形成品牌的不多。

　　第三，乡村旅游高质量发展的动力源于不同的层面，包括国家宏观政策的推动、市场供给的升级、市场需求的拉动。乡村旅游产业高质量发展的路径主要包括为立足乡土，发掘乡愁文化；加强政府保障监管，推进品牌化发展；整合乡村旅游资源，完善乡村产业服务体系；加强乡土文化的挖掘、保护、传承、活化；加强安全和卫生提升；等等。

　　第四，有效的乡村旅游产业升级发展应该有一个多层次、多元化、可持续发展的保障体系。乡村旅游产业升级的发展和保障对策主要包括政府层面的行为构建、旅游产业政策体系、旅游产品供给创新、乡村旅游运营模式及营销创新等几个方面。

第五，国内乡村旅游者多为乡村附近的城市居民，他们多会选择一至三天的短期游，而且主要冲着物美价廉而来，旅游者对物质满足的需求多胜于对精神满足的追求。在国外，乡村旅游是一种较高层次的旅游行为。他们选择乡村度假不是为了收费低廉，而是在寻找曾经遗失了的净化空间和尚存的淳厚的传统文化氛围。他们参与农业劳动追求的是精神享受而不是物质享受。

第六，乡村旅游配套的基础设施不完备。乡村旅游地大都远离市区，乡村的交通、住宿、餐饮、购物、卫生、安全建设等不完善，水电网络等配置不健全，这些都制约着乡村旅游的进一步发展，导致乡村旅游专业人才匮乏、服务定位不高。由于游客量的不断增多，缺乏有效管理和整治，乡村生态环境遭到严重破坏，乡村旅游地的整个生态链条环节负担较重。

第七，目前乡村旅游大多是由外来投资者经营，大部分农民无法从旅游开发中获得利益，甚至有的时候大部分收益都被外来投资者拿走了，同时存在利益分配不公、广大村民利益得不到充分保障的现象。这导致农民参与的热情不高，甚至有强烈的抵触情绪。

第八，民宿经营者要完成从"顾客是上帝"到"顾客是朋友"的理念转变。在服务内容上，经营者要能带领消费者全面感受乡村的生产、生活、文化等，以增加消费者的在地性体验；在交流互动上，经营者应充分利用现代通信技术，通过互相关注社交账号、建立微信群聊、开设公众号等途径分享生活日常，为主客之间、客客之间搭建一个互动平台，从而获得更高层面的互惠。民宿的精彩在于独特性和差异化。就当地经营者而言，只有彻底摆脱"跟学模式"，完成民宿的"内外兼修"，才能有效解决同质化现象严重的问题。同时，要不断探索"乡村共生模式"，实现绿色可持续发展；强化协会组织有机联动，实现区域资源共享。

第九，国内针对乡村旅游扶贫的研究将成为热点。旅游扶贫研究方法中的定量研究需要加强，包括旅游扶贫效果的研究，尤其是要借助 GIS 技术、数学建模、数据挖掘等来揭示旅游扶贫的空间分布等内部规律，还要不断加深旅游扶贫研究的深度。

第十，现阶段，旅游扶贫研究多集中在案例研究上，多为描述性的分析加上一般的统计分析，从而得出相关的结论，缺乏对案例的深入研究及动态跟踪，对旅游扶贫案例地进行动态跟踪及深入研究也是未来旅游扶贫研究的发展趋势。

第十一，在建设"美丽乡村"的大背景下，要建设"有审美的乡村"，意味着更多地强调民众对审美的主动参与，以及建设者、设计者对审美趣味的良性引导。不论是在中国还是在外国，乡村始终是人类的精神家园。要建设"有审美的乡村"，强调关注人性，关注自下而上的参与，关注实际需求，关注文化传承，而非流于"美丽"的形式与口号。

第十二，创新是引领发展的第一动力，是乡村旅游实现高质量发展的必由路径。乡村地区创业有成本低廉、优惠的政策扶持、丰富的资源赋存等得天独厚的条件，成为有理想、有活力、有情怀、有担当的创客能人施展才华的汇聚高地，在促进乡村旅游产业结构升级、增强旅游发展内生动力、丰富旅游业态等方面一定能发挥积极作用。乡村旅游应以创新驱动为引擎，以创业为支撑，不断增强乡村旅游发展动能。

随着我国乡村旅游各项政策的推进，乡村旅游产业将得到进一步发展。对乡村旅游的研究也将不断完善。由于作者能力、精力有限，在乡村振兴战略背景下对乡村旅游的发展研究难免存在不足之处，敬请各位读者与同行予以批评指正，也期望在后续的研究中可以不断深入。

参考文献

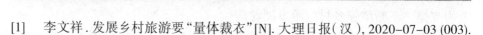

[1]　李文祥. 发展乡村旅游要"量体裁衣"[N]. 大理日报（汉），2020-07-03 (003).

[2]　刚爱书. 内丘县休闲农业和乡村旅游发展现状及对策 [J]. 现代农业科技，2020 (13) :225-227.

[3]　徐杰. 正确认识乡村景观建设的"才"与"财"[N]. 中国财经报，2020-07-02 (008).

[4]　王德刚. 充分认识"乡村旅游重点村"助力乡村振兴的意义 [N]. 中国旅游报，2020-07-02 (003).

[5]　钟幸子. 梅州市农村一二三产业融合发展研究 [D]. 广州：仲恺农业工程学院，2020.

[6]　陈云. 疫情背景下乡村旅游扶贫新思路探究 [J]. 湖北开放职业学院学报，2020, 33 (12) : 103-104+112.

[7]　郑群明，周聪聪，闫瑶瑶. 青海省乡村振兴与生态旅游耦合协调 [J]. 内江师范学院学报，2020, 35 (6) : 74-81.

[8]　王金伟，张丽艳. 国际旅游扶贫研究进展与知识演化 [J/OL]. 浙江大学学报（理学版）：1-14 [2020-07-08]. http://kns. cnki. net/kcms/detail/33. 1246. N. 20200623. 1710. 002. html.

[9]　高扬先. 以乡村旅游助力脱贫攻坚推动乡村振兴 [N]. 湖南日报，2020-06-18 (003).

[10]　胡蔚. 乡村旅游贵在留住乡愁 [N]. 河南日报，2020-06-16 (007).

[11]　周颖. 推动农村产业高质量发展决胜脱贫攻坚 [N]. 中国经济时报，2020-06-15 (004).

[12] 王琳丽 . 乡村振兴背景下我国乡村旅游业发展研究 [J]. 农业经济 , 2020 (6) : 40–41.

[13] 暴向平 . 精准扶贫背景下旅游扶贫的困境与出路 [J]. 农业经济 , 2020 (6) : 83–84.

[14] 赵影 . 我国乡村旅游精准扶贫路径及模式研究 [J]. 农业经济 , 2020 (6) : 85–86.

[15] 李圆 , 费旭明 . 文旅融合背景下无锡乡村旅游产品的提质升级研究 [J]. 中外企业家 , 2020 (17) : 80–81.

[16] 刘墨 , 周永斌 . 乡村振兴战略背景下乡村规划与生态修复策略研究——以辽宁省前新台村为例 [J]. 山西农经 , 2020 (11) : 1–8+23.

[17] 梁培艳 . 乡村旅游对农村经济的影响及发展研究 [J]. 山西农经 , 2020 (11) : 77–78.

[18] 刘慧 . 深度发展乡村旅游的一点思考 [J]. 农业与技术 , 2020, 40 (11) : 177–178.

[19] 赵宇华 , 于志勇 . 日本乡村振兴的历史经验及启示 [J]. 国际公关 , 2020 (6) : 196+198.

[20] 宋兹鹏 . 高品质特色民宿更受市场欢迎 [J]. 中国商界 , 2020 (6) : 65.

[21] 刘玮芳 . 基于体验感知角度的乡村旅游吸引力研究综述 [J]. 北方经贸 , 2020 (6) : 150–153.

[22] 杨益英 , 陈延斌 , 周超 . 大理环洱海民族区域美丽乡村建设探讨 [J]. 西南林业大学学报 (社会科学) , 2020, 4 (3) : 86–91.

[23] 宋丽 . 全域旅游助推乡村旅游发展路径研究 [J]. 中国集体经济 , 2020 (17) : 1–2.

[24] 严伟 , 严思平 . 新冠疫情对旅游业发展的影响与应对策略 [J]. 商业经济研究 , 2020 (11) : 190–192.

[25] 许艳 . 益阳旅游资源与饮食文化的评价与开发 [J]. 老字号品牌营销 , 2020 (6) : 18–19.

[26] 谈琰 . 我国乡村旅游业转型升级的思考 [J]. 黄河科技学院学报 , 2020, 22 (6) : 37–42.

[27] 玉儿 . 民宿经济 点燃乡村振兴的 "薪薪之火" [J]. 农村 · 农业 · 农民 (A 版) , 2020 (6) : 1.

[28] 周一佳 . 乡村振兴战略背景下海南乡村生态旅游的可持续发展研究 [J]. 安徽农业科学 , 2020, 48 (11) : 142–144.

[29] 李雨珊 . 试论中国乡村旅游业发展现状及发展前景 [J]. 中国市场 , 2020 (16) : 12–13.

[30] 李群绩. 淮安市乡村旅游发展现状及优化路径 [J]. 现代农业科技, 2020 (11)：240–242+245.

[31] 李美英, 吴钟文, 玛依沙·努尔阿迪力, 等. 乡村振兴背景下古村落旅游扶贫现状及对策——以延边朝鲜族自治州春兴村为例 [J]. 现代农业科技, 2020 (11)：264–265.

[32] 刘晓娟, 李世欣, 江旅冰, 等. 下峪镇特色农业及乡村旅游资源浅析 [J]. 河南农业, 2020 (16)：55.

[33] 顾普天. 郑州市休闲农业美丽乡村现状研究 [J]. 河南农业, 2020 (16)：60–61.

[34] 李文卿. 常德市长梯隘村乡村旅游促推乡村振兴路径研究 [J]. 经济师, 2020 (6)：158–159.

[35] 彭文武, 曹巍. 顾客感知价值对购买意愿的影响分析——以衡阳市农家乐旅游为例 [J]. 经济师, 2020 (6)：168–169.

[36] 宋艳. 乡村振兴视角下的旅游经济发展探究 [J]. 中国集体经济, 2020 (16)：22–23.

[37] 曹龙彬, 李伟, 杨雅丽, 等. 廉江市尖仔村呈现乡村旅游热 [J]. 源流, 2020 (6)：28–29.

[38] 张初. 浙江省台州市乡村旅游产业竞争力评价及障碍因素分析 [J]. 江苏农业科学, 2020, 48 (11)：37–42.

[39] 王丹丹. 河北省乡村旅游地可持续发展评价研究 [D]. 石家庄：河北师范大学, 2020.

[40] 韩珊珊, 蒋团标. 从下湾村看乡村旅游可持续发展 [J]. 合作经济与科技, 2020 (11)：54–56.

[41] 赵本胜. 当前时期下乡村旅游经济存在的问题与对策研究 [J]. 知识经济, 2020 (16)：50–51.

[42] 殷婧瀛, 吴肖, 陈虹羽. 乡村振兴战略下可持续脱贫路径研究——基于乡村旅游业发展视角 [J]. 农村经济与科技, 2020, 31 (10)：72–73.

[43] 谭泳瑜, 凌敏, 林采萤. 乡村振兴视角下生态茶叶观光体验式旅游创业服务精准扶贫研究 [J]. 现代商业, 2020 (15)：76–78.

[44] 殷小燕. 基于利益相关者视角的河南省传统村落旅游开发模式研究 [J]. 现代商业, 2020 (15)：81–82.

[45] 张莉萍. 乡村振兴背景下黔东南乡村饮食文化资源利用助推乡村旅游研究 [J]. 广西质量监督导报, 2020 (5)：72–73.

[46] 徐新建，孙九霞，李菲．民俗·遗产·旅游：乡村振兴的实践与思考 [J]. 西北民族研究，2020 (2)：35-52.

[47] 周娟．以产业融合带动乡村旅游扶贫 [N]. 海南日报，2020-05-27 (A13).

[48] 杨艳霞，杨长瑛．乡村旅游开发背景下贵州传统村落的保护与发展研究 [J]. 现代营销（下旬刊），2020 (5)：156-157.

[49] 齐天锋．乡村旅游资源开发现状与可持续发展研究 [J]. 金融与经济，2020 (5)：2.

[50] 安传艳，翟洲燕，李同昇．近 10 年来国外乡村旅游研究特征及对中国的启示——基于 Elsevier Science Direct 收录文献的分析 [J]. 资源科学，2020, 42 (5)：956-968.

[51] 鲁立新．后疫情时代旅游业如何化危为机 [N]. 绍兴日报，2020-05-24 (002).

[52] 赵春雨．旅游发展视角下的国内乡村振兴研究 [J]. 旅游纵览（下半月），2020 (5)：59-60+63.

[53] 王海燕，刘艺，陈婉月．乡村旅游促农增收的路径探析 [J]. 旅游纵览（下半月），2020 (5)：225-226.

[54] 王丽君，孙振兴．基于精准扶贫的甘肃乡村旅游开发问题与对策研究——以甘肃省会宁县为例 [J]. 旅游纵览（下半月），2020 (5)：227-229.

[55] 王龙．乡村振兴背景下贵州乡村旅游精准扶贫路径研究 [J]. 旅游纵览（下半月），2020 (5)：235-236.

[56] 吴小川．浙江省乡村旅游体验路径研究 [J]. 商业经济，2020 (5)：123-124.

[57] 黄冠华．乡土文化在民宿开发中的构建与表达研究 [J]. 北京农业职业学院学报，2020, 34 (3)：12-18.

[58] 林夜，汪驰．乡村振兴背景下跨界乡村旅游业困境与路径探析 [J]. 江苏商论，2020 (5)：57-60.

[59] 张璇．乡村旅游的新营销模式研究——以江西省上饶市婺源县为例 [J]. 现代农村科技，2020 (5)：1-2.

[60] 曹嘉轩．乡村振兴背景下的乡村旅游发展与规划 [J]. 中国新通信，2020, 22 (10)：236.

[61] 罗阳．振兴乡村旅游服务脱贫攻坚 [N]. 贵州日报，2020-05-20 (009).

[62] 斯丽娟．助推乡村旅游业发展的几点思考 [N]. 甘肃日报，2020-05-19 (008).

[63] 何正山．积石山县发展乡村旅游 助推乡村振兴 [J]. 农家参谋，2020 (14)：8.

[64] 徐连伟. 乡村旅游精准扶贫工作初探 [J]. 农家参谋, 2020 (14) : 25.

[65] 徐进. "一村一品" 再造乡村 [N]. 中国文物报, 2020-05-19 (006).

[66] 张小乙. 提升乡村旅游的体验质量 [N]. 经济日报, 2020-05-19 (010).

[67] 代雨宏. 乡村振兴背景下发展乡村生态旅游的策略研究 [J]. 农家参谋, 2020 (16) : 286.

[68] 耿建磊. 建设美丽乡村促进新农村经济发展 [J]. 中国市场, 2020 (15) : 49-50.

[69] 李高展. 乡村旅游开发中的农产品品牌营销 [J]. 现代商业, 2020 (14) : 5-6.

[70] 朱伟. 乡村旅游理论与实践 [M]. 北京 : 中国农业科学技术出版社, 2014.

[71] 俞昌斌. 体验设计唤醒乡土中国——莫干山乡村民宿实践范本 [M]. 北京 : 机械工业出版社, 2017.

[72] HULTMAN J, CEDERHOLM E A. Bed, breakfast and friendship: intimacy and distance in small-scale hospitality business[J]. Culture Unbound: Journal of Current Cultural Research, 2010, 2 (3) : 365-380.

[73] 王路, 李好, 杜虹景. 乡村旅游民宿的发展困境与对策研究 [J]. 农业经济, 2017 (3) : 141-142.